The Great General
Zheng Dongguo

铁血儒将**郑洞国**

中国抗日名将郑洞国图传

郑建邦　胡耀平　著

团结出版社

图书在版编目（ＣＩＰ）数据

铁血儒将郑洞国：中国抗日名将郑洞国图传 / 郑建邦，胡耀平著. -- 北京：团结出版社，2018.2
ISBN 978-7-5126-6298-8

Ⅰ. ①铁… Ⅱ. ①郑… ②胡… Ⅲ. ①郑洞国（1903-1991）—传记—图集 Ⅳ. ①K825.2-64

中国版本图书馆 CIP 数据核字(2018)第 070996 号

出　　版：团结出版社
　　　　　（北京市东城区东皇城根南街 84 号　邮编：100006）
电　　话：（010）65228880　65244790　（出版社）
　　　　　（010）65238766　85113874　65133603（发行部）
　　　　　（010）65133603（邮购）
网　　址：http://www.tjpress.com
E-mail：zb65244790@vip.163.com
　　　　　fx65133603@163.com（发行部邮购）
经　　销：全国新华书店
印　　装：三河市东方印刷有限公司

开　　本：170mm×240mm　　16 开
印　　张：25.25
字　　数：370 千字
印　　数：5045
版　　次：2018 年 2 月　第 1 版
印　　次：2018 年 2 月　第 1 次印刷

书　　号：978-7-5126-6298-8
定　　价：98.00 元

重版序言

郑建邦

　　值此《铁血儒将郑洞国》一书即将由团结出版社出版发行之际，我感到非常高兴。借此机会，谨向广大读者朋友们献上几句感言：

　　本书的主人公郑洞国将军，在上个世纪初的大革命时期毕业于黄埔军校第一期，后来成为国民党军队中声名赫赫的高级将领，直到1948年在国共辽沈战役中放下武器，退出内战。中华人民共和国成立后，在中国共产党的帮助教育下，特别是在毛泽东主席、周恩来总理的直接关怀下，他的思想逐渐发生了根本性的变化，完成了从爱国主义者到社会主义者的转变，穷尽后半生的生命时光积极投身于祖国的社会主义革命、建设和祖国统一大业。

　　以爱国始，以爱国终，是郑洞国将军一生的夙愿，也是他一生的写照。

　　郑洞国将军的前半生，生活在内忧外患的旧中国。

　　由于立志救国，郑洞国将军费尽了不少周折，是黄埔军校历史上唯一一名用冒名顶替的方式考进去的学生。他在东征、北伐和抗日战争中身经百战，逐渐锤炼成一代名将。由于国共政治斗争，他也几度卷入国共内战，直到1948年秋在东北长春兵败卸甲。

　　放在中国当时的历史大背景上看，郑洞国将军或许是那时一个社会群体的缩影。作为具有朴素爱国思想的中国军人，他在探索救国救民的道路上经历了太多的曲折。他一生历经无数凶险战阵，与北洋军阀等新旧军阀血战过，与穷凶极恶的日本法西斯军队血战过，自己在国民党官场中努力洁身自好，并为维系摇摇欲坠的国民党政权竭尽忠诚，最终却一败涂地了。严酷的现实让他认识到，严重背离了孙中山先生遗教的国民党政权已经无可救药，自己的祖国只有在中国共产党领导下，走社会主义道路，才能实现当年孙中山先生的宏愿，完成中华民族伟大复兴的千秋伟业。

"择善而固执之"。中华人民共和国成立后，郑洞国将军遵照毛泽东主席、周恩来总理的教诲，努力学习，认真改造世界观。尽管我们的祖国在探索社会主义革命和建设的道路上也经历了不少曲折，但他始终坚定如一，全身心地跟着中国共产党，为祖国的现代化建设，以及祖国统一大业贡献心力，直到生命最后一息。临终前，他对家人表示："我曾是个军人，对生死看得很淡。你们要好好生活，不要为我难过。我现在对国事家事均无所憾，只可惜没有看到国家统一。一旦国家实现了统一，国民革命就算彻底成功了！"

"专儒将名逾五十载"。郑洞国将军自幼深受中国传统文化熏陶，为人忠厚诚实，淡泊名利，无论在新旧社会都有良好口碑。他当年的随从参谋、后来成为大历史学家的黄仁宇先生在其回忆录《黄河青山》一书中曾这样形容自己昔日的长官："他（指郑洞国将军——作者注）在中国将领之间以谦逊知名，他从不曾邀功，听任长官和同僚制定游戏规则。他对部下很是慷慨，放手让他们行事，总是替他们说话。"

抗战胜利后，郑洞国将军以中国驻印军在缅北对日作战的辉煌战绩，颇受蒋介石青睐，曾有意委任他为侍从室侍卫长。对这个国民党军队将领们趋之若鹜的职位，他却坚辞不受。此前在国民党"六大"上，他当选为中央候补执委，也从不涉足国民党的官场政治和派系倾轧。负责解放东北名城长春的解放军第四野战军第一兵团司令员肖劲光将军，晚年在回忆录中对他的评价是："郑洞国是一位正统的军人。"

据说辽沈战役期间，中共中央五大书记毛泽东、朱德、周恩来、刘少奇、任弼时讨论长春解放事宜时，一致决定力争和平解决。其中除了政治、军事等方面的考虑，还有一个原因就是"郑洞国为人老实，政治上不坏"。周恩来同志为此还以黄埔师生之谊，专门给他写信，劝其起义投诚。

中华人民共和国成立后，无论在什么工作岗位上，郑洞国将军都能团结同志，顾全大局，蔚然有长者之风，深受党内外同志的尊重和好评。特别是"文革"期间，他身处逆境，却能顶住压力，坚拒为贺龙元帅和海军副参谋长张思卿等同志的所谓"专案组"作伪证。他经历的这类事例，当时几乎不胜枚举。郑洞国将军有个非常朴素的想法，就是不管什么情况，也绝不诬陷好人！大凡经历过那段人妖颠倒岁月的人们都知道，好人被诬陷恰恰是十年"文革"的最突出的悲剧！在国家政治生活严重失序的时期，要坚守住不诬陷好人这个做人的底线，的确也不是每个人都能很容易做到的。郑洞国将军的为人，充分体现了一位正直的爱国人士的高尚品格。

郑洞国将军去世后，党和政府给予他高度的评价和肯定。海峡对岸也为其举行了隆重的追悼会。在当时的两岸关系情势下，这在台湾岛内还是一件十分罕见的事情。

的确，郑洞国将军不仅是位具有强烈忧国忧民思想意识的爱国者，也是一位注重品格修身、讲求做人私德的仁者。在中国近现代将星如云的黄埔军校师生中，他之所以赢得人们的持续关注和尊敬，除了其在国民党军队中曾有的显要地位和抗战中的赫赫战功，个人良好的道德品质，恐怕也是一个重要的因素吧。

我们在本书中所努力做的，就是力图在20世纪中国波澜壮阔的历史背景下，真实、生动、客观地展示抗日名将郑洞国将军不平凡一生的各个方面，希望能为今人及后代带来一些思考和启迪。倘能如此，则是我们最大的期许了。

由于历史久远，本书中的一些图片效果有些模糊，但鉴于这些历史资料的珍贵性，我们还是收录了，请读者朋友们给予谅解。同时，限于我们的水平、能力，书中的缺失、毛病肯定不少，也恳请广大读者朋友们批评指正！

是为序。

2017 年 6 月 10 日于江西井冈山

《铁血忠魂：中国抗日名将
郑洞国图传》原版前言

郑建邦

20世纪上半叶的中国，犹如一艘顶着狂风巨浪，在浩渺无边的大海上艰险行进的航船，任由闪电雷鸣、惊涛骇浪猛烈地轰击、颠簸，几至被无情的海水倾覆吞噬。

为了挽救民族危亡，无数中国的志士仁人，苦苦探索救国救民之路，奋起同帝国主义列强及反动军阀勇敢抗争。于是，中国民主革命的伟大先驱孙中山先生，在共产国际和中国共产党的帮助下创建的黄埔军校，得以在这场决定我们民族生死命运的搏击中应运而生。

作为20世纪20年代中国大革命时期国共合作的结晶，黄埔军校在中国近现代历史上发挥了重大、深远的影响，其所倡导的爱国、革命精神，不仅曾激励着无数优秀的中华儿女，前仆后继地为着中华民族的独立和解放事业流血牺牲，至今还鼓舞着成千上万的中国人，继续为着祖国统一、民族振兴而努力奋斗。

我们的祖父郑洞国将军，毕业于黄埔军校第一期。八十多年前，作为一位立志救国的热血青年，祖父走出湘西大山，毅然投笔从戎，在黄埔军校的革命熔炉中得到锻炼，以后又在东征、北伐战争中，受到血与火的洗礼。"九一八"事变后，国难日深。在全国人民掀起的抗日热潮中，祖父于1933年春参加了著名的长城抗战，成为最早参加对日作战的一批中国军队将领之一。抗日战争全面爆发后，他又先后身经保定战役、漳河战役、徐州会战、豫西会战、武汉会战、广西昆仑关战役、鄂西会战、第二次长沙会战等大小百十战。特别是1943年，身为中国驻印军新1军军长和副总指挥的祖父，与盟军将领史迪威、索尔登等一起，率部反攻缅甸，横刀国门，大振国威。十四年抗战，祖父金戈铁马，纵横驰骋，以赫赫战功跻身为一代中国抗日名将。

祖父是一位具有朴素爱国思想的正直军人。大革命失败后，由于思想局限，他在痛苦和彷徨中，与曾在东征、北伐战场上并肩战斗过的共产党人分道扬镳；1948年秋，在辽沈战役的关键时刻，他重新回到人民的怀抱。这次重要抉择，使他从此获得政治上的新生。"君子择善而固执之"，中华人民共和国成立后，祖父积极投身于社会主义革命和建设事业，以及促进祖国和平统一的大业中，直至生命终结。

祖父一生的事业，起于黄埔军校；鼓舞他一生的信念，是黄埔军校爱国、革命的精神；推动他一生奋斗的目标，也始终是黄埔军校救国救民的宗旨。在黄埔军校这面旗帜的指引下，祖父真正做到了以爱国始，以爱国终。

魂系黄埔，心怀祖国，是祖父八十八年人生道路的写照！

在祖父漫长的军事和政治生涯中，经历了我国近现代历史上许多重要事件，也亲身见证了我们祖国从苦难危亡走向伟大复兴的艰难历程。这部图集的出版，不仅生动展现了我国这位著名爱国人士的多彩人生，或许更是一部浓缩了的中华民族近现代奋斗史，期待能为广大读者朋友们了解昨天、珍视今天、追求明天，提供些许的帮助。

子在川上曰：逝者如斯！岁月的无情流逝，冲淡了我们对许多往事的记忆。但是，那些曾作为我们民族脊梁的志士仁人，将永远活在人们的心中，而曾激励着一代代中国人奋发拼搏的伟大爱国主义精神，更将世世相传！正因为如此，黄埔军校必将永载中华民族的史册，黄埔军校倡导的爱国、革命精神，必将永远成为中国人民前进的力量源泉！

2010年11月22日于山西太原

中国抗日名将郑洞国

1924 年春，一位从湘西大山中走出的热血青年，辗转数千里地，由湖南风尘仆仆地赶到广州，准备投考黄埔军校。因军校报名期已过，他只好顶用别人的名字考入黄埔军校第一期。谁能料到，当初这位看上去清秀、文弱的青年人，十余年后竟成为一代名将。他，便是在抗日战场上战功赫赫的郑洞国。

在第一次东征战役中，年轻的郑洞国先声夺人。他报名参加了奋勇队，冒着敌人的枪林弹雨率先爬上淡水城，挥枪大呼："党军登城了！党军登城了！"后继部队潮水般涌入，很快将淡水之敌消灭了。

北伐途中，参加北伐东路军作战的郑洞国，所部如出山猛虎，在永定、松口等地连战连捷，不到 24 岁便升任团长。

1933 年初，日军悍然进犯长城各口，长城抗战爆发。任中央军第 17 军少将旅长的郑洞国，率部星夜赶往古北口前线，与装备精良的日军殊死鏖战两月余。一次激战中，我军阵地全线崩溃，郑洞国率部冒死反攻，他脱掉军衣、钢盔，提着手枪，带领身边仅有的特务排，朝着枪声最密集的地方，亲自冲锋。官兵们士气大振，拼死将敌人击退。

抗战全面爆发后，郑洞国率第 52 军 2 师死守保定。在友军相继撤退，与后方完全断绝联系的情况下，他仍率部与日军血战不退，城破后继续与敌展开激烈巷战，最后成功突围，全师而出。因音讯不通，后方许多报纸发表了"郑洞国壮烈殉国"的消息，让他的家人着实虚惊了一场。

保定失陷后，郑洞国率第 2 师深入敌后，在河南林县山区积极袭扰日军，给日军很大打击。

1938 年春，日军精锐的第 5、第 10 师团在津浦路北段快速向徐州推进。奉命参加与日军会战的郑洞国率第 2 师刚到达徐州，就惊悉滕县已失，日军主力正向运河北岸临庄一线席卷而来，他立即指挥所部星夜驰援前线。部队刚到达运河南岸利国驿，日军大部队已蜂拥而至，两军隔河激战。郑洞国指挥重榴弹炮营猛烈轰击敌阵，将日军打得狼奔豕突，溃不成军。日军渡河不成，只能主力东移，沿台枣支线转攻台儿庄。利国驿之战至关重要，倘运河不守，则徐州不保，也就没有后来的台儿庄之战了。

为策应我第 2 集团军防守台儿庄，郑洞国部一战枣庄、二战峄城，最后会同友军在杨楼、底阁一线，大败日军濑古旅团和坂本旅团，获得台儿庄大捷。在攻打峄城的激战中，郑洞国曾被日军炮弹弹片击中胸部倒地，左右大惊，以为师长休矣，敌人炮击过后却奇异地发现，弹片仅将郑洞国偶然放在胸前口袋里的一枚银圆击弯，人却毫发无损。

日军在台儿庄失利后，仓皇退往峄城一线，凭险固守。郑洞国采用"精兵夜袭"的方式，派出一支几百人的精悍突击队，携带短枪和手榴弹，悄悄潜伏在日军阵地前沿，夜间突然发起攻击，一举夺占峄城城外险要高地九山，前线中国军队士气为之大振。

以后，日军调集重兵增援徐州战场，郑洞国部在邳县以北燕子河一线顽强阻击日军二十余日，阵地寸土未失，直至奉命撤出徐州战场。

1939 年底，日军为切断我国西南国际交通线，以重兵在北部湾登陆，攻占我西南重镇南宁，并以号称"钢军"的第 5 师团所属第 21 旅团占领了距南宁西北八十余华里的昆仑关天险。

1939 年 12 月 18 日，中国第一支机械化部队第 5 军向昆仑关之敌发起反攻，担任主攻的荣誉第 1 师与敌于迭克罗塘、同兴、仙女山、界首等要点血战兼旬，击毙敌旅团长中村正雄少将。在争夺昆仑关西南重要制高点 441 高地的激战中，荣誉第 1 师 1 团、2 团官兵，顶着日军飞机的狂轰滥炸，浴血搏杀多日，死战不退。日军最后丧心病狂地施放毒气，守军伤亡殆尽。在日军一波波的凶猛冲击下，郑洞国手下悍将汪波团长也有些沉不住气了，连连请求撤出阵地。郑洞国斩钉截铁地命令道："你必须死守到底，就是打到一个人，也要给我守下去。丢了阵地，我砍你的头！"随后，郑洞国将身边仅有的特务连和部分轻伤员集合起来，组成一支突击队，借着夜色掩护，突然在日军背后发起凌厉攻击，高地上守军也趁势夹击敌人，精疲力尽的日军猝不及防，被打得丢盔卸甲，犹如山崩般地溃退了。至此，我军将整个昆仑关天险稳固占领了。

是役，我军击毙日军旅团长中村正雄少将以下五千余人，缴获武器弹药无数，获得抗战以来我军正面攻坚战役的空前大捷，大振了军威、国威。

昆仑关战役后，郑洞国升任第8军军长，率部参加了枣宜会战。鄂西战略重镇宜昌失守后，第8军驻守宜昌以西、宜都以北沿长江一线两年多，与日军多次恶战，屡建战功，该军也在战火中锤炼成一支抗日劲旅。1941年9月第二次长沙会战期间，为支援第九战区，第六战区主力大举反攻宜昌。郑洞国奉命率第8军以偏师渡江，策应战区主力作战。他巧妙用兵，以一师兵力趁夜色偷渡长江，突然攻袭沙市，迫使日军龟缩城内固守。自己则亲率军主力大举渡江，迅速切断汉宜公路，并封锁了襄河水上交通，歼灭大批日军，使日军后方交通线彻底断绝了多日，有力地支援了战区主力的作战行动，此战受到上级明令嘉奖。

1943年春，郑洞国受命赴印，就任中国驻印军新1军军长、副总指挥。他协助中国驻印军总指挥、盟军将领史迪威（后为索尔登），指挥驻印军反攻缅北，与卫立煌将军指挥的滇西中国远征军一道，经过一年多的浴血鏖战，重新打通了滇缅国际交通线，歼灭了日军精锐的第18师团、第56师团，重创了第2师团、第33师团，还歼灭了第49师团、第53师团各一部，前后毙伤日军十余万人。中国驻印军所属新1军、新6军，后来成为号称国民党军队"五大主力"中的两支主力部队，郑洞国本人也成为一代中国抗日名将。

在攻击缅北战略重镇密支那的战役中，中美军队曾屡遭顿挫，伤亡很大。总指挥史迪威为此接连撤换了三个美军指挥官，最后决定由郑洞国全权指挥战斗。郑洞国亲到火线观察敌情，调整部署，加强火力协同，督导各部掘壕并进，最后一举夺占该处战略要地。

抗战胜利后，蒋介石看重郑洞国打通滇缅路的声誉，曾有意他为侍从室侍卫长。郑洞国却以不善内卫事务为由婉拒，不久出任国民党第三方面军副总司令兼京沪警备司令部副司令。

抗战胜利后，蒋介石发动内战。1946年春，郑洞国奉派到东北，就任东北保安司令长官部副司令长官、代司令长官职务，从此卷入东北内战。

1948年10月，在辽沈战役的关键时刻，郑洞国脱离国民党阵营，率部投诚，长春和平解放。

中华人民共和国成立后，郑洞国历任水利部参事、国防委员会委员、全国政协委员、全国政协常委、民革中央副主席、黄埔军校同学会副会长。1991年1月27日在北京病逝，享年88岁。

CONTENTS
目录

第一章

投奔黄埔

1903 年 1 月 13 日（农历壬寅虎年腊月十五日）凌晨，湖南省石门县南岳乡（今为磨市镇）的一个偏僻山村里，有位名叫陈英教的中年孕妇即将临盆。

窗外电闪雷鸣，大雨滂沱。孕妇于阵痛迷蒙中，梦见一条身披鳞甲的蛟龙从老宅屋后的水井中凌空而起，直冲云霄。少顷，一个男婴呱呱坠地，一时风停雨歇，鸡鸣声声。产妇的丈夫郑定琼，有感于妻子产时梦蛟，便将"蛟儿"的乳名，赐予这个刚刚出生的幼子。

陈英教是位体弱多病的中年产妇，于产前的阵痛迷蒙中产生一些幻觉，原在情理之中。室外暴雨雷鸣，也属自然巧合。但是在这个偏僻闭塞的山村中，这件事从此便披上了一层厚厚的神秘色彩。直到今天，这个神话般的传说还在石门一带乡间流传。之所以如此，在很大程度上是因为这个被唤作"蛟儿"的婴儿，后来成为一代叱咤风云的中国抗日名将。

他，就是我们的祖父郑洞国。

石门属常德府管辖，地处湘西北山区，与今天闻名中外的张家界风景区相邻，风景秀丽，物产丰富。

南岳乡位于美丽的商溪河畔，这条母亲河的河水清澈甘甜，远近闻名，素有"金仙阳，银渡水，有钱难买商溪水"之誉。（注：仙阳、渡水，皆为石门县境内的水系。）

商溪郑氏一族源远流长。

始祖郑南琰公，原为江西吉安（古称庐陵）吉水县油榨滩大栗树人，是南宋的一位军事将领。南宋末年，为抵御元兵南侵，南琰公奉丞相文天祥之命，率部来到湘西北山区采伐树木，打造战船。三年后，南琰公采齐木材，准备回军复命，却闻南宋已亡，文丞相被俘殉国。为躲避元兵追杀，南琰公只好遣散部众，率族人迁徙到商溪河上游芦竹湾一带定居下来。

经过七百余年的生息繁衍，商溪郑氏一族枝繁叶茂，至今拥有五万余众，主要分布在湖南石门、桑植、慈利、临澧、常德县，和湖北监利、公安、松滋、荆门、五峰、恩施、巴东等地。

商溪郑氏历代先祖多有军功。明初，四世祖郑仁权公被朝廷敕封为

郑洞国将军的故乡——石门县磨市镇南岳寺村远景

"武略将军""诏信校卫"，六世祖郑礼英公以军功被敕封为"世袭武略将军""龙溪隘百户长"。入清后，郑氏先祖更有多人敕封为"千总""百户长"，直至民初乃止。有清一代，商溪郑氏族人崇文尚武，尤重诗书礼乐，先后有进士三人，其中郑协吾公以科举入仕，官至省按察使。

商溪郑氏对中华文化的传承，也体现在族人名讳的派行上。其派行属于昭穆系，可以前后交替使用。按族谱规定，派行版本是：南北思仁，义礼智信；元亨利贞，天道之常；文韬武略，定国安邦；家敦孝友，朝显忠良；书声丕振，世德允昌；圣明继美，作述贻芳；太和衍庆，万代发祥；瑞麟钟秀，彩凤炳章；承恩锡命，扬烈观光；纶音金玉，华治馨香；先献式焕，嗣祚延长；云蒸霞蔚，姬宗周梁；俊杰在位，序联君堂；政有条理，端肃纪纲；服畴缵绪，士宦农商；淳熙谨厚，富寿宁康。我们的曾祖郑定琼公，是定字辈，属于南琰公以来的第二十一代，祖父郑洞国公则是国字辈。

晚清末年，由于环境闭塞，再加上官府盘剥，百姓生活十分贫苦。祖父出生的时候，家中除了父母之外，还有一位兄长、三位姐姐。一家七口，仅有三十余亩薄田，即使年景好时，也仅得温饱而已。

据说，曾祖母生下祖父时，年纪已四十余岁，身体病弱，根本没有奶水，是靠米糊将祖父喂大的。及祖父稍长，家境每况愈下，全家老小，终日靠食用番薯丝和糙米混合的杂和饭度日。祖父直到晚年，还清晰地记得他小时候，曾祖父每逢除夕晚饭时的"经典"祝词："有朝一日时运转，朝朝暮暮像过年。"

我们的曾祖父郑定琼公粗通文墨，在当时算是一位很有见识的农民。尽管生活非常拮据，还是千方百计地送祖父的长兄郑潼国出去读书。伯祖父后来考取了清政府的"留学预备科"专科学校，不久赴日留学。清王朝垮台后，由于失去经济来源，他只好返回故里，曾担任石门中学校长，当时也算是县里的名流了。祖父六岁时，曾祖父亲自为自己的幼子启蒙，稍后又送他去乡间的私塾就读。

祖父晚年曾回忆说，幼年时接受的这些中国传统儒家思想教育，对他一生都产生了深刻的影响。

1917年春，在伯祖父的一再动员下，曾祖父决定将祖父送到县城的石门中学附属小学读书。三年后，祖父升入石门中学就读。在石门县城读书的这几年，祖父饱受寒窗之苦。由于家中实在无力供养，祖父在学校里经常忍饥受冻，依靠着在外谋事的伯祖父和亲友们断断续续的接济，才勉强完成学业。据说某年初冬，在外谋事的堂侄郑康侯回乡省亲，特意跑到学校看望祖父，见瘦弱的祖父仍着一身单衣，在寒风中瑟瑟打抖，心中老大不忍，急忙拿出二十块光洋接济他。这件事让祖父几乎感念了一生，他对这位比自己年长许多的堂侄，以及堂侄的后代们，始终非常关爱。

但是，生活的困境却磨砺出祖父的顽强意志，他奋发读书，最终以优

郑洞国将军祖居老宅原址上已改建成一座美丽的乡村学校——洞国学校，图为洞国学校一景。

异的成绩从石门中学毕业。

1919年春，伟大的"五四"运动爆发了！正在石门中学读书的祖父和同学们立即起而响应，纷纷走上街头，又是宣传鼓动，又是游行示威，还组织清查队，清查焚毁日货，把寂静的石门县城，搅动得天翻地覆。

"五四"运动，是祖父人生的第一次革命洗礼。从这时起，祖父痛切地感到，中国外有列强环伺，内有军阀混战，国家残破，民生凋敝，欲要救国救民，必须打倒列强和军阀，由此萌生了弃学从军的强烈愿望。

过了两年，湖南督军赵恒惕要在长沙举办湖南陆军讲武堂，祖父闻讯喜出望外，迫不及待地参加了考试。

考试的题目是《论语》中子路的一段话："夫千乘之国，由也为之，比

传说中郑洞国将军的母亲梦中飞出蛟龙的水井。该井虽然后来被百姓们赋予了许多神秘色彩，但由于当地政府为村民们建设了自来水设施，就早已闲置不用了。据一些上了年纪的人回忆，这口水井的井水色清味甜，泉旺如注，纵是大旱之年，井水亦盈溢如昔，泽及四方百姓，故而当年远近驰名。

及三年，可使有勇，且知方也。"祖父的国学基础不错，这篇文章几乎是一挥而就，很快就被录取了。

他高兴得顾不上与家人告别，就跑到长沙报到去了。谁知赵恒惕这时正与湖北督军王占元混战，湘军大败，湖南全省糜烂，讲武堂之事，也就无从提起。祖父的第一次从军之梦，由此破灭了。

祖父从石门中学毕业后，为了今后生计，于1923年夏，再次前往长

1924 年，黄埔军校第一期毕业的郑洞国。

沙，考取了长沙商业专门学校（今湖南大学前身——作者注）。由于学习刻苦努力，入学第一个学期，祖父的各项成绩就都名列前茅，深得校长任恺南先生的喜爱。

寒假到了，祖父正准备回家乡过年，忽闻孙中山先生在广州创办军官学校，正派人到湖南秘密招收学生。祖父少年时，便从兄长口中了解到不少孙中山先生的革命业绩，对他崇敬得不得了，现在有此机会，岂肯放过？他马上去找正在长沙工业专科学校读书的石门中学同学王尔琢商议此事。岂料王尔琢早已偷偷动身去广州报考军校去了。

王尔琢一走，祖父再也坐不住了，立即设法从正担任安乡厘金局局长的伯祖父那里，要了一些盘缠，约上几位同伴，匆匆前往广州去了。任恺南校长闻讯，一再劝阻祖父。

任恺南校长，早年曾与祖父的兄长郑潼国在长沙岳麓山"留学专科学校"同学，无论公情私谊，都舍不得放祖父走，但见祖父从军救国之意甚坚，最后也唯有替祖父保留着学籍，并叮嘱再三，挥泪道别了。听家中长辈说，抗战时期，祖父已成为声名赫赫的国民党高级将领，却一直挂念着自己的这位恩师，多次拜望他老人家。

祖父一行人，先到武昌，再乘船去上海，然后坐海轮经香港去广州。路上，为了省钱，祖父等乘坐的是轮船底舱，舱里塞满了人，拥挤污浊不堪。船一开动，不少人呕吐不止，气味更加难闻，四五天的航程，让祖父等人真是度日如年，好容易熬到了广州。

一到广州，一行人住进了一个由湖南人经营的叫"华宁里"的小旅馆。在这里，祖父意外地见到了王尔琢和另一位石门中学同学贺声洋，与他们在一起的，还有一位来自湖南醴陵的青年人，名叫黄鳌。大家都为投军而来，他乡遇故知，彼此高兴之情自不待言。但交谈之下，祖父一行人立刻垂头丧气起来。原来，军校第一期的报名时间已经截止了，黄鳌到得早，已被军校录取。王尔琢和贺声洋则刚刚赶上最后的报名时间。祖父和几位同来的伙伴千辛万苦来到广州，没有想到竟是这样一个结果，心里十分难过。

这时，一直默坐在一旁的黄鳌慢吞吞地说："洞国兄不要着急，我倒有个主张，不知可否试试？"

"什么主张？请黄兄快讲！"祖父急切地问。

原来，黄鳌初到广州，担心一次考不中，先后报了两次名。现在他已被录取，却还空着一个名额，建议祖父顶着他的名字去考试。祖父左思右想，也觉得只有大胆冒名一试了。

数日后，祖父与王尔琢、贺声洋二人一同去应试。考试的科目只有语文、数学两科，祖父的国文和数学功底都不错，很轻松地答完了卷子。唯王尔琢数学基础较差，考场上急得满头是汗。好在当时来赶考的，都是准备为国家、民族流血拼命的革命青年，监考教官并不多难为考生。祖父见状，悄悄地塞过几张纸条，帮助王尔琢过了关。

不久，军校张榜公布录取名单，祖父和王尔琢、贺声洋三人都名列其中，大家禁不住高兴地留下喜悦的热泪。与祖父同来的几位同伴，只好失望地返回故里。以后，其中一位叫陈聪模的青年人，再次到广州，考入黄埔军校第三期。

黄埔军校第一期，共有学员470人，分为四队。黄鳌与祖父恰恰分在同一队。这样一来，每日出操，便出现了颇为滑稽的场面：每次教官点名，祖父与黄鳌同时应声而答，引得同学们大笑。

这件事使祖父的思想压力很大，以后他鼓足勇气，向上级说明了事情原委。学校没有难为祖父。很快，郑洞国这个名字，就出现在黄埔军校学生的名录里。

可以说，在黄埔军校的历史上，祖父是唯一一个冒名顶替考进来的学生。第一期学生中还有一个后来名气很大的胡宗南，当时因个子太小，几次前来报考被拒，只得倒地打滚耍赖，幸得军校党代表廖仲恺先生说情，才获得考试资格。若非这些偶然机缘，胡宗南与祖父恐怕就与黄埔军校失之交臂了。

20 世纪 20 年代的黄埔军校远景

孙中山先生在苏俄和中国共产党人帮助下创办的这所军校，名为"陆军军官学校"，因校址在广州郊区约四十华里的黄埔长洲岛，故简称"黄埔军校"。

黄埔军校作为 20 世纪 20 年代中国大革命的产物和国共合作的结晶，造就了中国近代以来第一支真正意义上的反帝、反封建的革命军队，爱国、革命成为许多黄埔军人不可动摇的思想宗旨和精神追求。祖父晚年，还清晰地记得军校大门前的一副对联："升官发财请往他处，贪生畏死勿入斯门。"

在黄埔军校，祖父亲耳聆听了孙中山先生的谆谆教诲；接触了廖仲恺、邓演达、周恩来等著名的革命家；学习了许多先进的革命理论。祖父

1924 年 6 月 16 日，孙中山先生在黄埔军校开学典礼上。前排左起：欧阳格、蒋介石、孙中山、胡汉民、邹鲁。（此图片由台湾秦风先生提供）

    虽然在军校仅仅学习了七个多月就毕业了，但这一段宝贵的时光在他一生中发挥着极其重要的影响。在后来漫长的岁月里，尽管祖父在他的政治、军事生涯中经历了种种曲折和坎坷，但朴素的爱国主义思想始终牢牢地植根于他的心灵深处。

    特别要提到的是，王尔琢、黄鳌、贺声洋当时都是共产党员，他们与祖父既是同学，又是同乡，在军校里朝夕相处，彼此亲如手足，对祖父思想熏陶很多。或许是受他们的影响，祖父经常参加由共产党员蒋先云同学发起的"中国青年军人联合会"的活动。国民党于 1927 年"清共"以后，在相当一个时期内认为祖父有"共党"嫌疑，不予重用。无独有偶，后来有些中共党史材料，也误认为祖父是中共党员，可见祖父在当时的黄埔军

孙中山先生在黄埔军校开学典礼上发表演说

黄埔军校一期学生聆听孙中山先生演讲

黄埔军校第一期毕业生合影

黄埔军校学生正在操练

孙中山先生与苏联顾问鲍罗廷（前右）视察黄埔军校

黄埔军校学生寝室一角　　　　　　　　　　　黄埔军校学生食堂

校学生中，确实是思想很进步的。

可惜的是，祖父的这三位好友去世很早。大革命失败后，王尔琢参加了南昌起义，后随朱德总司令上了井冈山，与毛泽东率领的队伍会师，担任红四军参谋长兼主力28团团长，是红军早期的优秀高级指挥员，不幸于1928年为叛徒袁崇全所害。王尔琢的牺牲，使井冈山红军损失了一员大将，朱德军长抚尸痛哭，党代表毛泽东也痛悼不已，亲自撰写挽联祭奠：一哭尔琢，二哭尔琢，尔琢今已矣，留却责任难承受；生为阶级，死为阶级，阶级念如何，天下太平方始休。黄鳌也于大革命失败后，在贺龙元帅领导的湘鄂西革命根据地坚持斗争，曾任湘鄂西红三军参谋长，1928年在湘西的一次战斗中英勇牺牲。贺声洋在黄埔军校毕业后，曾去苏联留学，后因犯立三路线错误受到处分，不久又患上肺病，于1930年初因病去世。贺声洋遗有一子，名贺文龙，中华人民共和国成立后，曾在石门县文化局工作。20世纪80年代，贺文龙曾来京看望过祖父。

祖父晚年常常深情地忆起这几位挚友，痛惜之情溢于言表。特别是王尔琢，他与祖父不仅是石门一中的同学，还是亲戚。我们原本并不清楚祖父与王尔琢到底是什么亲属关系，祖父在世时也未明言。不久前，我们查阅资料，才了解到，祖父是把自己的堂姐郑凤翠介绍给了王尔琢。据说祖父的这位堂姐不仅人生得漂亮，而且十分贤淑。两人结合后虽然极为恩爱，还是聚少离多。郑氏怀孕后，曾赶到武汉见王，王尔琢却因战事正紧而赶往前线，郑氏怏怏而返。以后郑凤翠产下一女。由于大革命已经失败，王尔琢奔走革命，直至牺牲也无缘与妻女见面。不幸的是，烈士的女儿十八岁时，被一场大病夺去生命。以后郑凤翠又从王氏亲族中过继来一个儿子。这个孩子不幸又在抗美援朝战争中壮烈牺牲，剩下郑凤翠一人过着孤苦的生活。中华人民共和国成立后，当地政府念及她是烈士遗孀，曾给予一些生活救济，直至1988年去世，享年86岁。郑氏生前，一直珍藏着一个首饰盒。她病故后，人们清点遗物，发现盒内存放着60粒杏仁，原来这正是对王尔琢烈士牺牲60周年的纪念啊！上述这些事情，祖父生前并不了解。不过他对王尔琢的牺牲，一直十分难过，也曾多次向我们谈及与王尔琢有关的往事。作为后辈，我们对王尔琢烈士怀有无限的怀念和崇高的敬意。一部中国革命史，似王尔琢这样的事例又何止千千万！今天我们拥有的一切，是无数先烈们用生命和家庭幸福换取的，他们永远活在我们的心底。

第二章
东征北伐

参加第一次东征的党军教导第 1 团部分官兵合影

1924

年 11 月，广东革命政府在黄埔岛上正式成立了党军教导第 1 团、教导第 2 团，黄埔军校第一期的学生也提前毕业，大部分被派往党军中担任连排级干部。祖父因在军校表现出色，被派到教导第 1 团 2 营 4 连，任连党代表。

1925 年 1 月，盘踞在广东东江潮汕地区的陈炯明，趁孙中山先生北上，调兵遣将，准备分路反扑广州。为先发制敌，消灭陈炯明反动势力，广东革命政府决定组成联军，分三路军东征讨陈，是为第一次东征战役。

2 月初，黄埔学生军（辖党军教导第 1 团、第 2 团、黄埔军校第二、三期学生）和粤军第 2 师张民达部、粤军第 7 旅许济部共万余人为右翼军，经淡水、海陆丰向潮汕地区进攻，连下东莞、新圩、平湖、深圳等镇。2月 14 日，担任整个右翼军前卫部队的教导一团二营 4 连，在淡水城西南

1925 年，参加东征的黄埔学生军在行军途中就餐。

的一片丘陵地带又与敌接触，祖父亲自指挥前卫排迅猛冲锋，将敌人击
垮，并与后续部队一起穷追不舍，将敌人一直撵进淡水城。这是祖父平生
第一次参加战斗。在军校学习时，祖父曾参加过镇压广州商团叛乱的军事
行动，但他所在的一小队学生军，担任广东革命政府的警卫任务，并没有
参加实际战斗。这次初上战场，祖父居然没有一点紧张、恐惧的感觉。用
他自己的话说，仿佛是一次登山越野比赛。

次日拂晓，东征军开始猛攻淡水城。

充满革命激情的祖父，报名参加了由 10 名军官和 100 名士兵组成的
奋勇队。

东征军的大炮刚一停止轰击，祖父便与奋勇队的官兵们一道，扛着云
梯，在我军轻重火力的掩护下直扑城下。敌人依城固守，一时弹如雨下。

激战中，祖父他们架设的云梯，几次被敌人用铁叉叉倒，看到身边不断有战友中弹倒下，祖父一时有些慌乱，但随即想到自己身为革命军军官，绝不能贪生怕死，马上镇定下来。他指挥士兵们就地卧倒，举枪向城头上的敌人火力点射击。趁敌人火力稍减，祖父又与士兵们跃上云梯，一边挥舞驳壳枪频频向城上敌人射击，一边敏捷地向上攀登。很快，他们攀上城头，大呼："党军登城了！党军登城了！"迅猛地向城上敌人扑去。这时，后续部队相继登城，痛击敌人，三千余守军大部被歼，少数残敌仓皇出北门落荒而逃。

在第一次东征战役中，党军教导团官兵在棉湖战地休息。

淡水战役后，祖父调升为党军教导第 2 团 3 营党代表，接替了在淡水战役中牺牲的蔡光举同志的职务。该营营长是当时军校中知名的共产党员金佛庄同志。

此后，东征军接连攻占海陆丰、揭阳、潮州和汕头，陈炯明部将洪兆麟只好望风而逃。

不料，这时战场形势却发生突变。原来，担任东征军左翼军的滇桂军，暗中与陈炯明勾结，使陈炯明手下悍将林虎调集两万余精兵，由兴宁、五华分路快速南下奔袭，企图一举将东征军右翼军歼灭于潮汕地区。获此敌情后，军校校长蒋介石、政治部主任周恩来亲率党军教导第 1 团、教导第 2 团和粤军第 7 旅许济部迎击敌人。

3 月 13 日晨，敌我在普宁附近的棉湖地区遭遇。担任战役迂回任务的粤军第 7 旅，竟在关键时刻迷失了道路，林虎遂集中万余精兵猛攻教导第 1 团。该团以区区千余兵力，与敌殊死战斗。战斗最危急时，团长何应钦亲率卫兵及勤杂人员与敌近距离搏战，彼此伤亡惨重。这时，在教导第 1 团左翼向前运动的教导第 2 团，因团长钱大钧迟疑不决，未能及时往援。时至正午，战况更加紧急，早就按捺不住的教导第 2 团 2 营营长刘尧辰，主动向敌出击。钱大钧这才命令第 3 营占领左侧高地。不久，第 2 营与敌人的战斗打响。

第 3 营营长金佛庄判断敌人亦有可能抢占这个高地，立命该营 9 连快速向山上运动。果然，第 9 连刚一登顶，敌军已黑压压地涌至，双方立即展开激战。金营长和祖父率后续两连赶到后，马上投入战斗。可是敌人愈来愈多，金营长和祖父往还于各阵地之间，指挥官兵们沉着地将敌人放至四五十米距离内，以排枪突然射击，打得敌人人仰马翻，死伤惨重。但敌人在军官驱赶下，还是不顾死活地冲上我军阵地。第 3 营的官兵们毫不退缩，跃出阵地，与敌展开白刃战。激战中，祖父亲率两排兵力，从敌侧背杀入阵中，左突右冲，敌军顿时大乱，乱糟糟地溃退下去。战至黄昏，第 3 营发起全线反击，又是一场激烈的肉搏战后，敌人终于丢下遍地的伤兵和武器，纷纷狼狈地逃下山去。此时，粤军第 7 旅终于赶至，东征军士气

参加东征的粤军部分官兵

大振，全面发动猛烈冲锋。林虎的部队再也抵挡不住，犹如山崩般地溃败了！这就是第一次东征战役中著名的"棉湖大战"。

棉湖战后，东征军连夜袭占五华，随后强攻兴宁。祖父所在的第3营和第2营刘尧辰部率先破城，守敌大部被歼，林虎仅率少数亲随逃往江西。与此同时，粤军张民达部也由潮汕沿韩江北上，连克黄岗、饶平、梅县、大埔、蕉岭等地，洪兆麟只身逃往上海，残部溃往福建境内。第一次东征战役胜利结束。

东征途中，祖父与金佛庄相处无间，结为挚友。万分遗憾的是，1927年，时任北伐军总司令部警卫团长的金佛庄，在一次执行任务时，不幸在南京下关被反动军阀孙传芳逮捕杀害。

第一次东征刚刚取得胜利，滇军、桂军头目杨希闵、刘震寰便在广州发动了叛乱。东征军迅速回师广州，讨伐杨、刘。

6月11日，党军第1旅（辖教导第1、2团）、粤军第1旅陈铭枢部猛攻广州东郊龙眼洞、观音山、瘦狗岭、白云山一线阵地，广东革命政府所属各个部队也纷纷投入战斗，双方仅激战一天多，盘踞广州两年之久，号称拥有四五万之众的滇桂联军便土崩瓦解了，杨希闵、刘震寰仓皇逃往沙面英租界。

战斗刚刚结束，祖父和他的战友们又经历了一次惊险。6月15日上午9时许，党军在广州的宿营地附近突然枪声大作，正在营房内读书的祖父马上提枪冲出房外，率领闻声赶至的三十余位官兵迎着枪声奔去。其他各营连官兵，在事先毫无准备、无人统一指挥的情况下，几十人一股，甚至有人单枪匹马，自动向敌人逆袭，双方在营房附近的山脚下混战一团。敌人原想偷袭，没有想到遭到党军激烈抵抗，只好落荒而逃。这时党军增援部队陆续赶到，迅速将敌人全部追歼。事后查明，这股敌人是滇军胡思舜部，约三四千人，企图乘党军不备偷袭广州，不想自己却被全部消灭了。

金佛庄像，金佛庄 1926 年 12 月 2 日在南京被军阀孙传芳部杀害。

平定杨希闵、刘震寰叛乱后，广东革命政府正式改组为中华民国国民政府，国民革命军也再次整编，祖父调任第 1 军 1 师 4 团 1 营党代表。

由于离家日久，思亲心切，祖父趁广州局势平静，于 1925 年 8 月中旬，请假回湖南石门家乡省亲。一年多前，祖父不辞而别，投奔黄埔，家人闻讯焦虑万分。现在祖父平安归来，一家人真是欢天喜地。转眼到了中秋，祖父辗转得知广东国民政府再次兴师东征，不由得心急如焚，马上辞别家人，踏上了归程。家乡有几位年轻人，也随着祖父前往广州，分别考入黄埔军校第四、五期。

祖父一回广州，立即去晋见广东国民政府主席、黄埔军校党代表汪精卫，直截了当地要求上前线作战。汪却说祖父在原部队的职务已被人顶替，建议他去黄埔军校医院任党代表。祖父为了上前线打仗才火速赶回，如何肯留在广州后方？汪见祖父执意要上前线，只好让他自行寻找机会返回部队。

祖父在广州苦苦等待了两个月的时间。10 月中旬，东征军攻克惠州重镇，接着又占领了蓝塘、紫金、河源、老隆及海陆丰等广大地区，并于 10 月底在华阳再度击溃了林虎残部。捷报频繁传至广州，祖父更加坐卧不安，心里真是后悔当初请假回乡省亲之举。11 月初，祖父千方百计地搭乘

蒋先云像，蒋先云同志于 1927 年在北伐战争中英勇牺牲。

到一艘小火轮前往汕头。

在船上，祖父巧遇黄埔军校一期同学蒋先云，彼此相见十分高兴。从蒋口中，祖父了解到东征军攻打惠州的惨烈战况，以及第 2 师 4 团团长刘尧辰等许多同志在攻城战中壮烈牺牲时的情景。

那时祖父尚年轻，突然听到这么多几个月前还朝夕相处的教官和同学，特别是他素来敬仰的老师刘尧辰等都牺牲了，不禁掩面失声痛哭，蒋先云也难过地流下眼泪。少顷，蒋先云语气深沉地说道："洞国，国民革命的成功，需要用无数革命志士的生命去换取，为主义献身是光荣的！"两年以后，蒋先云也在北伐战争中英勇捐躯了，但他的这番话，却长久地留在祖父心间。

第二次东征战役中,被东征军攻克后的惠州城残破景象。

　　在攻打惠州城的战斗中,党军教导团官兵前仆后继,牺牲惨重。图为倒卧在战
场上的烈士遗骸。

1925 年第一次东征战役结束后，东征军总指挥蒋介石、政治部主任周恩来率黄埔师生举行孙中山先生逝世追悼大会。

船到汕头，祖父径直去找东征军总政治部主任周恩来同志。在军校学习和第一次东征战役期间，周恩来与祖父已很熟识，现在见到祖父大为高兴，握着祖父的双手嘘寒问暖。祖父歉疚地说："周主任，我回来晚了，你看仗都打完了。"周恩来爽朗地笑道："不晚，不晚，这里很多事情需要人手，你回来得还是时候！"他与周围工作人员简单商议后，便派祖父去潮州野战医院任党代表。祖父一听心中就凉了半截，若还是在医院工作，当初就不如留在广州了。周恩来了解到事情经过，还是劝慰祖父说："医院的工作也很重要嘛，你先去工作一段时期，我再设法找人替换你。"祖父不便再讨价还价，只得前往潮州赴任去了。

一到潮州野战医院，祖父发现这里的情况很糟糕，不仅医疗、生活用品匮乏，医院管理也很松懈，伤病员们怨声载道。几天后，东征军总司令蒋介石前来视察，睹此状况勃然大怒，劈面打了院长几记耳光，当场将他撤了职，却对祖父勉励了一番，让他负起医院的全部领导责任。蒋介石走后，祖父不敢懈怠，悉力整顿医院秩序，申请增加物资供应，努力安抚伤病员，很快扭转了医院局面。

这时旧历春节到了，刚刚摆脱了军阀蹂躏和战乱之苦的潮汕地区的百姓们欢天喜地，共庆佳节。一连多日，潮州城内人山人海，一片繁荣景象。许多民众担着猪羊酒菜，敲锣打鼓，络绎不绝地前来劳军，与军队官兵彻夜联欢，充满鱼水之情。这是祖父大革命时期在广东度过的最热闹的一个春节。

1926年春，随着潮州野战医院里的伤病员们陆续痊愈归队，祖父再也闲不住了，便又跑到汕头去找周恩来主任。这次他来得很是时候，国民革命军当时都在整训、扩编，亟需军事干部。周恩来对祖父在潮州野战医院的表现很满意，亲自向蒋介石总司令举荐。不久，祖父被任命为第1军3师8团1营营长。

第3师先驻海澄，后移驻梅县。这支部队的前身是原粤军第7旅，官兵的政治教育和军事素质较差，战斗力不强。第二次东征战役时，该部曾在华阳地区被林虎部击溃，差点让前来督战的蒋介石遭受不测。这次有大批军事和政治干部被充实到这支部队，经过努力整顿、训练，很快改变了面貌，后来成为北伐军中的一支劲旅。

广东国民政府统一两广后，积极准备在全国范围内完成国民革命。1926年7月9日，国民革命军在广州誓师，掀开了北伐战争的序幕。

10万北伐大军分西、中、东三路先后出师北伐，其中西路军兵锋直

1926年6月，广州市民在中山大学举行大会，欢送北伐军出征。

1926 年 7 月 9 日，国民革命军总司令蒋介石在广州东校场举行的北伐誓师典礼上发表演讲。
（此图片由台湾秦风先生提供）

指两湖地区，攻打北洋吴佩孚集团，此为主战场；中路军以消灭盘踞在江西、安徽、江苏等地的孙传芳势力为目标；祖父所在的第 1 军 3 师和 14 师组成北伐东路军，由广东潮梅地区向福建出击，通过打击孙传芳的福建督办周荫人军队，拱卫广东革命根据地的后方安全。

9月下旬，东路军进入闽境。

某日下午，在永定城外高地上，担任前卫部队的第8团1营与大批敌人遭遇，发生激战。经侦察，发现周荫人亲率主力驻守永定城。东路军指挥部决定迅速夺取该城。

次日拂晓，第8团团长徐庭瑶命令第2营在城南发动佯攻，另要祖父率第1营及配属的团机枪连主攻永定城东险要高地。敌军仗着人多势众，又据有险要阵地，不断以密集火力倾泻在我军阵地上，战斗一开始便陷于胶着状态。

祖父很镇定，他一面集中机枪连火力压制敌人火力，并组织十余位优秀射手，用步枪专打敌人的指挥官和机枪手；一面派出一连兵力从右翼秘密迂回。不久，迂回部队突入敌人主阵地，双方展开肉搏战，祖父率部和前来增援的第3营官兵趁势冲锋，一举夺下了这个险要高地。

为不使敌人有喘息之机，祖父立即命令机枪连抢占城东高地，向永定城垣猛烈射击，并亲率部队直扑永定东门。敌人顿时大乱，纷纷由北门溃逃。我军一路穷追猛打，将残敌大部歼灭。追击途中，祖父缴获了一件漂亮的大衣，当时衣内尚有余温，经俘虏指认，方知此衣为周荫人本人之物，可见周荫人逃命时的狼狈情景。

永定一战，东路军取得北伐的首场胜利。对祖父来说，这也是他担任军事主官后第一次独立指挥作战，其优秀的军事指挥才能，为后来的军事生涯奠定了坚实的基础。

东路军攻克永定后，未及休整，立即回师广东松口，围歼进攻松口的另一部周荫人主力。

在松口镇北附近，敌我相遇，依然担任前卫的第8团主力与敌展开激战。双方恶战良久，敌人因人数众多，开始向我军两翼压迫。率部担任团预备队的祖父不断目视徐庭瑶团长，意在请求出击。徐却专注地用望远镜观察敌情，毫不理会祖父的表示。

约1小时后，松口镇东方向爆发猛烈枪炮声，原来是后续的东路军主力第14师和第3师7团，已经赶到并投入战斗，沿梅江南岸据守的第3

北伐军开赴前线途中

师9团也对敌发起攻击。徐团长这时才将手一挥，命令祖父出击。祖父举枪大呼："弟兄们，冲啊！"伏在阵地上多时的第1营官兵，犹如出笼的猛虎，立刻向敌人扑去。

敌军三面应敌，只有招架之功。两三小时鏖战之后，敌人全线崩溃，四散逃命，我军各部奋勇追击，将敌主力大部歼灭。

黄昏前，战斗全部结束。这一仗，不仅彻底解除了敌人对广东革命根据地的威胁，也将周荫人的主力消灭了。祖父的第1营，在战斗中缴获的人枪逾千，列全团之榜首，再次受到嘉奖。

10月中旬，东路军再次进入福建，浩浩荡荡地向闽南重镇漳州进发。

进军漳州途中，祖父出了一次"洋相"。

某日黄昏，部队刚刚宿营，团部传令兵匆匆送来徐庭瑶团长的一纸便条。祖父展开一看，仅寥寥一行字：

北伐战争中的工人运输队

"郑营长，晚上请到团部便餐，因有红烧牛肉故也。此致。徐庭瑶即日。"

祖父快马加鞭，赶到团部一看，满桌菜肴之中，果然有热气腾腾的红烧牛肉。徐庭瑶热情地招呼大家入席。祖父还在诧异其他各营官长为何均未到席，徐团长已与众人干起杯来。

北伐以来，部队连战连捷，大家心情愉快，加上有丰盛酒菜助兴，人人开怀畅饮。祖父酒量不大，不多时便酩酊大醉。夜半醒来，发现自己睡在团部，床上、地上呕吐得一塌糊涂，真是狼狈至极。

次日早饭后，徐团长将祖父唤去，郑重通知：他将调升他职，由祖父继任第8团团长。祖父这才明白，昨晚的酒席，是为欢送徐庭瑶和庆贺他升任团长预备的。

从此，还不满24岁的祖父，便担负起指挥一个团队的重任了。

1926 年 10 月 10 日，北伐军攻克武昌后，武汉军民举行联欢大会。

经永定、松口两役后，福建境内的敌人已如惊弓之鸟。东路军一到漳州，敌守军师长张毅便主动出降。12月上旬，东路军未经大的战斗，又占领福建省会福州，福建全省平定。

1927年初，东路军经古田、建瓯向浙江进军。大军进抵建瓯时，趁着夜幕掩护，不费一枪一弹，将驻扎在这里的孙传芳部一个师包围缴械。次日就是除夕，官兵们用缴获敌人的物资，度过了一个丰盛的旧历春节。

由于北伐军纪律严明，又注重政治宣传工作，深得民众拥护。东路军进入浙江境内，正值早春，一路雨雪交加，道路泥泞，官兵们身着单衣，冒着寒冷的雨雪艰难行军，一时减员很多。沿途百姓自发地组织起来，有的为部队挑土铺路，有的扶老携幼，捧着茶水、食物，冒着雨雪候在路旁劳军，还有的百姓沿途设立许多收容站，热情地收容、照顾伤病员。这种军民鱼水之情，使官兵们深受感动，部队上下始终保持着高昂的士气。

祖父自北伐出征以来，身上的军衣经过数月征战，再加上风吹日晒，早已破烂不堪，尤其是军裤，自膝盖以下，均已碎成布条，无奈只好从百姓家中买了一条便裤穿在身上。团长如此，其他官兵的服饰更不消说了。部队行军时，犹如一条五颜六色的巨龙，蜿蜒起伏，滚滚向前。多少年后，祖父都怀念着北伐时期的这些难忘经历。军队士气昂扬，军民关系鱼水交融，都是祖父后来在国民党军队中所不多见的。

1927年3月，东路军经江山、衢州、龙游、兰溪、桐庐进占杭州，稍事休整，又经泗安、广德、溧阳，一路向南京挺进。在句容附近，东路军与奉军一部交战，敌人一触即溃。3月下旬，东路军兵临南京城下，与城内刚刚抵达不久的第6军程潜部胜利会师！

北伐军占领南京，引起列强的极度恐慌。东路军抵达南京的当晚，云集在下关江面上的英、日、美、法军舰，借口其侨民受到伤害，突然向南

在"济南惨案"中被日军残杀的中国军民

京下关和栖霞山地区猛烈炮击，打死打伤我军民两千余人，击毁民房无数，酿成震惊中外的"下关惨案"。

当时，祖父正率部据守栖霞山阵地，官兵们目睹下关一带火光冲天，百姓奔走哭号的惨状，无不怒火中烧，不待上级命令，便自动进入阵地向列强兵舰开火。可惜当时北伐军没有多少重武器，无法给敌人致命打击。

无独有偶，次年春，北伐军在两湖地区击溃吴佩孚、孙传芳军队主力后，北伐军第一集团军沿津浦路北上，于鲁西巨野一举聚歼孙传芳残部，乘胜占领了山东首府济南。北伐军的一连串胜利引起日本的恐慌，一直明里暗里支持奉军的日本驻屯军恼羞成怒，公然出兵围攻济南城，屠杀我军民数千人，甚至将奉命前往交涉的外交特派员蔡公时等人，也用极其残忍的手段杀害了。

通过这些事例，祖父更清醒地认识到，列强是中国国民革命最凶恶的敌人，不将帝国主义势力驱逐出中国，国民革命断无成功之理。

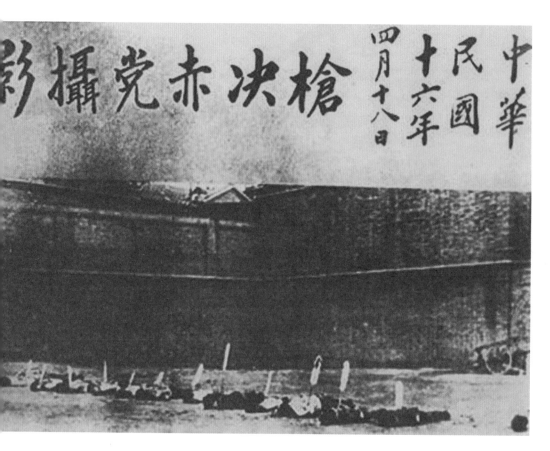

蒋介石集团实施"清共"后，被屠杀的共产党人。

就在北伐战争取得重大胜利之际，革命阵营内部却发生了重大分裂。以国民革命军总司令蒋介石为代表的国民党右派，于1927年4月12日在上海公然"清党"，大肆捕杀共产党人。不久，又在南京另行成立国民政府，并开始对在南京军队中的共产党员和同情武汉国民政府分子实行"非常紧急处置"。一时间，祖父在军中的许多朋友、熟人，不是被杀，便是失踪了，南京城内一片萧杀之气。祖父因平日与共产党员们往来密切，也做好了遭撤职或捕杀的准备。数年后，祖父的军校一期同学黄雍，担任黄埔军校同学会的负责人，发现祖父的名字还赫然出现在该会的黑名单上，急忙抹去了。由于政治上的嫌疑，祖父在团长任上足足干了几年，直到中原大战以后，才以战功升任旅长。

蒋介石率领国民党上层在碧云寺祭祀孙中山。前排右至左为：张作宝、陈调元、蒋介石、吴稚晖、阎锡山、马福祥、马思达、白崇禧。（此图片由台湾秦风先生提供）

  蒋介石在南京实行"清党"，使年轻的祖父陷入有生以来最大的痛苦和迷惘之中。作为一个思想单纯的军人，他虽然有着朴素的爱国思想，却对中国革命的性质、道路缺乏深刻的认识。

  尽管祖父对共产党人当时的遭遇充满同情，对蒋介石的"清党"之举颇有抵触，但在心目中，仍把蒋介石作为已故孙中山总理的正统继承者，是中国当然的政治领袖和军事统帅。经过痛苦的精神煎熬和激烈的思想斗争，他做出了继续跟蒋介石走的政治抉择。直到1948年长春和平解放，才结束了这长达二十余年的曲折历程。

  1928年7月6日，国民党领袖在北平西山碧云寺孙中山陵寝安置处举行祭祀典礼，以北伐完成告慰孙中山先生在天之灵。蒋介石、吴稚晖、阎锡山、白崇禧、陈立夫等参加了祭祀活动。根据蒋介石秘书陈立夫事后回

1928 年 7 月，北伐完成，南北统一。北伐军攻战北平后，北伐军总司令蒋介石在北平举行新闻界招待会。（此图片由台湾秦风先生提供）

忆："站在陵寝前，我们隔着玻璃棺，可以看见孙先生的遗容，他安然地睡着，就像活着时一样。记得当时，蒋先生一见到总理遗体就泣不成声，这是我第一次亲眼看见他哭泣。"

南京"四一二反革命政变"后，汪精卫领导的武汉国民政府也随之开始"清共"，并实现"宁汉合流"。蒋汪势力整合后继续北伐，其间蒋介石一度因前线战事不利宣布下野，直到是年 11 月才恢复原职。1928 年北伐军进占平津后，张作霖下令奉系军队退回东北，自己却在途中遭日军炸死。同年 12 月，东北军的新统领、张作霖的儿子张学良宣布"易帜"，加入国民政府，中国大陆大体上实现了形式上的统一。

第三章
长城抗战

第25师师长关麟征（左二）、第2师师长黄杰（左一）、第2师4旅旅长郑洞国（左四）等第17军将领在古北口考察地形。（此图片由台湾秦风先生提供）

日本帝国主义自1931年"九一八事变"抢占我东三省后，即谋进一步侵占华北，不断向南进逼。

1933年元月1日，日本关东军向山海关发动进攻，东北军何柱国部奋勇抵抗，长城抗战由此开始。

1933年3月初，日军攻陷热河，进逼长城各口。南京国民政府此时正调动大军，准备在南方各省发动第五次"剿共"战争。迫于日本帝国主义的步步进逼和全国人民强烈要求抗日的舆论压力，国民政府对日采取一面抵抗、一面交涉的方针，仅派拥有三师之众的中央军第17军匆匆驰援华北前线，受命防御古北口一线阵地。

祖父时任第17军2师4旅旅长。第2师由北伐时第1军3师、14师

1933年长城抗战期间,郑洞国将军在古北口南天门阵地留影。

组编而成,是当时国民党军队中战斗力很强的一支部队。

3月12日,第2师由河南洛阳千里迢迢赶到前线。担任前卫旅旅长的祖父,在距古北口以南三十余华里的军部所在地石匣镇匆匆领受了作战任务,未及休息就率领部队以急行军速度赶往第一线南天门阵地。

凌晨4时前,祖父率部赶到了南天门,接替了先期到达的该军第25师的防务。第25师已与兵力、火力均占优势的日军第8师团及骑兵第3旅团恶战三昼夜,毙伤日军两千余人,自己也付出了伤亡四千余人的惨重代价,连师长关麟征也在近战中负重伤,部队亟待休整。

祖父一接管阵地,便督率官兵整修工事,准备大战。当时古北口地区尚为冰雪覆盖,加之阵地上多半是岩石,工具又匮乏,构筑工事极为困难，事实上部队也只能凭借祖先留下来的古老长城，以血肉之躯来抵御装备精良的日寇进攻。

日军原以为正面与之作战的是东北军，遭到第17军猛烈杀伤后，方知遇到强劲对手，不敢大意，此时正忙于增派援军，调整部署，战场相对沉寂，敌我不时有小规模交火。祖父常于夜间派别动队渗透到敌人后方，袭击日军小部队，破坏敌人道路，多次切断敌补给线，令日军大为头痛。

4月20日夜，由第2师6旅负责防守的南天门左翼险要制高点八道楼子却被日军偷袭得手，该旅多次组织反攻无效。

次日，祖父受命指挥第4旅8团和第6旅11团继续反攻。在八道楼子以东五百米外光秃秃的山坳上，部队强攻整日。由于既无地形隐蔽，又缺乏炮火支持，从天明到日落，一批批勇敢的官兵们冲上去，又都相继倒在敌人密集的枪弹下，祖父五内俱焚。他考虑到这样硬攻牺牲太大，经请示上级，只好忍痛将部队撤了下来。

4月23日晨7时，日军利用八道楼子瞰射之利，向第4旅驻守的南天门阵地中央之重要据点四二一高地发动大规模猛攻。敌人的飞机、大炮、战车一起出动，先以密集炮火覆盖我军阵地，继以步兵群一波接一波地向我阵地冲锋。

我军官兵虽然缺乏对日作战经验，却都久经战阵，官兵们镇定地伏在工事中不动，待敌人接近我阵地前沿三四十米处，突然集中轻重火力猛扫，打得敌人人仰马翻，死伤枕藉。日军士兵受武士道精神毒害，且训练有素，作战顽强，一批被打倒了，另一批又嚎叫着涌上来，几度冲上我军阵地，双方展开激烈肉搏。祖父果断命令预备队出击，才将敌人击退。

这样从早到晚，我军一共击退了日军四次大规模的进攻，阵地前横七竖八地躺着不少敌人溃退时来不及拖走的尸体。我军也伤亡了三百余官兵。

激战中，我军因火炮少，性能亦差，常常发射三发炮弹才能命中目标。但这里一发炮弹刚刚出膛，马上招来敌人排炮轰击，只好频频更换火炮位置，不敢集中放列射击。更可恨的是敌人的飞机，从早到晚在我军头

第 17 军官兵向日军高地冲杀，此照片引自华文出版社出版的《中国抗日战争简明图志》。

上轰炸，造成很大伤亡。一些士兵愤极，就用肩膀扛着轻机枪向俯冲扫射的敌机射击。

4 月 24 日晨 6 时，日军再度发动全线猛攻，敌我鏖战竟日。第 6 旅阵地于当日下午一度被突破，黄杰师长急命师补充团增援，才将阵地稳定下来。25 日，日军以猛烈炮火向我军实施报复性轰击，从晨至晚，终日不绝。

经连日血战，第 2 师各部伤亡重大，部队疲惫不堪，遂奉命撤下休整，阵地由第 17 军 83 师接防。

此后，日军持续发动猛攻，第 83 师与敌鏖战数日，伤亡重大，不得不于 28 日放弃南天门阵地，退守后方预备阵地。

这时，日军已攻占冷口及以东各口，多伦又告失守，战局对中国军队日渐不利。

5 月 10 日晨，日军再次猛攻第 83 师阵地。次日天还未亮，日军孤注

长城抗战期间，华北妇女界代表来到喜峰口前线慰问英勇抗日的第 29 军官兵。图为四名妇女手持第 29 军战士的大刀合影。该军赵登禹部，曾以大刀队夜袭日军，令日军闻风丧胆。（此照片由台湾秦风先生提供）

　　一掷，出动五六千兵力在战车掩护下发动大规模夜袭，敌我混战一团。天明后，日军更以飞机、大炮助战，增派兵力持续猛攻。第 83 师伤亡惨重，全线崩溃，师长刘戡愤而自戕未遂。

　　这时第 2 师正奉命开往后方整补。10 日夜间，祖父率第 4 旅已行至密云，忽接十万火急命令，要第 2 师火速回援。已在北平休整的第 25 师也接到增援命令。

　　祖父立即率领部队掉头跑步向南天门方向疾进。次日上午，第 4 旅刚刚到达前线，喘息未定，日军就出动四五千兵力，在飞机、大炮、战车的掩护下发动猛攻。放眼望去，满山遍野都是穿着土黄色军服的鬼子，一波

广东女子师范的师生们，自费购买了大批钢盔、腰带和大刀，慰问第 29 军的将士们。（此照片由台湾秦风先生提供）

波地向我军阵地涌来，阵地上瞬时枪炮声大作，火光四溅。

祖父身边只有不到两千疲惫不堪的官兵，且未及构筑工事，在日军疯狂进攻下，各处阵地频频告急。他意识到战斗已到生死关头，唯有与敌人拼命才能稳住局面，于是脱去外衣，只穿着白衬衫，提着手枪，带着身边仅有的一个特务排，亲自赶往枪炮声最密集的阵地上，往复指挥督战。战士们见旅长亲自上阵，士气大振，纷纷跃出工事，呐喊着向日军反冲锋，双方展开激烈肉搏。血战至黄昏，后续部队赶到，阵地才稳定下来。

此后敌我全线一连恶战三天，第 17 军各师伤亡巨大，于 5 月 15 日奉命撤下休整，由第 26 军担任九松山预备阵地防御。

北平妇女界代表冒着严寒来到前线，慰问参加长城抗战的将士。（此照片由台湾秦风先生提供）

长城抗战期间，清华大学抗日救国会组织修路队，赶到前线支援工兵部队作业。（此照片由台湾秦风先生提供）

　　1987 年夏，郑洞国将军（右）与当年参加长城抗战的老战友覃异之凭吊古北口战役阵亡将士公墓。

古北口一役，第 17 军与日军鏖战两月余，毙伤敌五千余人，自己也付出了伤亡八九千人的沉重代价，是当时长城抗战作战时间最长、战事最激烈的地方。祖父也由此成为最早参加抵抗日本侵略军的国民党军队将领之一。

第 17 军撤退后，当地百姓冒着生命危险，偷偷将我军阵亡官兵的遗骸掩埋在长城脚下。最集中的一处，在古北口镇西南，当地百姓称为"肉丘坟"，那里埋葬着五百余位壮烈殉国的抗日官兵。

1987 年夏，祖父与原第 17 军 25 师 149 团团长覃异之再次来到古北口旧战地，凭吊了这座已被当地人民政府修缮了的抗日烈士合葬墓，追忆往事，思念战友，两位老人感慨万端！现在，这座抗日烈士墓，已被北京市人民政府列为北京重点文物保护项目和爱国主义教育基地，不仅受到精心保护，每年都有成千上万的人们前来祭拜，英烈们可以含笑九泉了。

第 17 军撤守古北口后，日寇步步进逼，战局急转直下。5 月 31 日，国民政府与日本签订了丧权辱国的《塘沽协定》，事实上承认了日本帝国主义占有我东北三省和热河，并划绥东、察北、冀东为日军自由活动区，进一步便利了日本控制、吞并华北的企图。1935 年 6 月，国民政府屈从日本压力，再次与日方签订了《何梅协定》。据此，中国政府被迫取消在华北的党政机关，撤退驻河北的中央军和东北军，并承诺取缔在河北的一切抗日活动，使我国面临着更加深刻的民族危机。不久，第 17 军番号被迫取消（后改为第 52 军），忍痛撤出了驻扎两年之久的北平。

第四章
抗日军兴

1936 年，蒋介石在南京会见各界要求抗日的民众。

长 城抗战后，日本法西斯军队不断紧逼，继续不断蚕食华北，导
致中国国难日深。

面对国内风起云涌的抗日浪潮，南京国民政府却不为所动，专力准备
发动又一波"剿共"战争。1936 年 12 月 12 日，张学良、杨虎城将军基
于爱国热情和对内战的厌恶，发动东北军、西北军举行兵变，扣留了正在
西安部署"剿共"战事的蒋介石，是为震惊中外的"西安事变"。在这个
历史的关键时刻，中国共产党不计旧怨，从抗日救国的大局出发，积极斡
旋，最终说服蒋介石基本接受了西安方面提出的八项政治主张，并承诺停
止"剿共"政策，共同抗日。

"西安事变"的和平解决，成为当时中国时局转换的枢纽，从此基本

1937 年 7 月 17 日，蒋介石在庐山发表著名的抗战演说。

结束了国内连绵多年的内战烽烟，奠定了国共两党重新合作的政治基础，为后来抗日民族统一战线的形成提供了可靠的保证。

1937 年 7 月 7 日，日本帝国主义在北平宛平挑起"卢沟桥事变"，中国抗日战争由此全面爆发。

1937 年 7 月 17 日，蒋介石在江西庐山发表著名的抗战演说，号召全国军民"地无分南北，人无分老幼，皆有守土抗战之责任"。

祖父此时任第 52 军 2 师师长，正在庐山军官训练团受训。全面抗战一爆发，祖父即奉命匆匆返回第 2 师，率领部队开往平汉线北段满城、保定、新安镇一线赶筑防线。

第29军战士守卫在卢沟桥边

　　这时平津已失陷。9月中旬，日本华北方面军第1军第6和第14师团一路南犯，大举进攻涿县、保定、石家庄。9月18日，日军击破孙连仲、裴昌会等部的顽强抵抗，攻占涿县，随即沿平汉路两侧向保定扑来。

　　担任保定防御的中国军队只有第52军（辖第2师、第25师）和陕军冯钦哉部第17师。其部署是：第2师居中担任保定城防及平汉路正面防御。第25师在左翼防守满城至保定一线阵地。陕军第17师在右翼防守保定至高阳一线阵地。

　　9月20日，日军突破徐水、遂城之线，向我满城、漕河、新安防线席卷而来。祖父派往徐水方向担任警戒任务的一营部队，与敌发生前哨战后，主动撤回漕河一线阵地。

　　22日晨，日军在飞机、大炮掩护下，向我满城、漕河一线阵地发动猛攻，我军顽强抵抗，打退了敌人多次进攻，战斗极为激烈。

　　战至午后，日军后续部队源源而至，攻势更加猛烈。日军飞机不停地向我军阵地轰炸扫射，并以重炮隔河集中轰击，将我漕河南岸阵地几乎全部摧毁，随后出动大批步兵，在十余辆战车的掩护下涉河向我军轮

1937 年，平汉线上的中国军队掘壕据守。

番冲击。

　　祖父的部队经历过长城抗战的洗礼，对日军作战有了一定经验。日军炮火轰击时，官兵们匍匐在工事里不动，俟敌半渡，就集中轻重火力猛烈射击。日军步兵在齐腰深的河水中，成了我军的移动枪靶，一片片地被打倒，漕河中泛起团团血污。只是我军缺乏战防炮，对付敌人战车一时没有办法，致使其几度冲上我军阵地，给我军造成相当伤亡。后来我军一些士兵冒死爬上敌战车，用炸药和集束手榴弹挂在车上，将其炸毁了几辆，其余的见势不妙，才仓皇遁回北岸。

1937 年平津失守后，中国军队在沿平汉线阵地上组织防空射击。

　　黄昏以后，战斗态势稍稍减弱。担任漕河南岸防御的第 2 师 6 旅伤亡很大，祖父一面从城内派出一部援兵，一面命令该旅旅长邓士富抓紧抢修工事，准备迎接明天的血战。

　　次日黎明，日军突破了第 25 师在满城的防线，与该师各团发生混战。祖父见状急忙命令第 6 旅 11 团就近增援该师作战，日军却乘虚涉过漕河，几乎将第 11 团包围，该团苦战良久才摆脱了敌人。祖父见漕河已不能守，只能命第 6 旅放弃沿河阵地，退守保定城垣工事。

　　上午 10 时，日军在飞机和地面炮火的掩护下，直扑保定城下，敌战车也向保定北门冲击，很快突入，敌步兵随即涌入进城内，在北门内外及附近城垣上与我军展开剧烈肉搏战。祖父见战况危急，命令师直属部队向敌两翼反击，截断攻城日军。战至中午，突入城内的百余鬼子全被歼灭，敌战车也掉头逃了回去。以后日军又发动了几次攻击，都被我军击退。

谁知当晚情况却发生逆转，在满城一线的第25师被敌人击溃，纷纷向后方撤退，右翼陕军第17师也不知去向，日军骑兵乘虚抄袭了第2师后方机关，医院、辎重、通讯设备全部遗失，保定成了名副其实的一座孤城。由于得不到上级的命令，祖父决定继续坚守下去。

24日天刚蒙蒙亮，日军就对保定城发动了全面总攻。敌人多架飞机和几十门大炮集中轰击城北城垣工事达一小时之久，城内很快便硝烟弥漫，燃起熊熊大火，城墙也被打塌了多处，形成几道很宽的缺口，据守城垣工事的守军死伤惨重。

日军千余步兵乘机蜂拥突入，与我守军短兵相接，激烈交战。我军虽然在敌人炮击中伤亡很大，但仍顽强据守在城内建筑物和街道两侧民房屋顶上，以交叉火力猛扫突入城内的日军，城墙缺口边和街道上，躺满了鬼子们的尸体和伤兵。但大批敌人在战车掩护下不断涌入城内，并向两翼发展战果，敌我激烈巷战。

战斗激烈进行时，裴昌会将军奉命率第47师赶来增援。他的到来让祖父好生感动。因为此时各路友军纷纷溃退，各不相顾。连第52军军长关麟征，这位祖父黄埔军校一期的同学和上级，都丢弃自己的部属不管，独自跟着败军撤退了。而身为杂牌军将领的裴将军，却不避艰险，依令而来，着实令人钦敬。

但守军已独力难支，日军倚仗优势兵力和火力，在巷战中逐渐占领了大半个城市，开始对我军分割包围，第4旅旅长赵公武率大部守军被迫突围，向保定东南张登镇方向转移。这时城里一片混乱，除了师直属部队外，其他各旅已失去掌握，祖父见形势万分危殆，为保全部队，经与裴师长商议，决定率部合力突围。

计议刚定，日军已迫近南门，密集的枪弹呼啸而至。祖父镇定地指挥骑兵团、工兵营、通讯营、山炮营、特务连等师直属部队且战且退，沿平汉路向南撤退，保定城遂告陷落。

由于保定与外界的消息完全隔绝，后方的人们以为第2师已经全军覆

日军占领后的保定城垣一角俯瞰（此照片引自华文出版社出版的《中国抗日战争简明图志》）

没，一些报纸还刊发了祖父"壮烈殉国"的消息，家人闻此谣传，着实虚惊了一场。

　　从保定撤退之后，第2师奉命在豫北林县山区展开敌后游击战。国民党军队不像共产党军队那样善于发动和武装群众，开始时畏首畏尾，打不开局面。后来情况熟悉了，祖父派出一些小部队分散出击，四处袭扰敌人。有一次，第2师的一支别动队，乔装成日军，渗透到安阳附近，袭击了日军的飞机场，给敌人造成很大恐慌。

　　以后，第2师又奉命转移，参加了漳河战役。

1937 年 10 月，郑洞国将军（右）率第 2 师在河南林县地区积极袭扰日军。

中国军队的机枪手们正在津浦前线展开行动，背后的碉堡是国民党中央军在
"剿共"时期在全国地区所建。（此图片由台湾秦风先生提供）

1938

年初，中日军队以攻守徐州为目标，在津浦路南北两端展开了一次大规模的会战，这就是著名的徐州会战。

徐州地处津浦与陇海铁路交叉点，扼苏、鲁、皖、豫四省要冲，是中原和武汉的重要屏障，战略地位极为重要。日军占领平津和南京后，立即调集重兵由津浦路南北两段分别大举进攻，企图迅速打通津浦线，夺取徐州，再循陇海路西进，取道郑州南下，占领我国当时的军事、政治、经济中心——武汉。

日军在津浦路南段作战受挫之后，改以"南守北攻"战略，派精锐的第5师团、第10师团，在津浦路北段迅速向南推进，会攻徐州。担任黄河一线防务的山东省主席兼第3集团军总司令韩复榘为保存个人实力，竟

中国军队的重机关枪部队正在赶往前线作战（此图片由台湾秦风先生提供）

擅自弃地不守，率领八万大军望风而逃，致使津浦路正面门户洞开，日军第10师团连陷济南、泰安、兖州、曲阜、济宁、邹县等城，直扑徐州而来。第五战区急调川军第22集团军开赴临城以北，努力堵截日军。

日军第5师团这时亦由青岛沿胶济路西进，至潍县后循台潍公路快速南下，企图夺取鲁南重镇临沂，从东路包抄徐州。

为确保徐州，第五战区一面命令第3军团庞炳勋部固守临沂，阻击日军第5师团。同时将第59军张自忠部配置在滕县以南，支持津浦路北段正面第22集团军作战。一面计划将原属第一战区建制的中央军第20军团汤恩伯部控制在运河以北地区，形成一支强大的打击力量，相机攻击津浦路北段日军侧背。

我军部署尚未完成，日军第5师团已开始猛攻临沂。防守临沂的第3

军团庞炳勋部历经大战，只残存 5 个团的兵力，却能据城死守，日军与庞部血战多日不能攻下。这时第 59 军奉命星夜驰援。张自忠将军指挥部队猛攻三日，大败号称王牌军的日军第 5 师团，敌人抱头鼠窜九十华里，缩入莒县城中。

但日军第 10 师团趁我第 59 军东移，再度大举南犯，川军第 22 集团军兵力单薄，在敌压迫下且战且退，徐州危殆。

此时第 20 军团（辖第 52 军、第 85 军、第 13 军 110 师）正向运河以北集结途中。祖父率第 2 师由河南舞阳日夜兼程向运河以北之临城进发。3 月 18 日晚，祖父刚抵达第五战区指挥部所在地徐州，即惊悉滕县已失，川军第 122 师师长王铭章将军以下两千余人壮烈殉国，此刻日军正由滕县以东向枣庄南下，与已到达运河以北的第 85 军激战。

考虑到我军已来不及实施在运河以北临城之线拊敌之背的作战计划，祖父根据参谋长舒适存的建议，一面报请上级更改作战方案，一面率领尚未渡过运河的师部和第 4 旅，星夜赶往运河南岸占领阵地。

3 月 19 日晨，日军已扑至临城东南的沙沟，与刚刚抵达的第 2 师 6 旅发生激战，该旅抵敌不住，只得节节抵抗后撤。下午 2 时许，日军已夺占韩庄，其步兵千余在十余辆战车的掩护下向我军猛烈进攻，企图强渡运河。

千钧一发之际，祖父赶到了运河南岸附近的利国驿，立刻命令第 4 旅跑步投入战斗，与敌隔河交战，暂时遏制了敌人的攻势。

不久，日军援军源源而至，再度发动猛攻。恰巧此时配属第 2 师的炮兵营运抵前线。该营装备了十二门十二生的榴弹炮，这是我军抗战初期拥有的威力很大的一种火炮。祖父立命炮兵营长放列射击。

不多久，我军大炮怒吼起来，一排排炮弹准确地落入敌阵，打得敌人狼奔豕突，伤亡惨重，几溃不成军。抗战以来，我军多是在日军优势火力制压下作战，但此刻我军大炮奋起神威，居然把鬼子们打得七零八落、狼狈不堪，前线官兵大为振奋，一些官兵高兴得跃出工事，大声欢呼。

日军见我军炮火猛烈，不敢再贸然强渡运河，仅以炮兵还击，双方隔河展开炮战。入夜后，日军被迫以主力东移，沿枣台支线转攻台儿庄。

或许是这次战斗在我国抗战史中微不足道，人们很难在浩如烟海的抗战军事史料中见到有关记载。

其实，利国驿一战虽然规模不大，却是徐州会战前期的关键一战。倘祖父未依敌情变化灵活处置，或行动迟缓，日军主力势将冲过运河，那时不但徐州不保，就连先期到达运河以北的我军各部都会陷入困境，整个战局必将面目皆非，更不会有后来的台儿庄之捷了。

台儿庄位于津浦路台枣支线及台潍公路交叉点，扼运河的咽喉，是徐州的门户，具有重要的军事地位。日军在利国驿受挫后，掉头东进，企图利用枣庄、峄县至台儿庄一带的平坦地势，发挥其机械化部队的优势，一

徐州会战后期，第2师师部在峄县附近阵地上午餐，左一背对镜头者为郑洞国。

举攻占台儿庄，将运河南北的中国军队截为两段，以各个击破。因此，台儿庄之得失，成为敌我双方夺取这次会战主动权的关键。

3月24日，日军第10师团濑谷支队（相当于一个加强旅团兵力），在飞机大炮掩护下，正式向台儿庄发起猛攻，驻守城寨内的第2集团军31师池峰城部奋起迎战，双方在小小的台儿庄内外，展开了长达十余日的拉锯血战，彼此伤亡奇重。

敌我在台儿庄血战之际，第五战区命令第20军团主力让开津浦路正面，在峄县东北之兰陵、向城一带集结、迂回，准备与台儿庄之第2集团军夹击冒险突进的日军濑谷支队。

但第20军团军团长汤恩伯打起了自己的小算盘。他担心孙连仲部守不住台儿庄，日军一旦越过运河，远在敌后与日军主力胶着在一起的第20军团就有遭敌围歼的危险。所以，他宁愿去攻打于整个战局影响不大的临枣之敌，也不愿南下拊敌之背，结果失去了一次很好的战机。

事实上，汤恩伯对攻打临枣之敌也不是认真的。按他的作战命令，第52军和第85军各派一师兵力攻打枣庄。3月26日，祖父奉命率第2师攻击枣庄，但第85军却只派了一支小部队，在枣庄近郊骚扰了一番，便缩

1938年3月台儿庄会战中，在阵地与日军拼死搏战的中国士兵。

第2集团军孙连仲部与攻入台儿庄的日军激烈巷战

中国工兵部队在台儿庄以南运河上架设浮桥，准备渡河击敌。

回抱犊崮山区，日军得以全力抵御第2师的进攻。祖父率部在枣庄激战两昼夜，歼灭日军过半，一度占领了大半个市区。临城之敌千余人匆匆赶来增援，与我军在市区拉锯争夺，战斗演成胶着状态。

这时台儿庄方面的战事已处于千钧一发的关头。经多日剧烈拼杀，筋疲力尽、伤亡殆尽的守军被日军压迫至台儿庄西南角的最后堡垒中苦苦支撑待援。第五战区司令长官李宗仁严令汤恩伯迅速南下拊敌之背，汤恩伯这才认真对台枣支线之敌侧背展开攻击。

第20军团主力南下后即与日军爆发激烈战斗，其中以第2师在北大窑附近的战斗最为惨烈。日军为保护侧背安全，在飞机和猛烈炮火掩护下，拼命向第2师反扑，双方短兵相接，白刃肉搏，鏖战了整整两天。日军最后招架不住了，丢弃下大批尸首和武器，狼狈不堪地撤退下去。第20军团全线进逼，对日军獭谷支队形成包围之势，并一度切断了台儿庄、峄城的交通。随后，祖父奉命率部攻打台枣支线上的重要城镇峄县。

抗战初期，即使是祖父所在的中央军部队，火炮也很少。原来配属第2师的榴弹炮营，此时已被战区长官部调走，师属山炮营也被调得只剩一连，所以攻坚作战十分困难。但第2师还是勇敢地向峄县县城发动了一次次的猛攻。

3月30日，祖父亲到前线指挥部队攻城。激战中，他身边一位参谋手中的望远镜不慎在阳光下反光，被日军发现，立即招来猛烈炮击。祖父未及躲避，便觉左胸被重重一击，几乎跌倒，马上被卫兵扑倒。敌人炮击过后，他奇迹般地发现，除了偶然放在上衣口袋里的一枚银圆被击弯外，身体居然毫发无损，真是万幸啊！

次日，峄县之敌渐成不支之势，祖父命令部队加强攻势，务求尽快破城。第25师也在攻击中不断迫近台枣支线，我军对敌合击圈接近形成。

不料，这时战局发生突变，原在临沂方面与庞炳勋、张自忠等部对峙的日军第5师团，为救援日军第10师团，派坂本支队四千余人绕过临沂，突向向城、爱曲一带前进，奔袭我第20军团侧背。为此，汤恩伯不得不以第2师监视台枣之敌，而以军团主力迎击日军坂本支队。

　　这张广为人知的照片，是我军在台儿庄取得大捷后，第五战区司令长官李宗仁将军在台儿庄火车站拍摄的。

台儿庄战役期间，第五战区司令长官李宗仁将军（左）与中国军队副总参谋长白崇禧将军在前线合影。（此照片由台湾秦风先生提供）

1938 年春，蒋介石与李宗仁将军（左）、白崇禧将军（右）在徐州前线。

台儿庄大捷后中国军队乘胜追击

台儿庄战役后日军遗弃的作战物资

　　3 月 31 日晚，日军坂本支队在兰陵镇西北遭到第 52 军 25 师的迎头痛击。日军无心恋战，除留一个加强中队数百人担任掩护外，主力绕过兰陵镇，进至该镇以南、台枣支线南端东侧的杨楼、底阁一带，与日军第 10 师团濑谷支队会合。我第 20 军团主力跟踪而至，重新将这股敌人包围在杨楼、底阁地区。第 25 师 145 团则在炮兵掩护下，经一夜战斗，将日军留在兰陵镇的掩护部队全部歼灭。

　　这时，峄县之敌趁机反扑，立即遭到第 2 师痛击，日军被迫缩回城内。随后，该师奉命转移至甘露寺以西，会同军团主力对杨楼、底阁之敌展开猛烈攻击。

　　日军这时犹作困兽之斗，几乎不间歇地向我军阵地反扑，双方逐村逐

台儿庄大捷后，河南各界民众代表向第五战区参战部队赠送宝鼎和锦旗，左三为李宗仁将军。

屋的争夺，战斗极为激烈。4月6日，第52军发动凌厉攻势，大败日军坂本支队，从根本上解除了日军对第20军团侧背及台儿庄东北方向的威胁。随后，第20军团向台枣支线之敌全线进逼，与我台儿庄守军胜利会师。

战争的天平终于向中国军队一方倾斜了。日军经十余日苦战，伤亡惨重、弹尽油绝，全线发生动摇，开始有北撤迹象。

当夜，日军突然向第52军阵地疯狂反扑，战斗异常激烈。关麟征军长等军、师将领判断这是敌人撤退的前兆。因为日军只有打击战斗力最强的第52军，后撤才能安全。于是，该军自关军长以下，各师、旅、团长均亲临火线指挥，狠狠反击敌人。黎明前，日军濑谷支队果然沿台枣支线北撤，坂本支队残部也向峄县东北地区溃逃。我军士气大振，立即展开全线追击。台儿庄守军也从庄内杀出，与第20军团齐头并进，一路狂追不止，沿途到处是日军焚毁的战车、遗弃的军用物资和已焚化的日军阵亡士兵的尸骨。这就是抗战史上著名的台儿庄大捷。

是役，我军歼灭日军一万余人，取得平型关战役以后的又一重大胜利，不仅重创日军第5、第10两个精锐师团，有力挫败了日军一举攻取徐州，再迅速进军武汉的战略企图，也大大鼓舞了全国人民的抗战信心。

日军逃至峄县附近地区后，便再固守不动。第20军团和第2集团军奉命会攻峄县之敌。

要攻取峄县城，必先攻取城东的重要制高点九山。

九山是个光秃秃的石头山，十分险要，日军又构筑了坚固的工事，很难攻打。第20军团还是将这块难啃的骨头，交给了第2师。

祖父指挥部队攻打了一整天，日军凭险据守，弹如雨下，我军根本无法接近。祖父觉得这样白天强攻，不仅牺牲太大，也无成功把握，不如改为夜间智取。

当晚，祖父挑选了几百名精悍的士兵，配备了短枪、刺刀和手榴弹，组成了一个突击营，悄悄潜伏在九山脚下。午夜以后，敌人阵地上一片寂静，突击营官兵们悄悄地摸上山，敌人丝毫没有发觉。

进入敌人阵地后，各战斗小组纷纷将集束手榴弹投入日军的碉堡和工事内，一时间火光闪闪，轰隆隆的爆炸声响成一片，许多鬼子在睡梦中就被送上了西天。剩下的鬼子惊慌失措，几乎来不及抵抗，九山阵地就被突击营夺取了一半。祖父见状命令第二梯队趁势冲锋，经历一番激战，我军于拂晓前完全占领了九山高地，只有少数残敌丢盔卸甲地窜回峄县北关附近。

几年前，本书作者之一郑建邦藉公出之便，专门凭吊了台儿庄一带旧战场，当地政府特地安排几位附近村民陪同攀上九山考察。一行人乘坐吉普车行至半山，一边听取几位村民介绍当年战况，一边气喘吁吁地爬上光秃秃的山顶，山顶上还遗有不少日军当年修筑的作战工事。

站在山顶上放眼四望，视野极其开阔，确实易守难攻。当年我军装备低劣，若非祖父决计在夜间智取，否则很难拿下这块日军重兵固守的阵地。

就在敌我双方在峄县一带激烈缠斗之际，日本华中派遣军和华北方面军于 4 月中旬，增调十余个师团三十余万兵力，从南北两个方向夹攻徐州。中国军队由于局限于内线防御作战，导致战局开始逆转。

4 月 17 日，第 52 军奉命放弃攻击峄县的行动，向邳县以北之艾山、连防山、燕子河之线转移，担任阵地防御作战。此后，该军又与日军第 5、第 10 师团恶战二十余日，使这两支凶悍的日军始终无法前进一步。

5 月 13 日，第 52 军奉命交接防务，开往河南归德整补，祖父这才率部离开了鏖战了两个多月的徐州战场。

祖父没想到的是，他离开徐州后，仍为保存我军有生力量做出了重要贡献。

原来，第 2 师担任邳县以北地区防御作战期间，师参谋长舒适存建议在该师阵地后方的运河上，搭建一座浮桥，以利战地交通。祖父立即采纳，命工兵连星夜驰赴碾庄圩东侧，用一昼夜时间修建了一座能通行人马和载重汽车的浮桥。徐州会战后期，我六十余万大军分路突围，其中在运河东北地区的野战军主力十余个师，就靠这座桥撤出了徐州战场。

十年之后的国共淮海战役中，还是在这个叫做碾庄圩的地方，国民党黄伯韬兵团被华东野战军全歼，黄本人自杀"成仁"。

究其黄兵团失败的原因，很重要一条，就是黄的机械化部队为运河所阻，上天无路，入地无门，最终招致失败。据说黄临死前，曾捶胸顿足道："我打了一辈子仗，怎么就没有想到在这条运河上搭座桥呢！"可见大兵团作战，战地交通是何等重要。

祖父率第 2 师撤出徐州后，又在薛岳将军指挥下，作为我鲁西兵团

武汉会战期间，中国军队的重机枪阵地。

武汉会战期间，武汉市军民举行保卫武汉大游行。

武汉会战期间，蒋介石与军委会人员研究作战计划。

的战略预备队，参加了兰封战役。此战中国军队集中了二十余个师的兵力，企图一举聚歼狂傲不羁、孤军深入的日军土肥原师团。不料参战各部队战力不均，又不肯服从统一指挥，虽给该师团沉重打击，最后却反为日军各个击破，导致原作战意图成为泡影。蒋介石闻讯大为震怒，直斥此战为中国军队之奇耻大辱，并为此严厉处分了黄杰、桂永清等一批亲信将领。

　　祖父的部队因尚未及整补，因此只是作为薛岳将军的预备部队待命，并未实际投入战斗。这是他第一次与薛岳将军共事。多年之后，祖父与我们谈起薛将军，认为他是一位了不起的大将之才，但也说起他的脾气"像豹子一样"！

　　兰封战役之后，祖父因与关麟征将军关系不睦，自动辞去在第52军的军职，改任第31集团军汤恩伯部参议，参加了武汉会战。

1938 年 8、9 月间，第 31 集团军在江西九江以西之瑞昌地区，猛烈抵抗日军进攻。码头镇、富池口这两处沿江要塞相继失守后，该部退至富水河南岸继续抗击日军。

不久，汤恩伯派祖父到前线第 37 军督战。谁知该军军长竟是祖父北伐时的旅长黄国梁将军。彼此十余年不见，想不到在这里碰面，都感到十分高兴。每日指挥余暇，黄将军便与祖父天南海北地闲聊，有时谈到深夜，两人就同榻抵足而眠。

过了些天，汤恩伯给祖父打来电话，指责黄国梁指挥无方，所部战绩不佳，要他取代黄的位置。祖父这才明了汤派他来的真正用意。

对汤恩伯的好意，祖父很感谢，但绝不愿用这种方式"暗算"朋友和老长官，于是赶紧找了个借口，回到集团军司令部。

黄将军不明就里，见祖父匆匆赶回，还犹自挽留不舍呢！以后，汤将军的一位幕僚知道了此事，调侃祖父道："你老兄放着军长不做，又跑回来做这个光杆参议，是不是太迂腐了？"祖父闻言一笑，不再言语。

其实，那时军长的权位对祖父这样一个军人来说，有多重要，实在是不言而喻的。但祖父一生，都信奉忠诚老实的为人信条，讲究个人私德，因而不论在新旧社会，广受人们的尊重和赞誉。祖父的这个人生准则，后来成为我们的家训。

说起祖父为人的忠厚，就不得不补述起另外一件事：徐州会战初期，因山东省主席、第三集团军总司令韩复榘擅自率部临阵退逃，被蒋介石下令逮捕，随后处决。当时韩复榘的夫人、子女，连同一个警卫连住在河南舞阳县城内，这里恰是驻防河南漯河的祖父的辖区，他觉得有必要看望一下韩夫人。不过，这个消息却给韩家上下带来不祥之兆，连见过大世面的韩夫人也一时不知所措。几十年后的 1997 年 5 月 14 日，韩复榘将军的长子韩子华，曾在《团结报》上撰文，对这件往事做了生动回忆。他说："漯河车站距舞阳仅五十多里，第二天清晨郑师长果然乘一辆小汽车来到。我当时已 15 岁，好奇地看着这位中央军的师长。见他中等身材，一身灰布军装，腰扎一条皮带，与一般士兵无大区别。郑师长文质彬彬，先向我母亲敬了军礼，然后说：'我是奉命来保护夫人的。'我母亲请他到屋里落座，稍稍寒暄就提出请师长检查，箱子早已全部打开。郑师长慌忙起立说：'这是从何说起，我是奉命来保护夫人的，千万不要听信谣言，请赶快把箱子盖起来吧。'态度十分诚恳。我母亲指着旁边桌上二十多支大小枪支，请师长验收。郑师长考虑了一下，说：'这些枪支留之无益，反而招来灾祸，夫人既然这样说，我带走就是了。'最后我母亲又提出两项要求：一是想带着孩子去武昌与我父亲见上一面；二是身边的警卫连都是正规部队，他们想重返抗日前线，请予放行。郑师长听后沉吟良久，才回答说：'请夫人谅解，我回去请示，明天肯定给您答复。'又说，'夫人还有什么要求，我一定照办。'我母亲说再没有什么了，只言感谢师长关心。郑师长于是起立告辞，又向我母亲行一军礼，乘车而去。第二天，果然有位参谋跑来传

第一次南岳军事会议，总结第一期抗战得失，研究第二期抗战方略，并决定国共两党合作共同创办南岳游击干部训练班。前排右一为郑洞国将军。

达郑师长的口信：第一，路上兵荒马乱，很不安全，听说韩主席有位弟弟，请他先去武昌看看情况，夫人以后再去不迟。第二，准许警卫连携带全部武器去归还建制，并发给护照，明天即可开拔。"

这件小事，足以说明祖父的一贯为人：他一生都不奴颜婢膝，攀附权贵；也从不盛气凌人，行乘人之危、落井下石之事。

10 月下旬，武汉终于失守，中国抗日战争进入战略相持阶段。在 11 月下旬举行的第一次南岳军事会议（第一次南岳军事会议是我国抗战史上的一次十分重要的军事会议，祖父有幸出席了这次会议——作者注）后不久，祖父被任命为第 98 军军长（一说为第 95 军军长，祖父晚年自己也记不清楚了——作者注）。

祖父履新不到一月，又有一项令人颇为踌躇的抉择等待着他。

原来，国民政府在战车部队的基础上，组建了中国第一支机械化部队——新编第 11 军（以后改为第 5 军——作者注）。该军军长徐庭瑶、副军长杜聿明，一位是祖父的老长官，一位是黄埔军校一期的同学、好友，他们热切盼望祖父能过去一同共事，"屈就"该军荣誉第 1 师师长一职。

祖父思前想后，觉得现在的军长地位固然来之不易，但以这支湖北地方部队的老班底，恐怕也很难有所作为。为长远计，还不如到老长官、老朋友手下那支基础好的部队去做事，或许能干出一番事业呢。于是他毅然决然地辞掉军长一职，赶到徐、杜那里做师长去了。

汤恩伯将军对祖父的这个决定很是不解，也颇不舍，特将祖父找去谈话。一再问："洞国，你真的要走吗？"见祖父去意甚坚，只得仰首长叹一声，并留他在自己的司令部里吃了一顿丰盛的酒饭，算是饯行了。

以后的事实证明，祖父的抉择是正确的。正是在第 5 军这支优秀部队的基础上，他和杜聿明等人，才一展军事才华，成长为一代中国抗日名将。

第 5 军下辖第 200 师，师长就是后来出师缅甸壮烈牺牲的民族英雄戴安澜；荣誉第 1 师，师长郑洞国；新编第 22 师，师长也是国军中的一员悍将、人称"邱疯子"的邱清泉。此外，还有军属两个步兵补充团、两个战车团和装甲车搜索团、重炮团、工兵团、汽车兵团、辎重兵团等部队，全军五万余人。

谈起"邱疯子"邱将军，祖父与他还有一段小插曲：1929 年蒋冯战争期间，时任第 2 师 10 团团长的祖父奉命率部与邱清泉指挥的第 3 师工兵营一道，由河南密县以强行军速度驰援临汝前线作战。从密县到临汝，一路上都是群山峻岭，道路崎岖难行。但祖父的部队早在北伐时就擅长山地行军作战，所以行军速度甚快，很快就把邱部远远地甩在后面。事后邱清泉见到祖父，连连竖起大拇指称赞。邱氏毕业于黄埔军校第二期，为人一向倨傲自负，但对祖父却始终十分尊重。

祖父到任不久，徐庭瑶将军调升为第 38 集团军总司令，杜聿明升任第 5 军军长。祖父也升任副军长，仍兼任荣誉第 1 师师长。

杜聿明将军与祖父性格迥异。杜氏作风泼辣，做事大刀阔斧，祖父则稳当持重，工作讲求有板有眼，故而两人合作倒是优势互补、颇为相得。尤其难得的是，杜氏对祖父不仅十分尊重，也高度信任，祖父升任副军长后，杜氏特别向部属们交代，军中大小事务，凡郑副军长批准同意的，便可视同他的意见。于是常有些惧怕杜将军的部属们，有意无意地绕过杜氏，专找祖父请准事项，杜将军知道了也不以为忤。

第五军在徐庭瑶、杜聿明和祖父等全军将士的共同努力下，经过将近一年的刻苦训练，部队面貌焕然一新，战斗力也大为提升，以后成为国民党五大主力部队之一。

荣誉师是由抗战中伤愈官兵拨编而成的一支部队，官兵抗日意志坚决，作战经验丰富，勇敢善战，是一支素质不错的部队。但是由于部队老兵多，颇难驾驭。祖父经过一番悉心筹划，锐意整顿，终于使这支部队训练成为纪律严明、善打硬仗、恶仗的抗日劲旅，在后来的抗日战争中屡立奇功。

1939 年 11 月 1 日，蒋介石在广西检阅国民革命军第 5 军。左三为第 5 军副军长兼荣誉第 1 师师长郑洞国，左二举右臂者为荣誉第 1 师参谋长舒适存。（"中央社"记者蒋恒德摄）

1939 年 11 月 15 日，日军为切断我国西南国际交通线，派遣精锐的第 5 师团和第 28 师团、台湾守备队共五六万兵力，在广西北部湾海面强行登陆，攻占钦州防城后，以一个师团又一个旅团的兵力于 24 日沿邕钦公路北犯，很快攻陷我西南边陲重镇南宁。

为确保我西南大后方的安全，第 5 军奉命由湖南衡山星夜开往广西，对日军展开反击，是为桂南会战。

从本页上图可以看出，即使是第 5 军这样的国军精锐部队，其将校们所穿军装也都非常粗陋，足见当时国内抗战已到极为艰困的境地。后来祖父奉派到印缅战区担任军职，由于经常要与盟军将领打交道，出于外交考虑，还特地在印度加尔各答专门缝制了几套军服。

时下一些抗日战争题材的影视剧中，大凡国军将校亮相，几乎无不身着笔挺呢制军装，这是完全脱离当时真实历史情况的。

第5军各师陆续赶到广西前线时，日军第5师团21旅团已攻占了距南宁以北八十公里的天险昆仑关，并在关口周围的各高地上星罗棋布地构筑起许多据点式堡垒工事，再以各种轻重武器编成严密火网，形成拱卫昆仑关的强固防线。

从广西邕宁七八圹之间的山心坳，到宾阳县的思陇圩的古漏关，长数十华里，中间可通的仅有一条崎岖曲折的羊肠小道。唐宋以来这里就是沟通桂南、桂北的交通孔道，其中南宁至宾阳一段就是所谓"昆仑古道"。

昆仑关位于邕宾公路要冲，周围群山叠嶂，绵亘相依，其中多是悬崖深谷，地势极为险要，素有险峻雄关之称，自古就是兵家必争之地。北宋名将狄青，曾于宋仁宗皇佑五年（公元1053年）上元之夜，率军出奇制胜，袭占昆仑关天险，一举平定广南。

现在第5军面临的战场形势是，要达成反攻南宁的作战目标，就必须先攻下昆仑关天险，消灭盘踞在昆仑关四周高地上的日军。但是，我军面对的是训练有素、装备精良、号称"钢军"的日军第5师团。这支日军由日本九州山口县的矿工组成，曾参加过对苏蒙联军的诺门坎战役，侵华战争全面爆发后，先后参加过南口、忻口、太原、台儿庄、广州等战役，一路成为狂热的侵华战争急先锋，是整个日本军队中最为精锐的一支部队。所以，此次的昆仑关战役，其艰难和凶险程度，又远超于历史上的昆仑之战。

12月18日凌晨1时，第5军对昆仑关之敌发动了总攻。军属重炮团和各师山炮营集中火力向日军阵地疾风般轰击。瞬时间，昆仑关及四周各主要高地上火光四溅、浓烟弥漫。日军也不甘示弱，立即回击，双方展开炮战。但我军的火力明显胜于日军，大约四十多分钟后，日军炮火在我远程重炮火力制压下逐渐稀疏下来，担任战役主攻的荣誉师、第200师突击队立即在战车和轻重火力掩护下，猛虎般地扑向昆仑关周围各重要高地。

第5军官兵向昆仑关日军发起攻击（此照片由台湾秦风先生提供）

　　战斗最初十分顺利，荣誉师各团很快就占领了昆仑关外围的金龙山、仙女山、老毛岭、四四一、六〇〇等重要制高点。中午时分，该师又相继攻克了罗塘、同兴西北高地及高田圩、石寨隘、同平、枯陶岭，祖父用望远镜观察到我军官兵如出笼的猛虎，一路猛打猛冲，奋勇异常。第200师方面的攻击也有很大进展。日军在我全线猛攻下，一部退守昆仑关核心阵地，一部向九塘方向溃退。

　　与此同时，担任战役迂回任务的新22师也按作战计划占领了五塘、六塘，与匆匆从南宁、九塘赶来的日军援军展开激战。

　　日军从最初的惊慌中缓过神后，立即调整部署，在空军掩护下发动疯狂反扑，战斗空前激烈。入夜后，双方仍在激战中，重点争夺昆仑关核心阵地附近的各高地。罗塘和同兴北面高地在战斗中又落敌手。荣誉师经一昼夜战斗，毙伤大批日军，自己也损失战车三辆，伤亡官兵百余名。

　　当夜，祖父就宿营在仙女山上。在山顶上，可以清楚地望见四四一高地和附近高地彻夜鏖战，枪炮声震耳欲聋。

1940年1月，昆仑关战役中，准备出征杀敌的中国军队。

担任第5军副军长兼荣誉第1师师长的郑洞国将军（此照片由广西南宁市昆仑关纪念馆提供）

天明时，师部一位作战参谋用望远镜观察敌情，因阳光反射，为敌发现，立即有一排排炮弹呼啸而至。幸亏山顶有巨石相合，成天然障碍，祖父和师部人员掩蔽其间，倒也安全无恙。当时有几个送饭的伙夫，正在山顶上观战看热闹，遭敌人炮击时毫无经验，慌慌张张地到处乱躲。其中一位急切间把脑袋插到石缝里，身体却都露在外边。敌人炮击过后，他还不肯出来，犹自撅着屁股发抖不止，引得众人一阵阵大笑。

次日拂晓，荣誉师第3团对昆仑关东北制高点六五三高地发起攻击。两百余日军凭险固守，我军多次冲锋未能奏效，伤亡较大。鬼子的气焰很猖獗，趁我攻击顿挫，竟发动逆袭，双发混战在一起。关键时刻，该团连长杨朝宣、排长杨明率领一支突击队，携带刺刀、手榴弹突入敌阵，与敌短兵相接，将鬼子大部歼灭，终于控制了这一重要制高点。

日军恼羞成怒，在飞机掩护下，不断向六五三高地、老毛岭、四四一高地发动反攻。敌我激战整日，日军除了在我阵地前留下大批尸首，一无所获。但这时从南宁赶来的日军增援部队分乘四十辆军车，突破了新22师在五塘的防线，与昆仑关残敌会合。这股敌人的意外到来，使战场情形更加复杂了。

杜聿明军长命令第200师接替两日来伤亡较大的荣誉师防守仙女山、六五三高地、老毛岭、枯桃岭等阵地，并担任正面攻击。荣誉师则向昆仑关之敌两翼迂回包围，力求迅速击破日军。

12月20日晨，第200师在战车和重炮火力支援下猛攻昆仑关。为策应第200师作战，祖父命令荣誉师主力第1和第2团由老毛岭、四四一高地，第3团由石寨隘、同平夹击八塘、九塘及其北方公路两侧的日军，战况颇顺利。第200师的战车也于当日上午7时许突入昆仑关，但在日军强力反扑下难以立足，被迫退出关口阵地，且有相当伤亡。

12月22日深夜，杜聿明军长与祖父深入分析了战况，决定调整部署，集中兵力先攻取昆仑关周围几个重要制高点，重点指向昆仑关西北的罗塘高地，最后再解决昆仑关之敌。杜军长考虑荣誉师实战经验丰富，连日来战斗表现突出，所以将攻打罗塘的艰巨任务交给了祖父。同时命荣誉师第

3团利用夜行军从右翼高地袭击九塘日军阵地，对昆仑关之敌进行战术牵制。第200师各团则由正面佯攻，牵制敌人兵力。

罗塘高地是昆仑关西北的天然屏障，也是拱卫昆仑关的重要支撑点。日军在阵地上构筑了坚固的堡垒工事，共有一个加强中队两百余人，配备了轻重机枪十余挺、迫击炮数门顽抗死守。

为躲避日军空军轰炸，荣誉师第1团于12月23日晚间，发动了对罗塘高地的攻击。该团与敌激战了大半夜，也没有取得多大战果。

当时的昆仑关之战，牵动着举国朝野上下的心，重庆最高军事当局直接向祖父了解战斗进展状况，杜军长更是焦虑万分，不断催问战果。祖父心中承受的压力可以想象。

次日中午，祖父命荣誉师第2团接替第1团担任主攻。他重新将指挥所设在与罗塘高地近在咫尺的仙女山，亲自部署对罗塘之敌的总攻。

经连日激战，第2团兵员损失很大，兵力已不足两营。但官兵都打红了眼，士气极为旺盛。祖父命令第2团汪波团长挑选一营官兵组成突击队，于午后3时进入攻击准备阵地潜伏，另配属十五生重榴弹炮一连、迫击炮一营、重机关枪两连，进行强大火力支持。

当日黄昏，折腾了一天的敌机刚刚退去，祖父立命炮兵集中火力猛轰罗塘高地。这顿炮击整整持续了一个小时，将敌人阵地表面工事大部摧毁。炮火延伸射击后，祖父出动少数步兵佯攻，将日军诱入阵地，接着又命炮火猛袭。一排排炮弹准确地落在鬼子们的头上，打得敌人狼哭鬼嚎，死伤近半。炮火再度延伸后，匍匐在山下的突击营，以排为单位梯次配置，飓风般地突入敌阵，前仆后继地与敌展开激烈肉搏战。至晚7时，日军除两人负伤被俘外，其余全被击毙，我军战旗终于飘扬在罗塘高地上。此时，我突击营官兵，也仅剩下数十人。

攻克罗塘高地，不仅大大振奋了前线我军的士气，也让全国人民深受鼓舞。以致远在重庆的蒋介石先生亲自发电褒勉：

桂林郑师长洞国：敬亥参二电悉。O密。昆仑关之得失，影响于南宁作战者极巨。该师激战七昼夜，卒克要点，具见该师长指导有方，将士用命，深用嘉奖。仍系本一贯之精神，以歼顽敌，完成任务为盼。川。中0。艳申。令一元骥。印。

荣誉师在罗塘高地传出捷报时，该师第3团也在九塘附近取得了意想不到的重要战果。

12月24日下午4时许，第3团运动至九塘两侧高地时，正遇日军主力强行向昆仑关增援。该团郑庭笈团长用望远镜观察九塘敌人阵地，发现有一批日军军官集合在公路边的草坪上讲话，立即命令第1营悄悄地在高地上占领有利地形，并命迫击炮连、重机关枪连集中火力向敌人猛袭。日军猝不及防，被我毙伤甚众。战后查明，日军第5师团21旅团旅团长中村正雄少将，在这次袭击中受重伤，不久毙命。战后打扫战场，我军在中村正雄尸身上缴获了他的日记本，其中写道："帝国皇军第5师团第21旅团之所以在日俄战争中有'钢军'称号，那是因为我的顽强战胜了俄国人的顽强。但是，在昆仑关我应该承认，我遇到了一支比俄国军队更顽强的军队。"

第5军各师乘战胜余威，继续扩大战果，向昆仑关四周高地猛烈攻击，荣誉师部队一度再次突入昆仑关。

日军这时陷于我军四面楚歌之中，仅有招架之功，无还手之力。其携带的弹药粮草告罄后，昆仑关附近各高地的鬼子们只好生吞附近田里的稻谷，甚至不得不食用树叶、草根。一些日军士兵因弹药用尽，就把竹子削成梭镖当武器。

日军曾出动空军空投物资，救援被困部队，却遭到我军炮火拦截，不少降落伞被我军缴获，其中有做工精致的饼干、罐头、食盐、蔬菜等。祖父他们在前线，几乎每天都能享受到日本人奉送的大餐。

这支骄横不可一世的日本钢军的士气开始下降了。我军缴获的日军作战日记中有这样的记载："数日以来，当面之敌对我猛烈攻击，其战斗力为对华作战以来从未遭遇者，因此伤亡极重，十足寒心。"

经过一星期的血战，我军的伤亡虽然也很大，但由于有当地民众的大力支持，官兵们的斗志却不减。

就在前线酣战之际，昆仑关附近的村民自发地组织起来，纷纷将家中仅存的酒、肉、粮食、蔬菜等拿出来劳军。考虑到昆仑关地处桂南山区，土地瘠薄，民生凋敝，百姓生活非常困苦。第5军曾有严格军纪，不准擅动民间一草一木，所以对百姓们的盛情，官兵们再三辞谢。但村民们执意要送，而且非要送到火线上去。荣誉师在罗塘高地激战时，就有一些青壮村民肩扛手抬，准备冒着敌人的炮火将酒肉饭菜送到第一线官兵们手中，祖父担心他们的安全，只好派人收下这些慰问品，但坚决劝阻他们上火线。

全国各地的民众也关心着前线浴血奋战的将士们。

战役期间及结束后，后方各界民众也纷纷组织慰问团慰问前线将士，著名的剧作家田汉先生就是其中的一位。他曾来到祖父的师指挥部详细了解战况，对中国军队气吞山河的英雄气概大为感奋，挥笔写下了一首气势雄浑的七言诗：

昆仑关

一树桃花惨淡红，雄关阻塞驿亭空。

倭师几处留残垒，汉帜依然卷大风。

仙女山头奇石笋，牡丹岭上阵云浓。

莫云南向输形胜，枢相当年立战功。

1943年中国驻印军发动反攻缅北战役后，田汉之子田申（又名陈惟楚）和他的好友黄仁宇一起成为祖父身边的作战参谋。祖父并不知道，田

1940 年时的田汉先生（后左一），前中为田汉先生之子田申（又名陈惟楚），后右一为黄仁宇。

申的真实身份是共产党员。中华人民共和国 1949 年 10 月 1 日的开国大典，田申曾作为解放军战车团团长，指挥战车阵隆隆驶过天安门广场。他从部队离休后，曾任黄埔军校同学会副秘书长，再度与祖父共事。黄仁宇则在祖父身边工作数年，东北内战期间赴美留学，后来成为国际著名历史学家，以《万历十五年》等著作名满宇内。20 世纪 80 年代，黄仁宇先生回国观光，特地在老友田申的陪同下到祖父寓所拜望，晤谈甚欢。黄氏生前在他的长篇回忆录《黄河青山》一书中，也以他特有的细腻笔法，详细描述了当年他与祖父交往的诸多往事，其对祖父的崇敬、怀念之情，令人读之唏嘘不已。祖父在中国驻印军任职时，还有一位性情爽直、作战勇猛的作战参谋，名叫潘德辉，也是他们二人的好友。新 38 师师长孙立人将军很欣赏潘德辉的忠诚与勇猛，特地向祖父请求把他调到新 38 师跟随左右。后来潘氏去了台湾，不幸受"孙立人案"牵连被囚禁多年。出狱后积极奔走两岸，倡导统一，也为祖父与孙立人将军之间联络信息。这三个人是当年祖父在印缅地区作战时格外器重的参谋人员，可惜现在他们均已去世多年了。

就在我军胜利在望之际，战局再次发生突变：12 月 25 日，由南宁向昆仑关增援的日军台湾守备队一部两千余人，冲破了友军第 99 军 92 师在高山岭、橘子岭一线的阵地，突入昆仑关。昆仑关残敌得此生力军的支持，死灰复燃。27 日，日军千余人在空军和地面炮火的支持下，向四四一高地猛烈反攻。我守军死战不退，最后全部阵亡，这处位于昆仑关西南的重要制高点又陷敌手。同时，另有千余日军不顾新 22 师等部的阻击，不断从七塘、八塘强行渗入。

面对昆仑关战局出现的严重反复，第 5 军决定进一步收缩兵力，加强正面攻击力量，逐次攻略昆仑关附近各要点。为此，第 200 师奉命对昆仑关东北侧日军各据点及九塘附近展开攻击；荣誉师占领仙女山及以南阵地，策应第 200 师的攻击；军部将担任迂回作战的新 22 师主力和彭壁生支队陆续调回，作为军总预备队；新增援上来的友军第 195 师接替第 200 师在六五三高地、六○○高地、枯桃岭、立别岭一线的防务。

由于日军再度占领的四四一高地，控制着昆仑关及至五塘的公路，对我军攻击十分不利，荣誉师奉命务必夺回这一重要制高点。

12 月 29 日拂晓，荣誉师第 1 团在强大炮火支持下，向四四一高地奋勇攻击。官兵们冒着日军浓密的火网，前仆后继，不顾一切地向前冲杀，在付出重大牺牲后，终于占领主峰阵地，将残敌驱逐至高地南侧。敌我各据反斜面阵地，相距仅百余米。不久，有一个中队的日军援兵赶至，向我军凶猛反扑，双方在主峰两侧肉搏厮杀，血战彻夜。

这天下午，祖父正在指挥四四一高地的激烈攻防战，忽接杜聿明军长电话，告知第 200 师攻击界首高地受挫，损失惨重，问他有何办法。

祖父深知，界首这个位于昆仑关东北的险要高地，其东西两侧可居高临下俯瞰昆仑关，军事价值十分重要。我军若不能有效控制这一要点，就根本无法夺取昆仑关并在那里站住脚。鉴于这个高地的得失，影响战役全局，祖父反复考虑后，郑重地向杜表示，荣誉师第 3 团刚刚归回建制，可以加入对界首高地的攻击。杜军长闻言大喜，立命该团即刻调归戴安澜师长指挥，马上准备投入攻击。

祖父还不放心，特将第 3 团郑庭笈团长唤来，提示了一些山地攻坚作战的要领，最后加重语气说："郑团长，能否迅速夺取界首高地，事关战役全局。如果作战不力，一定要军法从事！"

"请师长绝对放心，我一定拿下这个高地。若攻不下来，我提头来见！"郑庭笈说完，庄重地行了个军礼，就匆匆赶回部队作攻击准备去了。

当日黄昏，敌机久久不肯退去。荣誉师第 3 团冒着日军猛烈炮火勇猛冲锋多次，但均未奏效。郑庭笈又组织爆破手爆破敌人的地堡，也因日军侧击火力太猛，纷纷中弹伤亡，无法接近。这时该团伤亡惨重，仅九个步兵连长中，就有七个伤亡。

智勇双全的郑庭笈见强攻不行，就改为智取。当夜，他挑选了一支敢

第 5 军军长杜聿明将军

死队，利用夜色掩护，分组悄悄地爬上山去，在敌人阵地前沿附近潜伏下来。

30日拂晓，我军重炮开始向界首高地轰击。炮击刚停，埋伏多时的敢死队犹如神兵天降，迅猛地跃入敌人工事，用手雷摧毁日军的火力点。日军措手不及，只好惊慌失措地跳出来与我军官兵拼命。郑庭笈见敌人方寸大乱，立即挥兵掩杀，经三小时激战全歼守军，牢牢控制了这一重要制高点。

界首一失，昆仑关之敌顿失屏障。新22师邓军林团趁势围攻昆仑关，至31日午，终将昆仑关完全克复，残敌大部自戕，少数向九塘溃逃。

我军攻克昆仑关后，荣誉师正面仍在四四一高地与敌苦战，战况空前激烈。该师第1团余部经两日血战，伤亡殆尽。1940年1月1日晨，日军千余在飞机掩护下，由石桥、上寥、那林三面围攻我主峰阵地，守军拼力抵抗，苦战良久，最后不得不退至高地北侧一隅死守待援。祖父只好将手中最后掌握的机动部队——第2团余部，调上高地与敌人作最后的争夺。

第2团这时仅剩三百余官兵，临时编成三个连。汪波团长指挥部队于当晚出击，几个迅猛冲锋就将阵地大部夺了回来。日军也不甘示弱，立即增兵反扑，敌我血战终宵，对峙成胶着状态。

1月2日，日军继续猛攻，第2团战至不足两百人，仍死死守住了阵地。临近黄昏时，残暴的日军竟狗急跳墙，向我军施放毒气，随后又大举进攻。守军伤亡更巨，阵地危在旦夕。连惯打硬仗的汪团长也顶不住了，在电话里苦苦请求祖父同意他撤下来。但祖父考虑四四一高地得失，关系战役全局，因此命令汪部必须死守，否则就砍他的头。汪波无奈，只能硬着头皮死守下去。

这时，参谋长舒适存已将师特务连和部分轻伤兵，共一百八十余人集合起来，组成一支精悍的突击队。祖父命令立即出发，跑步增援四四一高地。

突击队利用暮色掩护，悄悄绕到日军背后，突然发起凌厉攻击，高地上顿时枪声大作，杀声震天。日军久战疲惫，绝未料到遭此沉重一击，黑

指挥昆仑关战役的第38集团军总司令徐庭瑶将军（右）与所属第5军军长杜聿明将军。（此图片由台湾秦风先生提供）

暗中也不知有多少中国军队杀来，顿时慌乱起来，高地上的守军也趁势反击，日军再也抵敌不住，丢下大批尸首和伤兵，惊慌失措地溃退了，我军终于占领了昆仑关周围的最后一处重要制高点。

　　昆仑关战役是中日两国精锐军队间的殊死决战，其激烈程度为抗战以来所罕见。而四四一高地争夺战，又是这次战役中往复拉锯最剧烈、持续时间最久、彼此牺牲最惨烈的战斗。战役结束后，祖父曾偕参谋长舒适存前往四四一高地视察，看到山上植被几乎全被炮火烧焦，敌我阵亡官兵交错倒卧在血泊中，几乎让人无法落脚。祖父晚年追忆这次战役，还一再感叹："真是血流成河呀，真是血流成河呀！"担任昆仑关战役主攻指挥的杜聿明将军更是在战后写下："血花飞舞，苦战兼旬，攻克昆仑寒敌胆；华表巍峨，扬威万里，待清倭寇慰忠魂。"

是役，我军全歼日军精锐的第5师团21旅团中村正雄少将以下五千余人（日方战后公布的数字为四千余人——作者注），其联队长、大队长等中级军官全部阵亡，伍长以上军官被打死了85%以上，我军缴获的武器弹药堆积如山，取得了抗战以来我军攻坚作战的空前大胜利，全国上下都为之欢欣鼓舞！日本战史，这样记载昆仑关战役：通观支那事变以来全部时期，这是陆军最为暗淡的年代。重庆军队攻势的规模很大，其战斗意志之旺盛，行动之积极顽强，在历来的攻势中少见其匹。但我军也付出了惨重的代价，仅第5军就有五千余人壮烈殉国，第200师师长戴安澜将军以下一万一千余人流血负伤。

据说祖父指挥的荣誉第1师，员额为一万三千余人。但战役结束后，从阵地上撤下来的三个步兵团的战斗兵，已不足八百人。祖父陪同白崇禧副总参谋长检阅部队时，望着猎猎军旗下部属们一张张坚毅、疲惫的脸庞，想到众多袍泽已化为忠魂而去，这位久经战阵的军人不禁失声痛哭。1940年1月18日上海《申报》发表文章详细记录荣誉第一师攻克昆仑关的惨烈："荣誉第一师全由伤愈官兵编成，既富有作战经验，又有勇气，上下精神更能一贯！且受过八个月的整训，其素质的优良，自无疑。……他们的血，使昆仑关的战斗平添了无限光荣！"

军旗是军队的荣誉，日本军队尤其将联队以上所持军旗视为天皇的化身，作战时只要有军旗前导，受狂热武士道精神毒害的日军士兵无不冒死冲锋，战斗失利时则首先焚毁军旗，以免受辱。昆仑关战役期间，日军几个联队在败亡之际，纷纷将联队以上军旗焚烧殆尽，但其他军旗仍被我军缴获不少，足见这支号称"钢军"的日本法西斯军队，真正遭受了彻底覆灭的灭顶之灾。

笑逐颜开的第 5 军将士们正在围观刚缴获的日军军旗等战利品（此图片由台湾秦风先生提供）

我军攻克昆仑关后，第5军参战部队胜利入关。

收复昆仑关后，第5军官兵们在阵地上欢呼胜利。（此图片由台湾秦风先生提供）

第 5 军的将士们又攻取了日军一处阵地（此图片由台湾秦风先生提供）

第5军将士们守卫在经血战夺取的昆仑关关口前（此图片由台湾秦风先生提供）

我军攻克昆仑关后，第 5 军将士悼念阵亡战友。

　　1980 年 9 月 23 日，原第 5 军军长杜聿明（中）、副军长郑洞国（左一）、参谋长黄翔（右一）在中秋茶话会上。黄翔毕业于黄埔军校第七期，1949 年率国民党第 92 军在北平起义。黄将军半生军旅生涯，却钟情于摄影艺术。中华人民共和国成立后曾任全国政协委员、民革中央常委、中国摄影家协会副主席等职。

　　昆仑关战役七十年后，即 2009 年 12 月 18 日，民革中央与广西壮族自治区人民政府、南宁市人民政府，联合在广西昆仑关抗日烈士陵园举行抗日英烈公祭大典。图为公祭大典现场。

　　全国人大常委会副委员长、民革中央主席周铁农（右三）、海协会副会长王在希（右一）、中国国民党副主席蒋孝严（右二）等肃立在公祭大典现场。第二排左一为本书作者之一郑建邦。

　　本书作者之一郑建邦（左）与杜聿明将军之女杜致廉、戴安澜将军之子戴澄东（右），出席纪念广西昆仑关大捷七十周年系列活动期间摄于昆仑关战役纪念馆。

　　2009 年 12 月 17 日，本书作者之一郑建邦在广西南宁举行的纪念昆仑关战役七十周年大型研讨会上，接受海内外媒体采访。

20世纪70年代初，郑洞国先生在家中与黄翔先生合影。

昆仑关战役名震中外，大振我国国威军威。战役结束后，杜聿明和祖父郑洞国、戴安澜、邱清泉等第5军将领名声大噪，一时誉满天下。据说战后不久，第5军参谋长黄翔前往重庆，蒋介石夫妇亲自在官邸接见并赐宴，席间详细询问了整个战役的经过。

昆仑关战役结束后，祖父奉命以荣誉第1师为基础，组建了新编第11军（以后改为第8军——作者注），他担任军长，随即率部开往湖南衡阳。部队尚未及整训，正逢日军大举向鄂西战略重镇宜昌进犯，祖父又率部匆匆开往鄂西，参加枣宜会战。

1940年6月中旬宜昌失守后，第六战区在宜昌以西、以北及长江南岸一带与日军相持。第8军担任宜昌以西、宜都以北沿长江南岸一线防务。祖父用了不到两个月的时间，就督率部队构筑了一套坚固、完整的防御阵地。

这年秋天，日军再次渡江大军进犯，第 8 军防线是敌人重点进攻地带之一。祖父一面指挥各师依托强固的防御工事顽强抵抗，一面让各师组织突击队，夜夜偷渡长江袭扰日军后方，使敌人穷于应付。双方激战十余日后，日军因伤亡过大，后援不继，不得不狼狈地退回江北。

第 8 军前后在鄂西驻防了两年多的时间。祖父利用战斗空隙，抓紧整训部队。该军除荣誉师外，其他两师都是地方部队，原来的战斗力不太强。经过一番悉心整训，部队变化殊大，成为国民党军队中的一支劲旅，在以后的抗日战争中屡立功勋。其为世人最瞩目的一件奇功，便是 1944 年中国远征军松山之役。当时我军被阻于滇西松山两月余，久攻不克，伤亡惨重，最后第 8 军采用地道爆破的方式，一举将日军经营有时、号称固若金汤的松山堡垒式阵地彻底摧毁，全歼守敌三千余人，为滇西对日反攻作战扫除了最后的障碍。

第 8 军刚驻防鄂西时，当地民众躲避一空。祖父整饬部队，严明军纪，对百姓秋毫无犯，这在当时的国民党军队中也是较难得的。某次该军一个上士班长偷了当地百姓一头毛驴，祖父知道后立即将其枪毙。事情一传出，全军骇然。以后时间长了，百姓们称赞第 8 军纪律好，官兵们也以爱护百姓为荣誉，军民关系非常融洽，一时在鄂西一带传为美谈。

1941 年 9 月中旬，日军第 11 军以四个师团的兵力，再次进攻长沙，史称第二次长沙会战。为配合第九战区作战，第六战区决定向荆门、宜昌出击，并相机收复宜昌。第 8 军则以偏师奉命渡江，进出于沙洋、后港间，策应战区主力作战。

9 月底的一个夜晚，祖父命令荣誉师由荆州东南悄悄渡江，以突然动

驻防鄂西前线的中国军队正严阵以待，时刻准备战斗。(此照片引自华文出版社出版的《中国抗日战争简明图志》)

　　1940 年初夏，中国军队于鄂西会战中，向日军占领的枣阳城发起攻击。（此照片引自华文出版社出版的《中国抗日战争简明图志》）

　　1941 年底至 1942 年初，中国军队取得第三次长沙会战大捷。图为我军正在打扫日军遗弃的尸首。（此照片引自华文出版社出版的《中国抗日战争简明图志》）

作攻袭沙市，迫使日军慌慌张张地缩回城内固守，他则亲率军主力渡江出击，一举攻克后港，歼灭一批日军，并将汉宜公路彻底破坏。该军另一部还在襄河上截击日军水上交通，使日军运输船队一时绝迹。

第8军的作战行动，不仅歼灭了大批敌人，还使日军的后方交通线彻底断绝了数日，有力地支持了战区主力围攻宜昌的战斗。可惜在宜昌旦夕可下之际，由于第九战区作战失利，日军迅速撤出长沙，回援宜昌，致使第六战区反攻宜昌的计划功败垂成，不得不解围而去。这时祖父的部队在江北停留已无意义，这才奉命将日军沿江工事破坏后，主动返回南岸。

第六战区这次反攻南昌，虽然未达到预计目标，却重创了日军，并给敌人很大震动。第8军积极策应战区主力作战，战果颇丰，受到嘉奖。

1942年夏天，第8军奉命撤往后方休整。消息传来，全军官兵都很高兴，因为该军长期驻防前线，战事频仍，大家都很疲惫。谁料部队行至祖父的家乡湘西北石门、临澧一带时，得知日军趁我军换防，大举渡江进袭，守军立足不稳，阵地竟被突破，导致宜都一线防务发生动摇。第六战区急命祖父火速率军星夜回援。

得到命令后，祖父马上率军以强行军的速度掉头疾进，到达宜都附近的长江南岸时，敌我还在混战中，祖父命令部队立即投入战斗。经过几天激战，歼灭日军一部，其余的日军仓皇退回江北，阵地重新恢复到战前状态。但第六战区不得不取消了第8军到后方休整的命令，命令该军继续驻守在这里。

1943 年，蒋介石在昆明校阅中国军队将领。

1943

年春，祖父受命前往印度，担任中国驻印军新 1 军军长，从此离开了战斗了两年多的鄂西前线。不久以后，第 8 军也奉命调往云南，加入滇西中国远征军序列。日军趁机渡江南犯，再次突破宜都一线阵地，铁蹄践踏江南达数百华里，祖父的家乡石门也沦陷了。日本鬼子深恨祖父，一把火将祖父在石门县城的住宅烧的精光。从此，湘西成了抗日前线，敌我相持于常德一带。

1943 年农历春节过后不久，蒋介石侍从室发来急电，将祖父从鄂西前线召回重庆。祖父刚到重庆，就被蒋介石召见，当面宣布任命他为中国驻印军新 1 军军长。

对于出国担任军职，祖父感到十分突然，心中也颇为踌躇。他自从军以来，对带兵打仗这一套很熟悉，但与外国人打交道，却心中无底，更没有把握。特别是 1942 年春中国远征军出师缅甸，由于中、美、英盟国之

1943 年，郑洞国将军任中国驻印军新 1 军军长时摄于兰姆珈军部。

间互不协调，导致惨败，祖父的老朋友杜聿明几乎命殒缅北野人山，另一位老朋友戴安澜则在异国他乡壮烈殉国。祖父觉得，自己出国以后，个人命运好坏尚是小事，倘若丧师辱国，则会贻误抗战大局，不能不慎重考虑。

蒋介石并未因自己的这位亲信学生的态度犹疑而改变决定。他要祖父在国家的艰危时刻，谨遵黄埔校训，服从抗战大局的需要。一向以精忠报国为己任的祖父受到感动，当即表示服从命令。3 月初，祖父率新组建的军部人员飞赴印度履新，从此开始了他一生军旅生涯中，最为辉煌也备受煎熬的难忘时光。

事后得知，中国驻印军新 1 军军长一职，蒋介石最先属意于邱清泉将军。邱闻讯连幕僚都找好了，还请人教授外交礼仪和食用西餐的方法。但徐庭瑶、杜聿明将军等认为邱氏脾气暴躁，恐与中国驻印军总指挥、美国将领史迪威闹翻，影响美国军援，特地通过何应钦将军向蒋介石进言，这才换成祖父郑洞国将军。

郑洞国将军（第三排左二）赴印前，在昆明与云南省主席龙云先生（前排右三）、史迪威将军（前排右四）等合影，该照片由晏欢先生提供。本图与本书第 110 和第 111 页的插图是同一天在昆明拍摄，不同的是，本页中的这张照片是中美高级军事会议开完之后的例行合影，后面的照片是会后游览西山龙门所拍摄，所以何应钦、龙云等高级官员就可能没有一同前往。

郑洞国将军（前左二）等中国远征军将领与史迪威将军（后排不戴军帽者）同游昆明滇池（照片由晏欢先生提供）。此照片的拍摄时间应该是1943年杜聿明已经由缅甸败退回昆明后和郑洞国即将赴蓝姆珈任新1军军长前的这段时间。

右起萧毅肃、傅正模、王凌云、邱清泉、黄维、鲍静安、何应钦、赵公武、黄敏男（黄维之女）、史迪威、多恩、杜聿明。郑洞国为前排左起第二人。（照片由晏欢先生提供）。

前排右起龙云先生、史迪威将军、何应钦将军；二排右起多恩准将、宝瑞德上校、杜聿明将军；三排右起关麟征将军、郑洞国将军、黄维将军。（照片由晏欢先生提供）。

史迪威将军与龙云先生，后为郑洞国将军。（该照片由龙云先生之子龙绳德先生提供）。

早在 1942 年 1 月底至 2 月初，日军第 15 军四个师团十万之众，分两路攻入缅甸。为保障我国当时唯一的一条国际交通线——滇缅路的畅通，国民政府根据《中英共同防御滇缅路协议》，应英方要求，派遣第 5 军、第 6 军、第 66 军组成中国远征军入缅作战。

但日军已抢占了先机。3 月 8 日，日军攻陷仰光，分三路快速向北推进，使我军原来的保全仰光国际交通线的作战计划化为泡影，陷于仓促应敌的被动境地。

仰光失陷当天，担任中路作战的中国远征军第 5 军 200 师到达了仰光

中国远征军向日军发起攻击

在缅甸同古作战的第 5 军官兵

至曼德勒铁路线上的重镇同古，接替了英军防务。根据敌情变化，中国远征军前敌指挥杜聿明决定变更原作战计划，以第 200 师固守同古，打击正面之敌，掩护我军主力集中，进而协助英军收复仰光。

从 3 月 19 日至 30 日，第 200 师与兵力、火力都占优势的日军恶战 12 天，毙伤日军四千余人，然后主动撤出同古。其后，第 5 军新 22 师继续节节抵抗日军，准备主力集结后，在平满纳一带与日军决战。其间，我第 66 军新 38 师 113 团刘放吾部，还在孙立人师长的亲自指挥下，长途奔袭，经一昼夜血战，一举将西路被日军围困在仁安羌油田的英缅军第 1 师七千

1942 年 4 月 19 日拂晓，新 38 师 113 团在刘放吾团长的率领下，向仁安羌日军发起猛攻。图为仁安羌战斗实况。

1942年冬，先后在滇缅战场指挥作战的中国将领徐庭瑶（前排中）、杜聿明（前排右）、黄杰（前排左）、郑洞国（后排中）、邱清泉（后排右）、刘嘉树（后排左）于重庆合影。（此照片由台湾秦风先生提供）

余人，及传教士、新闻记者五百余人救出重围。

糟糕的是，这时东西两路中英军队却都先后战败，日军长驱直入，一路实施超越追击，中路中国远征军主力后方面临着被包抄的威胁，因而被迫退守敏扬、梅克提拉之线，再次准备在曼德勒与日军会战。

但在如何组织会战的问题上，史迪威与杜聿明等中国将领发生了激烈的争执。这个争执尚未结束，盟军方面却传来最不幸的消息。原来自私自利的英军，借着前面中国军队的掩护，背信弃义地擅自放弃了曼德勒，一路退入了印度。日军一部乘虚北进，连陷缅北重镇腊戍、八莫、密支那。另一部攻陷云南畹町、芒市、龙陵，进抵怒江惠通桥边。至此，中国远征军主力数万人的退路完全断绝，从此走上了悲惨的厄运。

1942 年春任中国远征军副总司令的杜
聿明将军

中国远征军第 5 军 200 师师长戴安澜将军

中国远征军分四路撤退。除新 38 师根据史迪威的指令，由英帕尔较顺利地退入印度以外，第 5 军各师在归国途中翻越野人山和高黎贡山，在日军追袭堵截下，历尽难以想象的艰辛，蒙受了极大的损失和牺牲。出征时的十万大军，只有四万余人生还。一代名将戴安澜将军，在撤退途中中伏，身负重伤，不久牺牲于缅北茅邦村。杜聿明将军也在野人山中身染重病，几乎不起。

杜聿明将军率第 5 军直属部队和新 22 师撤入印度后不久，即奉命返国，新 22 师余部 3000 余人和先期到印度的新 38 师余部 6000 余人，合编为中国驻印军新 1 军。以后国内又陆续空运新 30 师、第 14 师、第 50 师，直接隶属中国驻印军总指挥部指挥。此外，归驻印军总指挥部隶属的部队，还有战车、炮兵、工兵、汽车兵、通讯兵、辎重兵等部队，使驻印军总兵力达到十万余人。

1942 年 5 月中国远征军失利后，史迪威率少数亲从撤往印度。

1942 年 5 月，部分作战失利的中国远征军部队撤往印度。

滇缅路的咽喉——跨越怒江的惠通桥

史迪威将军在罗卓英、孙立人将军陪同下视察刚从缅甸退入印度的新 38 师

蒋介石夫妇与史迪威将军（右）

郑洞国将军（前中）与中美军官们在蓝姆珈营地合影

中国驻印军的训练基地设在印度的蓝姆珈。在这里，驻印军接受了全套的美械装备，并开办了由中国方面负责行政管理、美军人员执教的蓝姆珈训练学校。驻印军的各级军官和士兵，分别在营地受到了历时半年多的严格的军事训练。

中国驻印军的补充兵员，都是国内精选的，各方面素质很好，通过严格的训练，官兵很快熟练掌握了美械装备和亚热带丛林作战的要领，军事素质得到很大提高，成为缅甸战场上无坚不摧的抗日劲旅。以后，在这支部队基础上扩编的新1军、新6军，也成为国民党军队五大主力中的两支主力部队（其他分别为第5军、第18军、第74军——作者注）。

1944 年 7 月 23 日，来自美国密歇根州的乔治·奥利弗上尉向中国军队士兵示范火焰喷射器的操作步骤。这种武器在中国驻印军和滇西中国远征军的反攻作战中，发挥了重要作用，始终让日本鬼子们闻风丧胆。（此照片由晏欢先生提供）

　　1943 年 11 月 24 日，郑洞国将军（中）在蓝姆珈营地与美军威廉姆·贝尔京准将（左）、佛里德里克·迈科比准将商议军务。

　　美军教官正在向中国官兵教授步兵武器的使用方法

1943 年 11 月 27 日，中国驻印军在印度蓝姆珈营地进行战车演练和士兵实弹射击演习。

　　1943 年 11 月 30 日，蒋介石、宋美龄夫妇参加开罗会议归国途中，在蒙巴顿等英美将领陪同下，曾在印度蓝姆珈做短暂停留。当时新 1 军主力已开赴前线作战，但蒋介石还是饶有兴致地检阅了部分中国驻印军部队。蒋看到受检部队装备精良、部伍严整，官兵精神饱满、士气旺盛，心中大为高兴。

　　不过，蒋介石、宋美龄夫妇在蓝姆珈逗留期间，也有一个小插曲：他们夫妇及随行人员一到营地，美方人员就一再邀请他们下榻于总指挥部

1943 年在昆明的第 993 通讯部队，来自美国的卡尔·邓肯上尉在指导中国士兵使用美军最新的无线电设备。

内，但蒋介石却坚持住在新 1 军军部里。此举让美方人员颇为尴尬，也让祖父十分为难，因为新 1 军军部的营房实在太简陋了。情急之下，祖父只好将自己的卧室让出来，稍加布置，临时充作蒋介石和夫人的下榻处。从这件小事可以看出，当时中美之间的关系，是十分微妙的。

祖父初到印度，确实经历了一段痛苦的煎熬。这种煎熬源自史迪威将军对祖父的排斥。

本来，蒋介石与史迪威之间，在中国驻印军的指挥权问题上，已经有

　　1943 年 11 月 30 日，蒋介石、宋美龄夫妇（右三、右四）与中美英盟国东南亚战区司令官蒙巴顿（左二）、郑洞国（右一）、蒋纬国（右二）、黄仁霖（左一）等在蓝姆珈营地合影。(此照片是郑洞国在新 1 军军长任内的参谋长，台湾原"陆军副总司令"舒适存将军于 20 世纪 80 年代提供的)

　　1943 年 11 月 30 日，蒋介石夫妇视察驻印军训练基地蓝姆珈（从左至右：郑洞国、蒋介石、蒋纬国、宋美龄、东南亚盟军总司令蒙巴顿）。

蒋介石、宋美龄夫妇在郑洞国将军（行进在前边者）和蒙巴顿将军、威廉姆贝尔京准将、佛里德里克·迈科比准将等英美将领陪同下，检阅中国驻印军部队。

着尖锐的矛盾。史迪威坚持中国驻印军必须置于他的完全领导之下，不允许重蹈上次入缅作战因指挥系统混乱而失利的覆辙。蒋介石则希望通过美援来壮大国民党军队的力量，改善国内正面战场抗战的局面。但他不会同意将军队完全交给一个外国人来控制。

斗争的结果，蒋介石被迫同意放弃任命一位驻印军副总指挥的打算，而是在总指挥部之下，成立新1军军部。祖父就任新1军军长一职，实际上是两人相互妥协的产物。

史迪威将军对祖父的到来并不欢迎，而且怀有戒心。这一点可以通过后来出版的《史迪威日记》一书中得到证实。他对祖父的排斥，集中体现在对新1军军长职权的限制上。

祖父到任之后，除了身边的警卫排，无权指挥任何一支部队。他的责任仅限于掌握军队纪律，鼓舞部队士气。史迪威甚至不希望祖父常到前线

　　1943 年 11 月 30 日，蒋介石（右一）、宋美龄（左一）夫妇在中国驻印军总指挥部进午餐。右二紧靠蒋介石者为郑洞国将军。

　　蒋介石（站立墙边面向众人者）视察新 1 军军部。站在前列面向镜头者，右为郑洞国将军，左为廖耀湘将军。

蒋介石视察新 1 军军部。台阶上右为蒋介石，中为郑洞国将军，左一为新 1 军参谋长舒适存将军。

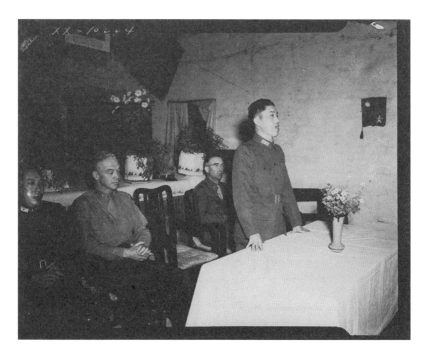

1943 年 12 月 1 日，郑洞国将军在蓝姆珈营地基督教青年会，向来访客人致辞。左二为威廉姆·贝尔京准将、左四为佛里德里克·迈科比准将。（此照片为美国通讯兵拍摄，源自美国国家档案馆，晏欢先生提供）。

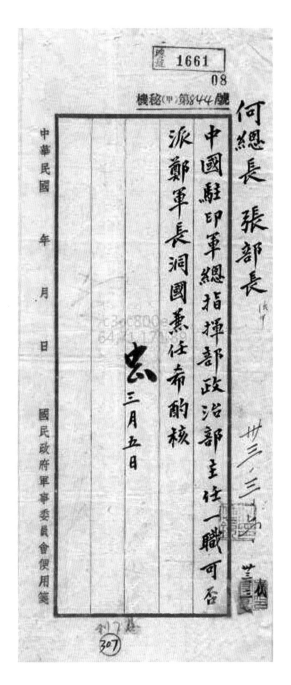

中華民國　年　月　日

國民政府軍事委員會便用箋

何總長　張部長

中國駐印軍總指揮部政治部主任一職可否

派鄭軍長洞國兼任希酌核

宏 三月五日

機秘（甲）第844號

1661
08

1944年3月5日，蒋介石拟任命郑洞国将军兼任中国驻印军总指挥部政治部主任一职的公函。

去，因为那样会增加他与部队接触的机会。祖父为此只好派遣身边的作战参谋们经常到前线各部队当中去，而前线各部队长也非常希望藉此机会加强与军部和国内的联系。祖父的作战参谋黄仁宇晚年在回忆录中还洋洋自得地写道：他一到前线，师长和上校们就知道了他的名字，他有机会在军用帐篷里与各师长单独进餐，并乘坐吉普车到前线各阵地巡视。不仅如此，他和潘德辉、田申等人还亲身参加了剧烈的战斗，黄仁宇在攻击密支那的惨烈战斗中就曾腿部负伤。

为了使祖父能名正言顺地联络驻印军各直属部队，重庆军委会后来专门任命他兼任了驻印军总指挥部政治部主任。

祖父如此，他的下属如孙立人、廖耀湘两位师长，开始同样也没有作战指挥权。缅北反攻战役开始后，孙、廖两位将军表现出来的优秀指挥才能，终于得到史迪威的首肯，才同意他们行使自己的正常指挥权利。

以后随着史迪威与祖父关系的融洽，他逐渐放松了一些限制，在一些重要战役的紧要关头，还委派祖父到前线参与一些指挥、督战行动，密支那战役便是一例。

按史迪威将军最初的设想，中国驻印军营以上军官都要由美方人员担任，如同英国在印度的军队一样。为此他从美国调来三百余名军官，准备接替中国军官的职务。这种将中国军队视为殖民地军队的做法，理所当然地遭到中方的断然拒绝。史迪威只好将这些美军军官分散到部队中担任各级联络官。美军联络官的权力很大，有时不通过同级中国部队长便调动军队，以至引起中国驻印军官兵的强烈不满和抵制，曾几乎酿成流血冲突。后经祖父等中国将领的抗议，史迪威才对他们有所约束。

如果说史迪威不好打交道，那么他的参谋长柏德诺将军就更加狂妄无礼了。起初，他要求驻印军依美军军制，授予参谋长指挥、调动部队的权利，遭到祖父等中国将领的抵制，由此怀恨在心，频频在部队训练、物资配给等方面刁难、作梗。祖父忍无可忍之下，只能不断与其交涉。某次针对柏德诺在部队建制与临时配属关系问题上的不当安排，祖父耐心向他解释说下属部队犹如一个家庭的几个儿子，不能随意分割。柏德诺听烦了，竟然狂吠："这些部队是你们的儿子，却是我们的孙子！"祖父愤怒极了，向史迪威将军提出抗议，表示中国是主权国家，不能接受殖民地式的态度和待遇。史迪威不痛不痒地打打圆场，才将事情掩饰过去。根据中美间的协议，美国还将在中国国内战场装备国民党十三个美械军。史迪威提出这些军队应与驻印军一样，由美军将领来指挥。对此蒋介石坚决反对，不肯再做出任何让步。

不久，史迪威又提出要将美援中的一部分分配给八路军，并派包瑞得去延安建立美军观察组，自己还打算亲自去延安。

这下可触到了蒋介石的痛处，蒋无法再忍受下去，冒着与美国人闹翻的危险，于 1944 年 10 月致函美国罗斯福总统，坚决要求撤换史迪威。

考虑到中国这个盟友在远东的重要性，罗斯福总统不得不做出妥协，很快复电同意蒋的要求，改派魏德迈将军任中国战区参谋长，索尔登将军任中国驻印军总指挥。史迪威失望至极，只好悻悻地返回美国去了。

陸軍新編第一軍報告
查軍隊代表國家權威榮辱所繫
命遠征責任重大深知東亞
鈞座意旨以不屈不撓之精神與人格之原
則下委曲以求合作惟指揮經理補給交通通信諸生存
條件完全操之外人之手而總部本謀長柏德諾挾權專
恣措置無方不可理諭數萬健兒失其保障瞻念前途
實深憂懼除堅忍奮鬥以求不辱使命外謹略陳現狀
如左：
1.柏德諾之專橫
（一）於...視中央法令對部屬編制抗不遵辦直屬部

002

隊完全無有即軍部官佐屬亦屢次申言只有三十人
致軍部形同虛設無法行使職權經過情形已於昨（之）
日電呈在案
2.破壞建制紊亂指揮系統過去常直接指揮
至連而師長尚不知道最近則又以派往到多之部隊
認為與軍部脫離關係一切不應過問并一再聲
言軍部僅負維持軍風紀之責果如所言則將來
如何作戰
3.違反總長何與史迪威將軍本年一月廿一日談
話之地位經費不總領總發對我政府規定之給予

003

如臨時賞報賞等概不發給此間與英美人士雜
處往來酬應不能免如太吝惜則有碍國體以及
加爾各答辦事處等開支均一籌莫展又總長規定
之週轉金亦不照發軍部日常生活現尚借債維持
4.對我國人意存輕侮如本軍本謀長舒適存
東部所發座車圍拜總部各處長時彼謂軍部
不知愛惜此車擅予扣留當經抗議始道歉發
還昨日與談逃兵問題係各方高價招雇華人
而致彼竟督辭你們現在是用美國的錢哪不
知吾人在反慢的共同目標之下友好合作祖借

004

法案係彼國議會所通過吾人出國遠征像為反
侵略而戰并非為金錢收買而戰彼竟出此無禮
之言不勝駭異又誤及列多部隊不能脫離軍
之達制時彼不明建與誤與臨時配屬之分別曾曉
以譬如人有四子其一子雖在他鄉工作仍不能
脫離其父子關係彼竟容以他是你們的兒子
此就是我的孫子當經反駁則又左顧而言他
海辱關段不久以前尚是一少校副官任特務工
作者

005

1943 年 3 月，郑洞国将军向蒋介石呈报美军参谋长柏德诺专横种种及驻印军状况。

二、部隊現狀

1. 直屬部隊以編制隸屬未定人心甚感不安

2. 中美兩方軍官除相德諾一人外感情甚為融洽即美方軍官亦均對柏不滿

3. 訓練方法比較進步惟三信心的建立尚須用功

4. 營房環境良好紀律尚易維持惟紀律的真價值在行軍作戰時始能表現故尚須努力

5. 士兵體力一較強健疾病亦少惟二月份餉至今未發駕駛兵之待遇由四十盾減為二十盾加以他方引誘月餉八十盾至百盾不等故逃亡尤以汽車第六團為甚

6. 裝備方面步槍係一九一七年出品頗嫌笨重火砲十公分五種彈砲射程一萬二千公尺七五山砲射程九千公尺頗嫌其近通信器材全未補充工兵器材亦異常缺乏

7. 在列多掩護築路部隊計有新三十八師之二一四及一一二兩團工兵第十團高射機槍營特務營又汽車第六團及輜重驟馬團各一大部現已令孫師長立人前往統一指揮

8. 在列多之二一四團遠出於新平洋北側之深山森林內氣候惡劣毒蟲特多給養亦係飛機輸送處境頗為困難

9. 本軍遠處異域電信遲緩且受限制下情不易上達而柏德諾與史迪威將軍電報連絡異常敏捷容易顛倒是非為研隊薇伏維

明察是幸

謹呈

委員長蔣

駐印新編第一軍軍長鄭洞國

1943 年 5 月 25 日，郑洞国将军与新 1 军参谋长舒适存将军研究部队训练方案。（此照片由舒适存将军于 20 世纪 80 年代提供）

在这样的政治环境下，祖父在印缅战场的处境十分艰难。他既要千方百计地搞好与盟方的关系，又要小心翼翼地维护国民政府和中国军队的尊严和利益。还要顾全大局，努力调解和平息部队中对盟方的不满和愤恨情绪。在祖父晚年的回忆录《我的戎马生涯》一书中，对此曾有细致的描写。

据说，一向处事温文尔雅、不温不火的祖父，有时也难以忍受美国人的轻慢和无礼，曾两次飞返重庆，面见蒋介石，要求调任回国。蒋先是大骂，继而温言抚慰，总之是要他为了"党国"的利益，继续忍耐下去。

应当说，史迪威将军是一位为人正直、颇具军事才华的美军将领。他在对日作战方面，不仅态度认真、积极，而且很有战略眼光，指挥上也有一套办法。尤其是他待士兵很亲近，完全没有官架子，慢慢地赢得了驻印军官兵们的钦敬，被大家亲昵地称为"乔大叔"。在战事紧张的时刻，只要高大瘦削的"乔大叔"出现在阵地上，总会引起战士们的欢呼，勇敢地冲锋陷阵。

史迪威将军在处理与祖父等中国将领的关系问题上，比起他的某些美国同事，应当说还是相对理性的。尽管他与蒋介石的关系始终紧张，对祖父等中国将领也怀有戒心，甚至笼统地认为国民党军队的将领们都是昏庸腐败的一群人。但他对待祖父等人，还是能够把握住基本的分寸，对于祖父等人提出的意见，包括对一些美方人员骄横无礼做法的批评意见，只要认为对工作有益处，也往往能够在一定程度上采纳和接受。

以后双方共事久了，彼此的信任程度逐渐加深，史迪威将军慢慢转变了对祖父和孙立人、廖耀湘等中国将领的看法，大家有了一种相互信任、患难与共的感觉。正是这种相互的尊重和信赖，才使中国驻印军在整个缅北反攻战役中，始终保持着指挥上的基本协调和统一，这是后来取得战争胜利的基本保证。

祖父在与史迪威等美方人员共事过程中，也慢慢有了一些心得。基于史迪威将军对日作战的坚决态度，祖父对他十分尊重，从始至终地积极协助他工作。对于其他美方人员，则以不卑不亢、宽和大方的态度，尽量与之友好相处。即使双方一时发生了矛盾，也努力保持冷静和理智，以适当的方式加以调解。但在涉及国家和军队尊严、利益的重大问题上，祖父并不含糊，一定严守原则，敢于坚持。

史迪威将军有着美国人特有的爽直性格，性情也比较急躁。但作为一位对中国文化有着深入了解的中国通，他对祖父仁厚宽和的道德修养倒是颇为欣赏，曾多次当面称赞他是一位标准的中国军人。以后史迪威将军在失意地离开中国前，曾特意返回缅北前线，看望中国驻印军官兵，并与祖父等人依依惜别。

1944 年 12 月 5 日，中国驻印军总指挥索尔登将军（前左二）与副总指挥郑洞国将军（前右二）在密支那接受印缅华侨联合会总会赠送的锦旗。（照片由晏欢先生提供）

史迪威将军与祖父前后共事一年有余，这两位异国军人之间的情谊，或许可以说是那时中美两国之间的一段佳话。

史迪威的继任者索尔登将军，虽然无意更改前任制定的游戏规则，但对祖父似乎很尊重和客气，经常主动与他商议军务，两人还常常一起到前线去视察部队，指挥作战。

当时国民党军队内一些知识层次较高的青年军人，尤其是军校毕业生们，许多都渴望到中国驻印军中经受锻炼，蒋介石的次子蒋纬国也是其中的一位。蒋纬国曾先后在德国、美国留学过军事，归国后一度在装甲兵部队服役。大约在祖父就任中国驻印军新1军军长后不久，他也来到印度，担任参谋军职。

在祖父的印象里，蒋纬国虽然出身显赫，但其工作、生活倒是十分严谨律己，没有一般世家子弟惯有的坏毛病，譬如祖父就经常看到他在宿舍里自己浆洗、缝补衣服，并与其他参谋们一样按时出操等等，在祖父这些上级面前也格外恭谨有礼，很有标准德国军人的风派。

那时祖父身边的人员与盟方打交道常常并不容易，遇到沟通困难时，蒋纬国常常自告奋勇地前去解决，很多时候还真是马到成功。为此他多次颇为自得地对祖父说："这些事情没有那么难办嘛，为什么他们就解决不了呢？"祖父后来回忆这些往事，笑着对我们说，那时纬国年轻，哪里晓得他那"皇子"身份，美国人、英国人还是买账的。

过了一段时间，蒋纬国不再安于当

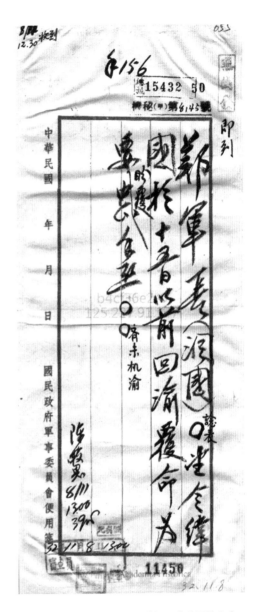

蒋介石发给郑洞国将军要求调回蒋纬国的电令

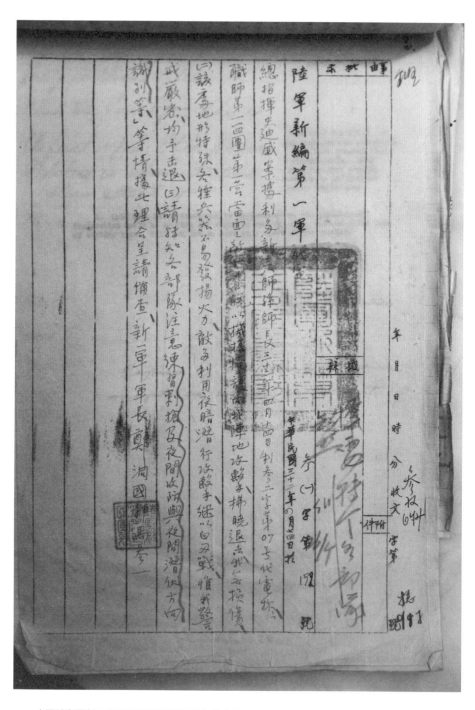

中国驻印军新1军军长郑洞国签署的作战文件

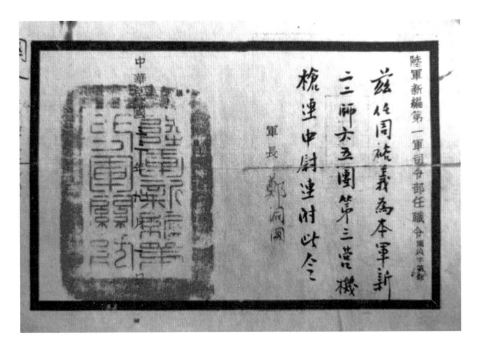

中国驻印军新 1 军军长郑洞国签署的委任状

参谋的境遇了，执意向祖父提出要到总部直属的战车部队担任部队长，因为这样才有机会到前线杀敌立功。但这样的事情祖父可做不了主，于是急忙电请蒋介石的指示。蒋先是坚决不准，随后一纸电令将蒋纬国调回国内。

据说，蒋纬国将军一生保持着对祖父的敬仰。1991 年初祖父病逝北京，他和几位台湾及海外老友联名发来唁电，这在当时的岛内政治氛围下，于他还是有几分政治风险的。20 世纪 90 年代，张治中将军的长女张素我女士赴台探亲，曾到蒋纬国将军府上拜望。蒋纬国将军再次深情地回顾起当年在祖父麾下做事的经历。

中国驻印军将士们即将出征

1942年春，中国远征军入缅作战失利，使我国主要国际交通线滇缅路被切断，从此盟国援华物资只能依靠飞越喜马拉雅山的驼峰空运。由于补给量极少，远不能满足国内的需要，因此重新打通滇缅路，已是我国大后方坚持抗战的迫切要求。美国为了减轻在太平洋战场的压力，也希望协助中英军队规复缅甸，拖住大批日本军队。

此后中美英盟国之间，围绕反攻缅甸的军事方略进行了频繁的协商，作战方案也几经调整。遗憾的是，英国人出于自身利益的考虑，始终对重返缅甸一事态度犹疑，甚至在英美苏三国首脑参加的德黑兰会议后，英国首相丘吉尔竟决定放弃缅甸作战计划。在这种情况下，中美双方征得蒙巴顿将军同意，决定中国驻印军单独于1943年10月下旬发动缅北反攻战役。

中国驻印军的作战方针是：从列多前进基地出发，一面筑路，一面作战，经野人山进入胡康谷地及孟拱谷地，夺取缅北重镇孟拱、密支那等要点，然后经八莫，向曼德勒推进，将日军聚歼于曼德勒附近地区。

中国驻印军重炮部队通过列多公路

中国驻印军炮兵部队在缅北密林中艰难前进

蜿蜒起伏于崇山峻岭间的滇缅路

中美工兵部队在悬崖上修筑中印公路

　　这条进攻路线从地图上看似乎便捷，实际上要通过的地方不仅有道路崎岖、人迹罕至的野人山，还有森林密布、河流纵横的胡康谷地、孟拱谷地，迫使我军背绝地以攻天险，无论筑路、行军、作战都十分困难。

　　史迪威将军原本打算指挥拥有重型装备的中国驻印军，从地势较平坦的印度英帕尔地区出击，这样不仅筑路容易，也可一举切断缅北日军交通线，直接向孟拱、八莫之敌发动攻击。但驻印英军总司令韦维尔将军坚决反对。他担心中国军队深入缅甸中南部，对大英帝国战后重新控制这块殖民地不利，因而宁愿让中国军队牺牲更多年轻士兵的生命，去被国际上一些军事学家认为根本不能作战的绝地中奋战。作为一个中国人，今天我们重温这一段历史，心中真是不胜唏嘘！

　　正当中国驻印军在缅北与日军苦战并节节向前推进之际，日军突然向印度英帕尔地区的英军，发动了计划已久的空前猛烈的大规模攻击。这时，始终消极避战的英国人才不得不硬着头皮投入战斗，在英帕尔—科希马地区，与日军展开了一场为时三个月的激烈而残酷的厮杀。

　　日军的进攻目的十分明确，他们企图攻占英帕尔地区，摧毁这里的机场和仓库，消灭驻防在这里的英军。一旦得手，不仅可以彻底击碎英国人

滇西中国远征军强渡怒江

重返缅甸的梦想，也因切断了阿萨姆—孟加拉铁路，使在缅北作战的中国驻印军失去后方，不得不重蹈 1942 年春中国远征军入缅作战失利的覆辙。

从这个意义上讲，在英帕尔的英军能不能击败日本人的进攻，对于整个东南亚的战局的确十分重要。据说战役的紧要关头，中国驻印军曾有抽调精锐的新 38 师协防英帕尔英军之议。幸运的是，这回英国人努力作战，而且打得不错。经历一场凶残的大战之后，日本人丢下近五万具尸体，狼狈地撤退了。

为了牵制日军，策应中国驻印军和在英帕尔的英军行动，集结在中国滇西的十余万中国远征军，于 5 月 11 日强渡怒江，向日军第 56 师团等部队发起猛烈进攻，迫使日军三面迎敌，战略上陷于很不利的境地。

或许可以说，日军对英帕尔的冒险进攻，虽然给驻印英军和中国驻印军一度造成很大威胁，但客观上也把英国人重新拉回缅甸战场，最终形成中美英协同对日作战的局面，这大概是日军和盟方都始料不及的。

滇西中国远征军强渡怒江后，立即与日军展开激战。（此照片由台湾秦风先生提供）

滇西中国远征军强渡怒江后，冒着瓢泼大雨在高黎贡山上的泥泞道路上艰难行进。（此照片由台湾秦风先生提供）

滇西中国远征军攻入云南腾冲城内，与日军展开激烈巷战。

在腾冲战役中，滇西中国远征军第 11 集团军的官兵们使用美式火焰喷射器，逐次清除日军顽强据守的坚固的明碉暗堡。（此照片由台湾秦风先生提供）

在攻打腾冲的战斗中，美军工兵协助中国军队清除日军埋设的地雷。（此照片由台湾秦风先生提供）

美军顾问正在观察我军炮击日军据守的腾冲附近高地的情况（此照片由台湾秦风先生提供）

1944年10月29日，滇西中国远征军向云南龙陵日军发起攻击，于11月3日攻克龙陵。（此照片由台湾秦风先生提供）

滇西中国远征军攻上龙陵城墙（此照片由台湾秦风先生提供）

滇西中国远征军部队在龙陵城内与日军激烈巷战（此照片由台湾秦风先生提供）

中国远征军战士们，正等待炮火准备后，向松山日军发起攻击。

　　1944 年 6 月 4 日，滇西中国远征军总司令卫立煌将军在云南怒江惠通桥上指挥炮兵向日军轰击。

1943 年 10 月中旬，缅甸的雨季结束后，中国驻印军新 38 师 112 团，奉命进入野人山，分三路向胡康谷地的新平洋、于邦一线挺进，拉开了缅北反攻战役的序幕。

驻守胡康谷地和孟拱谷地的日军，是号称"亚热带丛林之王"的第 18 师团。该师团擅长亚热带山地和丛林作战，在日本发动南下作战后，曾横扫东南亚的美英军队，一路所向无敌。这支强悍的日军，现在成了中国驻印军在缅北战场的主要对手。

由于总指挥部情报有误，新 38 师 112 团在攻占新平洋，开始猛攻于邦时，才发现在这里据险防守的日军第 18 师团有整整两个联队的兵力。但中国驻印军参谋长柏德诺将军坚持己见，拒不增调炮兵助战。日军第 55、56 联队趁机反扑，敌我拉锯争夺，战斗极为惨烈。

奉命前往支援的新 38 师 114 团 1 营，也被日军团团围住。该营李克己营长有勇有谋。他指挥部队凭借几棵巨大的榕树，构筑了一个坚固的阵地，在与外界的联络、补给基本中断的情况下，全营官兵以芭蕉、毛竹、树叶为食，苦撑一个多月，其间打退日军无数次进攻，歼灭大批敌人。后来日军师久无功，对我军竟毫无办法，只能消极地围困下去。

直到 12 月中旬，孙立人将军亲率新 38 师主力及炮兵部队，在原始森林中开路前进，秘密迂回到日军侧背，突然发动奇袭。日军伤亡惨重，被迫退至于邦核心阵地死守。史迪威将军这时也亲临前线督战，我军士气大振，在美空军和驻印军炮兵的支持下，经过一番剧烈的堑壕战，终于在 12 月 29 日攻克于邦。日军残兵在退逃途中，又遭我军伏击，几乎溃不成军。

中国驻印军初战于邦，就打出了军威、国威，重挫日军的锐气，粉碎了日军第 18 师团不可战胜的神话，大大提振了全军将士的作战信心和勇气。这次战斗，也显现了美械装备的强大火力威力。当时在国内正面战场上，中国军队即使集中数倍于敌的兵力攻击作战，尚难确保胜利。但在缅甸战场上，中国驻印军常常是以寡击众，以少胜多。类似于于邦之战那样的我军连、营规模的小部队，依靠美军空投补给，在敌人的重重围困中长时间顽强固守的战例，在整个缅北反攻战役中几乎不胜枚举。

中国驻印军战车部队在缅北密林中辟路前进

    日军经此一战，也意识到这支一年多前败退到印度的中国军队，"已达到不可与昔日相比的精强程度"，从此不敢轻视我军。

    于邦之战后，中国驻印军新 1 军之新 22 师、新 38 师，分左右两路渡过大奈河，一路都在崇山峻岭和原始森林中机动灵活地穿插迂回，不断以凌厉、迅猛的攻势夺取了日军的众多阵地，歼灭了大批日军，完全控制了胡康谷地心脏地带孟关外围的全部重要据点，并形成了对孟关的合击之势。

    1944 年 3 月 5 日，我新 22 师主力向孟关发起全线猛攻。经过一整天剧烈战斗，我军毙敌千余人，缴获大批武器弹药和物资，占领了这座缅北的重要门户。日军第 18 师团师团长田中信一率残敌仓皇南逃。

    为了使敌人尾首难顾，有力地配合新 22 师攻打孟关，新 38 师接连向

郑洞国将军与孙立人将军（左）摄于缅北战地

大奈河、南比河右岸的日军第55、56联队残部发动猛烈进攻，歼敌近千人，迅速将拉曼河及大奈河以北的日军全部肃清了。

正当日军第18师团主力与我新1军缠斗之际，美军"加拉哈德"支队千余人乘虚抄袭日军后方，但于3月4日在瓦鲁班附近遭两个中队日军的反扑，美军大兵们立刻哇哇大叫，连连向中国驻印军求援。孙立人师长闻讯急派新38师113团星夜驰援，将敌击溃，并乘胜从东北方向向瓦鲁班攻击。这时孟关已下，新22师主力也沿公路南下，追歼向瓦鲁班逃窜之敌。

在瓦鲁班追击战中，中国驻印军战车部队立下了奇功。我独立战车第1营，在原始森林中艰难地辟路前进，于3月8日突然出现在瓦鲁班西北侧。日军尚未及反应过来，我军铁骑就纵横驰骋，如入无人之境。日军第

中国驻印军总指挥史迪威将军

18师团作战课长石川中佐、第56联队联队长山崎大佐以下四百五十余名鬼子，不是丧命于我军炽盛的战车火力之下，就是被我战车履带碾毙，只有少数"腿长"的鬼子落荒而逃。独立战车第1营随即以迅雷不及掩耳之势，突入日军第18师团司令部，将敌人的指挥系统全部摧毁，还缴获了大量战利品，连日军第18师团的关防大印，也落到了我军手中。往日气焰嚣张的"亚热带丛林之王"，现在几乎成了丧家之犬。

次日，新22师、新38师主力陆续赶到，经两昼夜激战，歼敌千余，力克瓦鲁班。

我军攻克瓦鲁班后，日军第18师团残部被迫退守胡康、孟拱谷地的分水岭——坚布山隘口，企图凭借这道地势险要、森林密布的天险，拒阻我军南进。

为避免正面强攻造成过大伤亡，中国驻印军以新22师主力在独立战车第1营支持下，担任正面佯攻。新38师和美军"加拉哈德"突击队则分路向日军侧背迂回前进。

但廖耀湘师长求战心切，不等迂回部队到达指定作战区域，便于1944

中国驻印军新 1 军新 38 师师长孙立人将军

年 3 月 18 日，命令新 22 师向据守坚布山之敌发起猛攻。

由于山高林密，道路狭窄曲折，我军重装备优势不易发挥，双方只能短兵相接，在茂密的丛林中混战一团，彼此伤亡惨重。激战至 3 月 26 日，新 22 师 64 团攀越绝壁，突然迂回至日军阵地侧后，对敌发起猛烈攻击。这时新 38 师和美军"加拉哈德"突击队也先后迂回成功，我军从不同方向猛烈突击，日军再也招架不住了，遗下遍野的枪支弹药和尸体，全线崩溃逃窜。

至此，胡康谷地战役全部结束，中国驻印军不仅控制了缅北的天险要隘，也打开了通往孟拱谷地的门户。此役我军毙伤日军一万两千余人，生俘六十余人，缴获重炮、汽车等轻重武器装备不计其数。日军第 18 师团元气大伤，以后虽屡经补充，却是一蹶不振了。

史迪威将军对中国官兵勇猛顽强的作战精神大为赞赏，尤其对孙立

中国驻印军新 1 军新 22 师师长长廖耀湘

人、廖耀湘两位将军，善于利用缅北山地和丛林地势，采用迂回、渗透等战术，灵活、机动地指挥作战，给予了高度评价。在这次战役中，孙、廖两位师长才开始拥有了自己的作战指挥权。

胡康谷地战役期间，祖父不顾一些美方人员的阻挠，坚持到前线去视察部队，鼓舞士气。一次行进途中，突与一股日军遭遇，发生激战。当时祖父身边只有参谋、卫士数人，情形十分危急。祖父一面命令大家用随身轻武器全力抵抗，一面烧毁随身携带的文件，做好了最坏的打算。幸亏附近一支新 38 师部队闻声赶来，才使祖父化险为夷。

中国驻印军重机枪部队正在强渡南高江

胡康谷地战役结束后，新 1 军主力在美空军和驻印军战车部队支持下，以破竹之势，分路向孟拱谷地长驱疾进。这时新 1 军新 30 师整训完毕，已开抵前线作战。第 14 师、第 50 师也陆续从国内空运到印缅前线，中国驻印军军力大大增强，全军上下士气高昂。

日军第 18 师团残部和新增援的第 56 师团 146 联队、第 2 师团 4 联队，占据着孟拱、卡盟（加迈）、密支那等几个重要据点，以当地有利的山川地势为屏障，顽强阻击我军前进，并企图在卡盟一线与我决战。

根据史迪威将军的命令，新 22 师于 1944 年 3 月 30 日由南高江西岸沿公路南下，直扑卡盟。新 38 师一部则沿南高江以东山地，向卡盟以南

渡过南高江后，中国驻印军重机枪部队立即投入战斗。

地区迂回包抄。经过半个月苦战，我军先后攻占瓦康、巴杜阳、丁克林等要点，毙伤日军千余人，敌人纷纷退守地势险要的英开塘、沙逊山及孟拱河以东的高利、瓦蓝等地，伺机反扑。

为了不给敌人喘息机会，我右翼新22师逐次击破日军抵抗，不断向英开塘推进。日军像输红了眼的赌徒，集结重兵在英开塘以北地区向我疯狂反扑。这时因连日大雨，美空军和驻印军炮兵无法出动，敌我便以手榴弹和白刃相搏。一场剧烈的恶战之后，日军被迫丢下几十具尸体，拖着伤兵溃退了回去。新22师主力随即包围了英开塘。

5月3日，连绵多日的阴雨天气终于转晴，中国驻印军抓住时机向英

中国驻印军部队强渡龙川江（此照片由晏欢先生提供）

开塘发动了陆空联合总攻。午后一时，美军三十六架战机轮番对日军阵地俯冲轰炸。随后，驻印军独立战车第1营的五十七辆战车超越步兵线，交替掩护，突入敌阵，纵横驰骋。新22师炮兵部队也随着战车向前推进，逐次延伸射程，用猛烈炮火制压敌人的战防炮和战车肉搏队，日军的阵地全被摧毁。新22师步兵趁机突入，与敌短兵相接，展开了极为激烈的堑壕争夺战。

入夜后，伤亡惨重的日军见大势已去，企图趁夜幕掩护向南逃窜，却被我军发觉，立即以炽盛火力拦截，将其大部歼灭，只有少数残敌逃走。

英开塘之战，是中国驻印军发动缅北反攻战役以来，陆空协同攻坚战斗的成功战例，充分显示了我诸兵种协同作战的强大威力。

右翼新22师攻击英开塘时，左翼新38师主力则在孟拱河东岸的崇山

中国驻印军士兵用土制的帆布筏子携带着重机关枪渡江

密林中辟路前进，准备策应卡盟方面的战斗。

日军在孟拱河东岸的第一线阵地构筑了坚固的工事，以三个大队兵力纵深配备，企图固守。

自4月中旬起，新38师正面之114团以正面强攻，侧翼迂回渗透的战术，与敌激战十余日，消灭大批日军，相继攻克了东瓦拉、拉吉等要点。

该师112团则在114团左翼攀山辟路，悄悄地向瓦蓝方向前进。为了保守行动秘密，美空军不便空投补给，该团官兵将随身粮秣和水用尽后，便采集野菜和芭蕉根充饥解渴，经过多日艰苦行军，终于赶到瓦蓝西北荡板山附近，并以一营兵力占领芒平，将卡盟与瓦蓝之间的交通线彻底切断，主力则向瓦蓝攻击前进。

日军见自己后方的交通线被切断，顿时惊慌失措起来，立即调集第56师团146联队和第18师团114联队各一部，在十多天里不分昼夜地向我军阵地反扑。

中国驻印军部队正在向前线挺进

　　由于第112团在高山密林中行军，无法携带重武器，此时该团防守芒平的一营官兵最初只能以轻武器与敌搏杀，战况非常激烈。最后日军除了在我军阵地前横七竖八地丢下许多尸首，还是一无所得。

　　第112团主力也经激烈战斗，歼灭日军第18师团55联队一部，相继攻占了瓦蓝外围的高利、奥溪等险要据点。

　　日军在孟拱谷地一败再败，不得不进一步收缩兵力，据险固守，以待雨季的到来。其孟拱河以西的第18师团56联队残部和第18山炮联队及第21重炮大队，退守马拉高以北及畏龙河以西之线；孟拱河以东的第18师团55联队残部、114联队一部和第56师团146联队则退守瓦蓝及西瓦拉等地。

160

中国驻印军部队正与日军激战

右翼新 22 师主力攻占英开塘后，继续沿公路向南攻击前进，但遭
到日军的猛烈抵抗，双方都有重大伤亡，我独立战车第 1 营也
损失战车多辆。

廖耀湘师长及时调整部署，采用迂回穿插的战术，将各据点的日军分
割包围，再次发动猛烈攻击。刚刚到达前线的我第 50 师 149 团也投入了
战斗。日军在我包围圈内四处挨打，穷于招架，死伤惨重。5 月 24 夜里，
日军残部在滂沱的大雨中秘密突围，我军发现后当即予以痛击，消灭其大
部，其余的敌人不得不重新缩了回去。到了 5 月 29 日，日军再也熬不住
了，纷纷自动撤退，我军乘胜追击，于次日占领了马拉高。

左翼新 38 师除以 114 团向卡盟方向佯动，以牵制日军外，主力进攻
位于大龙阳西北山麓的马蓝、沙牢和瓦蓝。5 月 10 日，新 38 师 112 团粉

碎日军的层层阻击，进抵瓦蓝西南地区后，迅速切断了日军后方补给线，并攻占了瓦蓝外围的各个日军据点，随即对瓦蓝发起总攻。

据守瓦蓝的日军第18师团114联队1大队和55联队1大队残部，在日军第18师团步兵指挥官相田俊二少将的督战下，拼命抵抗，作困兽之斗。

由于瓦蓝的山势十分陡峭，敌人的工事也很强固，为避免重大伤亡，我军一面严密围困日军，一面以炮火和小部队日夜袭扰，让敌人片刻得不到安宁。这一招果然奏效，日军被困日久，弹尽粮绝，于5月24日夜间冒着大雨秘密向西南方向突围。新38师112团早有预料，敌人还没到达山下，就中了我军埋伏。由于夜间行动，日军队形密集，突遭我军火力猛袭，顿时大乱，互相践踏，溃不成军，当即被击毙一百余人。次日晨，我军将瓦蓝完全占领。

这时，新38师113团也相继攻占了拉克老河南岸二十余处日军据点，向西瓦拉和马蓝之敌发起猛烈攻击。5月26日，第113团经多日激战，突入马蓝，与敌反复白刃拼杀，前后毙敌一百余名，占领了马蓝。该团另一部于5月23日向西瓦拉之敌发起攻击，毙敌六七十人。这时天降大雨，后方无法向前方运送炮弹，该团只好将西瓦拉之敌牢牢围困起来，并将敌人外围据点完全清除。

中国驻印军在孟拱河两岸节节取胜，歼灭大批日军，对卡盟日军形成了包围瞰制的态势。这时缅甸的雨季已经来临。为了尽快打通滇缅国际交通线，驻印军总指挥部决心克服一切困难，冒雨作战，一鼓作气地夺取孟拱谷地战役的胜利。

为此，我新22师、新38师在战车部队和美空军的支持下，沿孟拱河两岸并进，目标直指卡盟。日军为了挽回败局，急将原来驻守瓦蓝的第18师团55联队、114联队一部转移到卡盟对岸的要点支遵集结。其56联队则退守卡盟西北的索卡道、南亚色等要点。另以第2师团4联队、第53师团151联队、128联队快速增援，准备在卡盟以北地区与我决战。双方大军云集，在卡盟以北的遍地沼泽中劈面相迎，展开了一场空前激烈的血战。

祖父为了鼓舞部队士气，不顾恶劣天气，亲自由列多军部乘飞机赶到卡盟前线，涉水前往新 22 师部督战。这时我军正冒雨作战，积极清除卡盟日军主阵地外围的各前进据点，各处阵地枪炮声连成一片。由于连日大雨滂沱，洪水到处泛滥，低洼地面积水齐腰，前线官兵们终日在泥水中滚爬冲锋，很多人索性脱掉身上衣服，只穿一条短裤作战。我军阵地大都处在沼泽之中，部队无法埋锅造饭。一连多日，官兵们就以罐头拌着雨水充饥。尽管条件艰苦，但部队士气极为高昂，从师长到一般士兵，都摩拳擦掌，要打一场大漂亮仗。祖父看到这些情况，心中非常高兴。

从 6 月 1 日起，新 22 师正面加强攻势，占领了卡盟外围重要据点马丁沙坎。廖师长另派新 22 师 65 团大部和 66 团一营，及配属该师作战的第 50 师 149 团一营共一个加强团的兵力，沿沙逊山攀越高山绝壁，向卡盟日军西北地区的重要补给线南亚色、索卡道做深远迂回。

这支部队在滂沱大雨中攀越悬崖，拓木开路，艰难行军多日，终于到达南亚色及索卡道以南，强行切断了卡盟西北的公路、小路，以及卡盟至索卡道的公路，并将日军后方的电话通讯线路完全破坏。日军闻讯大惊，立即出动重兵反扑。我军早已严阵以待，将浓密的炮火倾泻在日军头上，敌人除了在我军阵地前留下大批尸首，毫无所获。

鉴于卡盟日军的退路已为我军切断，新 22 师正面攻击部队虚晃一枪，由该师参谋长刘建章亲率新 22 师 64 团、第 50 师 149 团两营和山炮一营、重榴弹炮两连及重迫击炮一连，沿公路及西侧谷地快速挺进，出敌不意地与我迂回部队协同攻击索卡道之敌。新 22 师 66 团主力及山炮一连，则沿公路以西山麓向南亚色前进，掩护公路正面攻击部队的侧翼安全。这两支部队击破日军的节节阻击，锐不可当，很快就兵临索卡道和南亚色附近。

日军原以为我军攻击重点放在正面，没有料到中国军队主力突然绕到自己西北侧翼，一时大乱，急由卡盟派出重兵前往增援，却被新 22 师迂回部队顽强阻击一周之久，始终无法前进一步。6 月 7 日，新 22 师正面攻击部队在我迂回部队积极策应下，向日军发起全线猛攻，经三日血战，大败日军，一举攻占了索卡道和南亚色，随即挥戈南指，直逼卡盟。

此役我军毙伤日军四千余人，生俘日军大尉以下八十六人，缴获日军的重炮、汽车、骡马，以及枪支弹药等物资堆积如山。

据日俘供称，只有四百余名日军从索卡道、南亚色仓皇出逃，其第 18 师团主力，包括 56 联队、114 联队 3 大队、18 山炮联队、21 重炮大队等，在这次战斗中几乎全被歼灭。

新 22 师在索卡道、南亚色与日军鏖战之际，在孟拱河左岸的新 38 师为策应新 22 师作战，也以灵活、果敢的行动，向日军发起凌厉攻势。该师除以 113 团主力由正面，经瓦蓝、大班向拉芒卡道攻击前进外，主力 112 团、114 团则由日军配备缝隙间，锥形突进，秘密迂回南下，偷渡南高江，准备切断卡盟以南的日军后方主要交通线。

由于我军情报准确，行动隐秘，日军对新 38 师主力的迂回行动竟毫无察觉。5 月 27 日晨，新 38 师 112 团经过七天的艰苦行军，秘密抵达日军后方，当即以迅猛的攻击，一举夺取了卡盟以南的色当要塞，并迅速沿公路南北席卷，切断了日军仅剩下的一条重要补给线——孟拱至卡盟的公路，还占领了日军在这一地区的军用物资总囤积站。

驻守此地的日军各兵种部队不下千余人，由于远离前线，敌人毫无防备。我军发动突袭时，日军士兵正三五成群的吃早饭，顿时被打得狼奔豕突，四散逃命。这时日军指挥官还以为自己后方的麻烦，不过是小规模中国空降部队的偷袭行动，待发现这是一支数千人的中国军队时为时已晚。这一仗，我军毙伤日军七百余人，缴获重炮四门、满载军用物资的汽车四十余辆、骡马三百余匹、物资库房和弹药库数十座，取得意想不到的重大战果。

这一来，卡盟日军不仅面临着弹尽粮绝的困境，其后方的交通运输、通讯联络，以及指挥系统也都遭到破坏，顿时陷于混乱、动摇的境地。但这时担任切断卡萨地区铁路交通的英军空降第 77 旅，却被日军击溃，敌人得以抽调大批援军赶赴卡盟增援。

5 月 28 日，日军集中新增援上来的第 2 师团 4 联队，及第 53 师团 128

联队、151联队、第18师团114联队各一部，在重炮、战车的支持下，向112团阵地南北夹攻，双方展开了空前激烈的战斗。

第112团虽然以寡敌众，又缺乏空军和地面炮火支持，却打得极其英勇顽强。其中该团1营3连，一天之内顶住了数倍于己的日军十余次疯狂冲锋，毙敌一百六十余人，自己也付出了沉重代价。连长周有良英勇牺牲。3连1排的战士们在打光子弹后，仍在阵地上与敌人肉搏五小时之久，最后全部壮烈殉国。就这样，日军使尽了各种进攻招数，却始终无法突破我军阵地。

为策应第112团作战，新38师113团冒着极大艰险，翻越高山绝壁，穿过兽迹罕至的无人区，一路披荆斩棘，不分昼夜地钻隙潜行，于6月1日袭占了拉芒卡道，随即左右席卷，攻克东西瓦拉各据点，日军猝不及防，被打得抱头鼠窜，遗尸遍野。我军乘胜追击，相继攻占了日军多处要点，毙敌三百余名。

6月15日，第114团1营前进至孟拱、密支那之间的交通要冲巴棱杜，与一个加强中队的日军激战。我军集中迫击炮火力将敌人工事击毁，继以步兵突入，与敌肉搏拼杀达八小时，日军伤亡过半，被迫丢下四五十具尸体狼狈溃逃，我军占领了这处南距孟拱城仅四英里的战略要点。

新38师主力在敌后的作战行动，使卡盟日军首尾难顾，处于纷乱、崩溃的状态中。同时，由于我军切断了孟拱至密支那的公路和铁路，使日军无法将兵力向密支那转运，大大减轻了我军已经在密支那发起的军事行动的压力。

担任正面攻击作战的新38师113团，这时也不断向前推进，肃清了西瓦拉、马蓝之间的残敌。6月4日，该团主力前进至拉芒卡道附近，经一夜激战，攻占了那昌康，并与第114团部队会合。这时，原在瓦兰附近地区被我军击溃的日军第18师团55联队1大队残部百余人，经西瓦拉附近向支遵秘密辟路逃窜，却被我军发现，当即予以痛击，歼敌大部，少数残敌继续西窜，该团2营则穷追不舍。

当时因连日暴雨，孟拱河东岸支遵地区积水没腹，我军行动十分困难。6月9日晨，第2营沿孟拱河东岸涉水南下，向支遵搜索前进，突与日军一个工兵中队遭遇，双方一交手，日军即被击溃，敌第56师团工兵联队少佐山中少长以下三十六人被击毙，该营乘势向支遵发起攻击。

支遵是紧傍孟拱河东岸的日军重要据点，与卡盟仅一水之隔，唇齿相依，互为犄角，地理位置十分重要。日军凭借坚固工事和对岸炮火支援，负隅顽抗。第2营官兵英勇顽强，在强大炮火支持下，突入敌人阵地，经四小时拼杀肉搏，全歼守敌二百余人，一举攻克了支遵。

第2营攻占支遵后，卡盟已在我军瞰制之下。该营本拟一鼓直下卡盟，但因孟拱河水暴涨，河宽流急，加上日军防范甚严，几次用竹筏偷渡未成。孙立人师长考虑第2营连日冒雨行军作战，过于疲惫，决定另以第113团3营，由支遵以南准备实施敌前强渡，并电令该师112团由卡清河之线向北猛攻，牵制卡盟之敌。

这时的卡盟日军，已陷于四面楚歌之中。我右翼新22师64团和第50师149团沿公路向南攻击卡盟之敌正面，该师65团由昆卡道向东南前进，攻击日军侧背。左翼新38师113团由卡盟东北渡河攻击，第112团于卡盟西南四英里之线发动攻击，牵制日军行动。

6月16日，新1军各部对卡盟发动总攻。新38师113团使用总指挥部刚刚配发的橡皮舟和七五山炮烟幕弹，在强大炮火和浓密烟雾掩护下强渡孟拱河，经与日军激战数小时，一举抢渡成功。该团3营立即抢占了卡盟东南的六三七高地，居高临下俯击卡盟之敌，日军只好缩进卡盟城内作困兽之斗。第3营官兵奋勇异常，追踪突入卡盟东北城区内，与日军展开激烈巷战。这时新22师64团、65团经过血战，也相继攻抵卡盟西北、西南城区，与敌白刃格斗，逐屋争夺。下午三时，新38师和新22师攻击部队在卡盟城内胜利会合，宣告缅北军事重镇卡盟已完全在我军的控制之下。

防守卡盟的日军死伤惨重，只有少数残敌窜往卡盟西北山地。另有一些零散日军，因奔逃无路，情急之下，只好抱着伐倒的树木跳入波涛汹涌的孟拱河中逃生，有的被淹死，有的被沿岸我军官兵击毙，还有一些被当地土著居民捕获，送交我军领赏。祖父在前线亲眼看到这些日军战俘，个个衣衫破碎，面黄肌瘦，有的还生满疥疮，一副肮脏不堪的样子，昔日"大日本皇军"的威风，早已荡然无存了。

我军攻克卡盟后，马不停蹄，新38师主力奉命立即向孟拱挺进，新22师则负责肃清卡盟西南山区的日军残余部队。至6月29日，新22师将卡盟附近的残敌大部歼灭，日军第18师团师团长田中新一仅率千余残众，攀越雪邦山落荒而逃。但田中新一的厄运并未就此终结。此后不久，日本军部下令将他押解东京审判，随后被枪决。这个日军"常胜将军"，终因缅北之败，落得最可悲的下场。

卡盟一役，仅新22师就毙伤日军不下五千人，其中先后发现的敌人遗尸就多达一千六百多具，生俘日军大尉以下官兵八十九名，缴获日军各种火炮三十门，汽车二百余辆，仓库三十余所，各种军用物资不计其数。日军屡经补充的第18师团，也基本上被我军消灭了。

曾声言"不下孟关不剃须"的孙立人将军在距敌人阵地仅数十公尺的树上的掩体中观察敌情

日军于卡盟失守后，开始在孟拱城周围集结兵力，企图长期固守。守敌计有第53师团128联队主力，151联队一部，第18师团114联队残部，第56师团146联队3大队等，共计约两个联队兵力。

在新1军主力与卡盟日军决战时，英军空降第77旅乘虚进袭孟拱城，不料在孟拱城东南遭日军猛烈反击，全线发生动摇，急向我新38师求援，声称若二十四小时之内得不到增援，将自行撤退。孙立人师长担心英军一旦崩溃，影响整个战局，立命第114团星夜秘密向孟拱东北地区轻装疾进，支持英军，并相机夺取孟拱城。

第114团冒着倾盆大雨，踏着没膝的泥浆，经一夜强行军，于6月18日晨抵达距孟拱城东北二英里多的孟拱河北岸。这时的孟拱河水涨河深，河面宽达四百公尺，舟渡不易。为了迅速解救英军，该团还是决定冒险偷渡。当夜，第114团分批乘橡皮筏悄悄渡江，日军毫无察觉。次日晨，我军犹如神兵天降，猛袭正在进攻英军的日军侧背，一举解救了英军的困境。

战斗中，第114团1营以一个排兵力接替英军一个营的战斗任务。起初英军将领看了连连摇头，认为中国军队太轻敌了。但以后这个排攻击顺利，而且取得很大战果，这让英军大开眼界，对中国军队大加赞赏。英军旅长还亲自带着众多军官到第114团战地实地考察，搜集作战资料。以后孙将军与祖父谈起此事，笑谓英国人平时军装笔挺，傲气十足，打仗却缺乏实际指挥经验。情况也确实如此。像上面提到的战例，英军指挥官在不到二百米的攻击正面投入一营兵力，炮火准备后即以密集混乱的队形猛冲，结果在日军浓密火网下徒遭惨重伤亡，攻击却毫无进展。而我军则能依据地形和敌情情况，巧妙使用兵力，善于以少数兵力歼灭优势之敌。这些说明中国驻印军不仅具有坚强的战斗力，在战术运用方面也具备了较高的水平。

第114团解救英军后，立即向孟拱城包围攻击。经几日激战，相继攻占了孟拱外围的众多据点，并将通往孟拱的公路、铁路全部切断，日军被迫缩入城内固守。新38师113团也在南高江北岸积极扫荡日军，策应第114团方面的战斗。

6月24日，第114团向孟拱城发动总攻。我军先以强大炮火摧毁敌人工事，继以步兵突击，官兵们前仆后继，奋勇冲杀，经六小时激战，第1营首先突破孟拱城外围铁丝网和三个据点，随即冲入城内。日军则凭借城内房屋和城内即设工事拼死抵抗。我军官兵以白刃和手榴弹接战，逐步推进，到黄昏前攻占了火车站和半个城市，毙敌百余。第2营也由瓦铁西进，重创日军两个中队，占领了孟拱城西的大铁桥，切断了城内守敌的退路，日军陷于四面包围之中。入夜，日军集中兵力发动凶猛反扑，我军沉着应战，集中火力猛扫，大量杀伤敌人。日军反攻不成，只好退到城西北角作困兽之斗。25日晨，我军继续发动全线攻势，经一整天的激战，到下午五时占领了孟拱全城。城内残敌走投无路，只得泅水逃命，但大半被我军击毙于江中，另有一些被江水溺毙，只有个别敌人漏网。

当第114团攻击孟拱之际，有一个大队日军和炮兵赶来增援，在孟拱外围地区遭到该团第8连排哨阻击。日军欺负我军人少，利用夜幕掩护，在炮火支持下用密集队形冲锋七、八次，企图一举冲垮该排阵地，打通道路。我军以寡击众，打得十分顽强。经一整夜激战，击退了敌人的一次次冲锋，毙敌炮兵联队长高见重太郎大佐以下官兵一百三十五人，缴获火炮三门，轻重机枪六挺，其他枪支弹药甚多。日军见势不妙，急忙掉头西逃，又遭第 113 团 1 营 3 连阻击，一场恶战之后，这股敌人几遭全歼。我军又毙敌二百七十五名，生俘十四名，缴获火炮五门，轻重机枪十挺，军马五十匹，步枪数十支。

孟拱之战，新 38 师打得勇猛坚决，战果颇丰，前后共毙敌一千五百余名，俘虏二十一名，缴获轻战车五辆，各种火炮二十四门，轻重机枪五十七挺，列车九十七节，汽车四十七辆，骡马一百二十五匹，仓库二十余所，其他军用物资堆积如山。

打了大胜仗之后，新 38 师官兵无不喜气洋洋。起初，新 38 师挺进孟拱谷地时，孙立人师长即发出誓言，不打下孟拱城绝不剃须。战役刚刚结束，祖父赶到新 38 师师部。孙将军坐在师部帐篷里的行军床上，绘声绘色地向祖父作战役简报。祖父望着他英俊的脸庞上，堆满了浓密的黑须，不禁打趣道："立人兄，你这个常山赵子龙，居然变成燕人张翼德了？"言毕，两人相对大笑。

整个孟拱谷地战役，我军经四个多月的激烈鏖战，基本全歼了日军第 18 师团，并重创其第 2 师团 4 联队、第 53 师团 128 联队、151 联队、第 56 师团 146 联队，毙敌一万五千余人，日军伤亡总数达二万六千余名。我军还生俘日军大尉以下官兵一百一十七名，缴获各式火炮一百一十六门，轻重机枪三百余挺，各种机动车辆五百余辆，战车五辆，许多被日军自行毁坏或投入原始森林中的武器装备上不在此数。经孟拱谷地战役之后，卡盟、孟拱、密支那之间的公路、铁路均畅行无阻，为后来缅北反攻战役的胜利，奠定了基础。

1944 年 5 月 1 日，中国驻印军新 22 师师长廖耀湘（右二）在孟公河谷地战役中与中美军官们研究作战方案。（此照片由晏欢先生提供）

这一时期，英军已在英帕尔战役中取得了决定性的胜利，日军第15 军在遭受巨大伤亡后，被迫退往缅甸中南部。中国滇西远征军也在高黎贡山各隘口，以及龙陵、腾冲等怒江以西广大地区，与日军精锐的第 56 师团等部展开全线激战。驻缅甸的日军完全丧失了战争主动权，在战略上处于极其被动的境地。

中国驻印军总指挥部在取得孟拱谷地战役胜利之后，为迅速歼灭缅北日军，早日打通滇缅路，立即全力部署、指挥对缅北战略重镇密支那的攻击作战。

密支那位于喜马拉雅山脉南端的缅北中心地区，是缅北公路、铁路的

1944 年 4 月中下旬，中美混合突击支队秘密地由孟拱谷地长途奔袭密支那机场。图为中美突击队员在泥泞的山路上急行军。（此照片由晏欢先生提供）

联结点，战略地位极为重要。其周围多山，东临伊洛瓦底江，中间是一个小平原，地形稍有起伏，遍地都是森林，隐蔽异常。城西北两方，各有一个飞机场。日军在此长期经营，构筑了大量坚固、隐蔽的工事，前后集结了三千余重兵防守。

　　早在中国驻印军进攻孟拱谷地之初，总指挥部便拟定了以攻取密支那为目标、代号为"威尼斯商人"的秘密作战计划。为此，史迪威将军命令美军梅利尔准将，率领一支中美联合先遣支队，由胡康谷地出发，穿越悬崖峭壁、森林茂密的库芒山区，一路辟道前进，深入日军后方，秘密奔袭密支那。

　　这支先遣支队分为两个纵队：K 纵队由美军加拉哈德支队第 3 营、新

30 师 88 团、新 22 师炮兵第 4 连组成,指挥官是美军基尼逊上校。H 纵队由美军加拉哈德支队(欠一营)、第 50 师 150 团、美军七五山炮一排组成,指挥官是美军亨特上校。以后,为了支持中美突击队攻击密支那的作战行动,总指挥部又调原在印度阿萨密省负责对英帕尔方向警戒的新 30 师 89 团,空运密支那作战,稍后第 14 师 42 团也空运至密支那前线。

经过半个多月的艰苦行军,其间也经历了一些小规模的战斗,先遣支队于 5 月中旬先后秘密抵达密支那附近。5 月 17 日上午 10 时,H 纵队率先向密支那西机场发动奇袭。防守该机场的日军仅百余人,事先对我军的行动毫无防范,经第 150 团第 1 营和第 3 营从两翼猛烈夹攻,敌人仓皇抵抗了一阵便落荒而逃,我军完全控制了机场,并乘胜追击,占领了江边跑马堤。

中国驻印军在密支那初战得胜,不仅我军将士倍受鼓舞,各方面反响也很大,连蒙巴顿将军也发来贺电表示祝贺。这时新 30 师 89 团已空运至前线,接替了西机场等处防务,第 150 团于 18 日继续向密支那市区推进,与日军激烈交战。K 纵队也在密支那以北地区与日军激战。

5 月 19 日,第 150 团向当面之敌发起凌厉攻势,经数小时猛烈攻击突入至车站附近,并破坏了日军设置的铁丝网。入夜后,日军凭借有利地势顽强抵抗,以浓密火网阻挡我军前进,第 150 团伤亡很大,第 3 营营长郭文干英勇牺牲。不久,日军发动全线反攻,我军各部都陷于苦战中。激战持续至次日拂晓,日军反扑均被击退,第 150 团乘势向密支那市区和车站攻击,于上午八时半将车站攻克。

这时战局对我军十分有利。驻守密支那的日军仅第 18 师团 114 联队 3 大队及直属部队驻市区,第 56 师团 148 联队的两个中队和第 18 师团工兵 12 联队 1 中队驻西郊,原担任西机场防务的第 15 机场守备队密支那派遣队及气象分遣队退驻西郊,另有番号不明的两个中队驻北机场,其总兵力仅一千五百余人。倘我军抓住战机,趁第 150 团取得突破,日军全线动摇之际,迅速调动后方主力部队向敌纵深突破,则极有可能一举夺取密支那。可惜在这个战役关键时刻,梅利尔将军犯了致命的错误:他非但没有

中国驻印军总指挥史迪威将军在缅北密支那机场观察敌情（此照片由晏欢先生提供）

将留在西机场的新 30 师 89 团和美军加拉哈德支队主力调上去增援第 150 团，反而分割使用该团兵力，使日军获得喘息之机，迅速调整部署，实施反击，以致我军错失良机，形成了后来旷日持久的密支那攻防战，不仅拖延了战争进程，也使我军兵员受到极大损失。

　　日军从密支那车站失守的惊慌中镇静下来后，立即集中兵力和火力向我军反扑，第 150 团与后方的通讯联络被截断。在战斗的紧要时刻，美军总联络官孔姆中校又借故离开火线，以致无法要求机场空军和炮兵给予支持，驻守车站的第 150 团 2、3 营在日军的猛烈炮轰和步兵攻击下伤亡惨重，被迫撤出阵地。激战至晚，被困于车站附近的第 150 团已经弹尽粮绝，后方又补给不上，广大官兵只能趁夜幕掩护，奉命以白刃拼杀，于次日凌晨突出包围，撤回跑马堤附近。日军则趁机恢复了在市区的原有阵地。

　　5 月 23 日，史迪威将军率参谋长柏德诺将军、祖父，以及新 30 师师长胡素将军、第 50 师师长潘裕昆将军飞抵密支那前线，立即撤换了梅利

1944 年 7 月 18 日，在缅北密支那西打坡前线，史迪威将军与中美两军军官商讨作战方案。（此照片由晏欢先生提供）

尔将军的职务，由上述五人组成临时指挥部，并规定在前线的中国部队分由胡素和潘裕昆两位将军指挥。

这时，日军已陆续从八莫和滇南抽调第 18 师团 114 联队 1 大队、第 56 师团 148 联队 1 大队前来增援，使守敌总兵力达到三千人以上。日军还在原有基础上，将密支那分成四个防御区，加强工事，纵深配备，协同固守。敌人的各种火器、掩体，多配置于丛林、树根、谷壑、岩穴中，位置不易发现，且能封锁道路。其在市区的工事，均以建筑物构成据点，利用民房及街道两侧，预先构筑各种坚固掩体，重要据点间还以交通壕相连接，在街道进出口、十字路口及民房屋角都配置了重武器，火网十分稠密，整个城市形成了完整的防御体系，因此我军攻击十分困难。

中国驻印军第 50 师的将士们正一面在密支那城郊掘壕作业，一面向日军发动攻击。

　　从 5 月 25 日起，中国驻印军再次对密支那发动攻势，陆续空运至前线的新 30 师、第 50 师主力成为主战部队，美军加拉哈德支队和美军战斗工兵部队也投入战斗。经一月苦战，我军虽有进展，但整个战事仍陷于胶着状态，而且伤亡很大。其间，史迪威总指挥又陆续撤换了柏德诺、麦根两任美军指挥官，将前线指挥权交给祖父等中国将领负责。

　　在严酷的战争中，中国驻印军的官兵们终于摸索出了克敌制胜的办法，就是采用掘壕作业及强攻突击并用的方式，逐步向密支那市区推进，日军一时对此束手无策。

中国驻印军攻克密支那后，我军官兵巡视已成一片废墟的城市。（此照片由晏欢先生提供）

胡康谷地战役结束后，祖父根据史迪威将军的指示，于 7 月 6 日再次飞抵密支那指挥督战。他亲到距敌不到五十米的火线视察战况，侦察敌人的火力配备和兵力部署，召集前线各将领听取情况汇报，研究改进作战方案，随后向各师下达了 7 月 7 日再次向密支那日军发动全面攻击的命令。

在中国抗日战争全面爆发七周年纪念日的这一天，即 1944 年 7 月 7 日下午 1 时，中国驻印军全线在空军、炮兵的掩护下，向密支那之敌发动猛烈攻击。广大官兵们前仆后继，奋勇冲杀，虽有较大伤亡，各师攻击部队都取得了重要进展。这时新 30 师 90 团、第 14 师 41 团、第 50 师 149

团陆续开抵前线，立即投入战斗。这几支生力军的到达使我军士气益振，攻击力也大为增强。自 7 月 17 日以后，我军掘壕攻击较为顺利，各师相继进入密支那街市村落战斗，日军虽屡经补充，但在我军沉重打击下伤亡奇重，被迫向市区退缩。至 31 日，除美军加拉哈德支队进展不大外，新 30 师、第 50 师、第 14 师都有重大战斗进展，占领了密支那大半个市区。

8 月 1 日，密支那日军终于熬不住了，开始做突围的打算。我军不失时机地发起最后的攻击。第 50 师师长潘裕昆将军考虑密支那北段日军仍凭借坚固工事顽抗，正面强攻牺牲太大，于是以该师工兵连为基干，组成百余人的敢死队，携带轻便武器和通讯器材，分成十余个小组，趁夜幕掩护潜入敌人阵地后方，将日军通讯设施完全破坏，并于 3 日拂晓向敌指挥部和各据点猛烈攻击，日军顿时慌乱起来，第 50 师各部队应声而起，发起全线攻击，占领了日军在城北的阵地。日军残余部队数百人向江中逃窜，被该师大部追歼。新 30 师也攻占了日军准备作最后死守的据点营房区，日军密支那最高指挥官水上原藏大佐被迫自杀，其余守敌也大部以手榴弹自杀。8 月 5 日，我军完全控制了密支那市区，并与刚刚打下城北西打坡的美军加拉哈德支队取得联络，密支那战役宣告结束。

密支那战役是整个缅北反攻战役中最为激烈艰苦的一役。我军以伤亡六千六百余人（其中阵亡两千四百余人）的沉重代价，费时两月余，才攻下这座战略重镇。在这次战役中，我军击毙日军两千余人，生俘六十九人，缴获不计其数。更重要的是，由于控制了这座战略重镇，中印间空运自此可以直接由密支那及附近上空往返，不必再飞越那令人生畏的驼峰，而且空运物资的数量也可大为增加，因此对中国后期抗战贡献很大。

中国驻印军总指挥史迪威将军，这是 1944 年 8 月他晋升四星上将后拍摄的。

中国驻印军副总指挥郑洞国将军

密支那战役结束后，中国驻印军进行了为期两个月的整训，所部改编为两个军：新编第 1 军，军长孙立人将军，辖新 38 师、新 30 师，集结于密支那；新编第 6 军，军长廖耀湘，辖新 22 师、第 50 师、第 14 师，集结于孟拱。中国驻印军总指挥仍由史迪威将军担任，另成立中国驻印军副总指挥部，祖父升任副总指挥。

此后不久，史迪威将军奉调回国，由索尔登将军接任中国驻印军总指挥。

1944 年 10 月上旬，缅甸地区的雨季刚过，中国驻印军十万雄师和英军一部，分兵三路向南挺进。右路英军第 36 英印师，沿密支那至曼德勒铁路走廊，进攻卡萨。中路新 6 军由铁路以东之原始森林经和平迁回攻击伊洛瓦底江边的瑞古，切断八莫日军的退路，并拒阻日军经水路向八莫增援。左路新 1 军则沿密支那支腊戍公路，向八莫攻击前进。

10 月 15 日，我左路新 1 军由密支那渡江，前锋新 38 师直扑八莫。

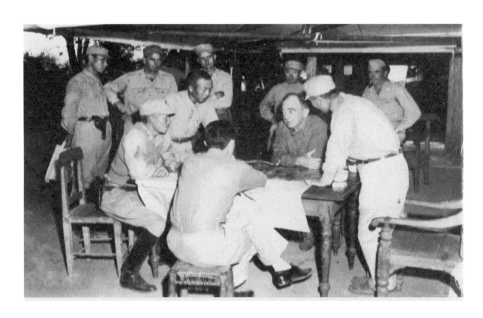

1944 年 11 月 30 日，中国驻印军总指挥索尔登将军、副总指挥郑洞国将军（坐在小桌旁背对镜头者）、新 1 军军长孙立人将军（左一坐在小桌旁者）、新 38 师师长李鸿将军（右一小桌旁站立者），正在缅甸八莫前线研究战局。（美军通信兵照片，源自美国国家档案馆，晏欢先生提供）

八莫是一座历史悠久的古城，位于伊洛瓦底江汇流的右岸，是缅北水路交通要地。水路南通曼德勒、仰光，也可以用小舟逆江行驶，直达密支那、孟拱和卡盟。陆路除密支那至八莫的公路外，还有一条八莫至腾冲的骡马古道。从密支那到八莫，除有南太白河、南山河、貌儿河、太平江等河川形成天然屏障，八莫城四周也是湖沼遍布，地势起伏、丛林密布，易于防守。

日军自攻略缅北后，即以八莫作为进犯滇西的战略基地，在城内外修筑了极为坚固而隐蔽的工事。密支那战役发生后，日军曾从缅南抽调第 2 师团一部前往救援，但该部行至南坎，听说密支那已失守，估计我军下一个攻击目标就是八莫，便集结该师团搜索兵联队、步兵第 16 联队 2 大队、混合炮兵一个大队、轻战车十辆，以及由孟拱、密支那溃回的第 18 师团残部共三千余人固守八莫。起初日军认为八莫城防坚固，起码可以固守三个月以上。

新 1 军前锋新 38 师 113 团沿密八公路向南攻击前进，一路动作神速，于 10 月 27 日进抵太平江北岸，随即以迅雷不及掩耳之势歼灭据守庙堤的日军一个中队，其余日军惊慌失措地退回太平江以南。

太平江正面河幅宽达四百英尺，水流湍急。日军依南岸险峻的山势，构筑了坚固工事，可以用火力控制所有渡口。而北岸却地势平坦，使我军的渡河行动处处受到日军的瞰制。为了避免敌前强渡造成过大伤亡，孙立人军长亲至江边视察，决定以第 113 团在太平江北岸佯攻，吸引日军注意力，另以新 38 师主力于 11 月 1 日，秘密从太平江上游的铁索桥渡江，向八莫、曼西侧后迂回，包抄日军后路。

在新 38 师主力秘密向八莫日军侧后迂回期间，第 113 团曾几次试图渡河，都因日军以强大火力封锁江面而未成功。团长赵狄破敌心切，于 11 月 8 日夜选派六名水性好的士兵，从庙堤正面跃入冰冷刺骨的太平江，偷偷游到对岸，寻找到日军防守上的空隙，然后接应该团 3 连悄悄渡江，接着全团也兵不血刃地渡过了太平江。

第 113 团一渡过太平江，立即扑向八莫城，日军做梦也没有想到我军偷渡成功，一时大乱，只得仓促抵抗。经几日激战，该团将八莫外围的大小村落和三个飞机场全部攻占了。后续新 30 师一部随即渡江跟进，包围八莫。这时新 38 师主力已迂回成功，会同第 113 团攻克了八莫外围的重要据点莫马克和曼西，切断了八莫通往南坎的道路，八莫日军完全陷入我军的重围之中，只好龟缩城内，固守待援。

中路新 6 军方面战斗进展也很顺利。10 月中旬，前锋新 22 师自孟拱乘火车进至和平，随后在崇山峻岭中长途跋涉，于 11 月初到达伊洛瓦底江北岸，很快得到总指挥部配发的渡河器材，其先头部队利用夜幕掩护，乘坐橡皮舟悄悄渡江，建立了滩头阵地，掩护主力续渡。日军没有料到我军在此处渡江，仓促前来迎战，很快被击溃。新 22 师穷追不舍，追踪攻占了瑞古，驻守瑞古的日军第 2 师团 16 联队一部，慌乱抵抗一阵后，即逃往八莫。

为配合左路新 1 军攻击八莫，新 22 师仅以第 64 团防守瑞古，主力迅速向八莫方向挺进，一路击溃日军阻截，于11月17日与新1军新38师部队会合，加入对八莫的攻击作战。

尽管缅北日军主力都被中国驻印军吸引到八莫、瑞古方面，但在右路攻击作战的英军第36英印师却表现得大失水平。该师在向卡萨挺进途中，突遭日军铁道守备队的反击，当即大乱，纷纷溃退，几不成军。廖耀湘军长急调新6军预备队第50师迅速驰援，才将日军彻底击溃。这样不仅使英军转危为安，也保证了我军侧翼安全。以后英军虽然未能如期攻下卡萨，但对中国驻印军也起到了侧翼掩护作用。

我军包围八莫后，新38师主力在新22师一部的策应下，对八莫日军展开猛烈攻击，战况极为激烈。鉴于八莫日军的城垣工事非常坚固，敌人的火力也十分猛烈，新38师吸取强攻密支那的教训，采用陆空协同、步炮协同，并以战车掩护、逐点歼敌的战法实施攻击，一点一点地啃掉日军的阵地，战果非常显著。

我军进攻八莫期间，祖父多次乘坐美军小型侦察机，前往八莫上空视察督战。此时整个八莫城在我强大空军和炮兵的轰击下大火熊熊，浓烟滚滚，日军炮火几乎完全被压制，城内建筑物也大多崩毁。

日军虽然伤亡惨重，但抵抗却十分凶顽。敌人在城垣四周，利用复杂的地势，修筑了很多分散的抵抗巢，每个抵抗巢配备一名轻机枪射手，一名步枪狙击手，一名掷弹兵手，各抵抗巢之间以火力相互策应，使我步兵难以接近。我军更技胜一筹，前线各攻击部队使用迫击炮将其逐个定点清除，才渐次突入城区。

日军为确保城区各主要阵地，集中战车、火炮和战车肉搏队，轮番向我军发动自杀性反扑，敌我反复争夺，阵地犬牙交错，战斗呈白热化状态。由于彼此相距太近，有时各种火器都无法施展作用，双方只能以白刃相搏。一天，日军借早晨的浓雾袭入第113团1营阵地，敌我在狭窄的堑壕里展开殊死的搏斗。混战中，我军的一名机枪手被敌人刺死，副射手也受了伤。但这位勇敢的战士忍住伤痛，一手按住敌人刺过来的枪，一手紧紧抓住敌人的喉咙，用力一拉，结果连这个鬼子兵的舌头都从喉管里扯了出来。

中国驻印军攻击八莫（美国通讯兵照片，源自美国国家档案馆，晏欢先生提供）

1944年12月3日，中国驻印军新1军新38师重机关枪部队向八莫日军阵地猛烈射击。（美国通讯兵照片，源自美国国家档案馆，晏欢先生提供）

1944 年 12 月 8 日驻印军新 30 师 90 团 2 营士兵正以迫击炮攻击八莫之敌

1944 年 11 月 30 日，中国驻印军总指挥索尔登将军（左一）与副总指挥郑洞国将军（右二）等，正在检视新 38 师在八莫战役中缴获的日军武器。左二为新 1 军军长孙立人，右一为新 38 师师长李鸿。（美军通讯兵照片，源自美国国家档案馆，晏欢先生提供）

被中国驻印军俘虏的日军战俘（此照片由台湾秦风先生提供）

我军战士正在审讯日军俘虏（此照片由台湾秦风先生提供）

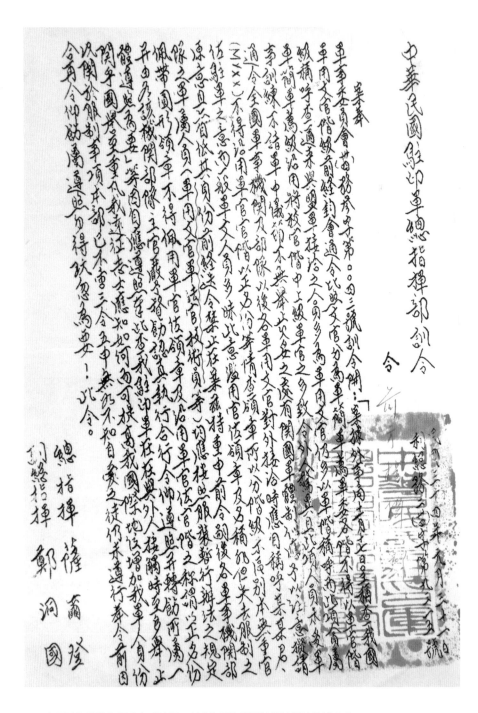

中国驻印军总指挥索尔登将军、副总指挥郑洞国将军签署的作战命令

　　1944 年 11 月 30 日，中国驻印军总指挥索尔登将军（前左一）与副总指挥郑洞国将军（前左三）、新 1 军军长孙立人将军（前左二）视察斯格瑞夫野战医院后匆匆离去。（美军通讯兵照片，源自美国国家档案馆，晏欢先生提供）

　　激烈的战斗持续了二十余日。12 月 14 日，中国驻印军已将八莫城南北主要据点及陆军监狱、宪兵营房、老炮台等坚固堡垒相继攻克，新 38 师主力乘胜向日军核心阵地突击。混战中，八莫日军最高指挥官原好三大佐被击毙，残敌数百人见大势已去，在强迫伤病官兵自杀后，拼命向外突围。当夜，敌我在八莫城南一带作最后的殊死战斗，枪炮声震耳欲聋，战火都映红了夜空。次日晨，我军攻入日军核心阵地，将残敌大部歼灭，城内仅有的六七十名残兵败将趁黑夜泅水逃窜。正午时分，我军全部肃清了残敌，完全控制了八莫。

　　1944 年 11 月 30 日，中国驻印军总指挥索尔登将军（右）、参谋长罗伯特·坎农（左）与新 6 军军长廖耀湘将军研究作战方案。

中国驻印军渡过瑞丽江

八莫之战是一次成功的攻坚战役，不仅打出了中国驻印军英勇顽强、善打硬仗的战斗风格，在战略战术的运用上，也体现出较高的军事水平。日军原拟在八莫死守三个月，结果我军仅用了二十八天就打下了这座坚城。此役我军击毙日军原好三大佐以下两千四百余人，俘敌池田大尉等二十余人，缴获零式战斗机两架、战车十辆，各种火炮二十八门、轻重机枪九十五挺，步枪一千二百余支。

在新38师猛攻八莫之际，我军为早日打通滇缅公路，命令左路新1军新30师，超越新38师，沿八（莫）南（坎）公路向南坎挺进。

南坎位于缅北最东端，紧挨中缅边境，西北通八莫，东北至龙陵，南达腊戍，为中缅交通要冲。其地势狭长，北有瑞丽江横贯全城，四周都是高山，犹以东南方更为险要。日军侵入缅北后，一直在此驻有重兵，储存了大量粮草、弹药，并构筑了半永久性工事，使该城成为日军东侵滇西和拱卫缅北的重要基地。

1944年12月初，新30师在向南坎前进途中，突与由南坎出援八莫的日军山崎支队主力遭遇，爆发激烈战斗。这股敌人由南坎日军最高指挥官山崎四郎大佐亲自率领，计有第18师团55联队、第56师团146联队一部和刚刚从朝鲜调来的第49师团168联队，以及炮兵、工兵、辎重兵各一个大队。

新30师先头部队动作迅猛，一与敌人遭遇，就立即抢占了八南公路西侧的五三三八高地。这个高地至关重要，我军控制了此处，就把日军堵在了山脚下。起初日军仗着人多势众，摆开阵势向我冲击，但新30师先头部队打得十分顽强，像钉子一样牢牢地扎在阵地上，双方激战数日，日军一无所获。

12月9日，气急败坏的日军集中二十余门火炮，在山崎大佐的亲自指挥下，发动全线猛攻。敌我激战整日，我军阵地虽然几度危殆，但由于官兵们奋勇作战，最终击退了日军的多次进攻。

这时新30师预备队89团也奉命赶至前线，孙立人军长还抽调新38师112团秘密向敌人侧后迂回包抄。

此后敌我连续恶战多日，彼此伤亡惨重，战事演成胶着状态。日军因连日受阻、迟迟无法救援八莫而变得更加焦躁疯狂。12 月 14 日，日军再度向五三三八高地发动空前猛烈的进攻。一天之内，日军向这个高地发射了三千余发炮弹，整个阵地变成了一片焦土和火海。炮击一停，日军步兵便以密集队形向我阵地蜂拥冲击，连续发动自杀性冲锋。据守高地的新 30 师 90 团 3 营官兵非常沉着，敌人炮击时，他们镇静地躲在掩体里，炮击一过，立即跃入工事，集中轻重武器向敌人进攻队形猛烈扫射，把鬼子们一片片地打倒在地。敌人却是发疯了，前面的倒下了，后面的踩着自己人的尸首，杀气腾腾地继续往前涌。有几次日军已经冲上了我军阵地，第 3 营的战士们用白刃战，硬是将他们驱赶了下去。激战中，营长王礼宏阵亡，官兵们伤亡过半，仍死死守住了阵地。这一天，日军连续发动了十五次大规模的冲锋，都失败了，白白在我军阵地前丢下一千二百六十余具尸首。在这场战斗精神和意志的较量中，日本人最后崩溃了。由于伤亡太大，日军再也无力发动进攻，只得遗弃大批武器装备，纷纷向密林中溃逃了。

　　敌我在五三三八高地激战时，新 30 师 88 团在炮兵、工兵各一连的支持下，乘虚抄袭日军山崎支队侧背，相继攻占了马支、卡的克、卡龙等据点，先后歼灭日军一个大队。

　　这时担任敌后迂回的新 38 师 112 团已经越过南宛河，切断了八南公路，沿途歼灭了小股日军，随即在南宛河畔崇山峻岭中秘密疾进，一举袭占了南坎外围的据点般康、劳文及其机场，新 30 师主力也攻占了瑞丽江北岸的日军各据点。

　　南坎的地形特点是四周高山环绕，中间低洼平坦，攻取该城的关键在于控制南坎四周的制高点。根据我军掌握的情报，日军在地势最为险要的东南山地修筑了坚固的工事，其主力也配置在这里，准备长期固守。

　　为了避免正面攻坚伤亡太大，孙立人军长采用迂回、奇袭并用的战法，仅以新 30 师一部正面佯攻，牵制日军主力，新 1 军主力则由南坎西南侧实施大迂回突进，准备一举袭取南坎。

　　1945 年 1 月 5 日，新 30 师 89 团在前，新 38 师 114 团在后，攀越南坎以西的古当山脉，于西朗附近偷渡瑞丽江，向南坎南郊的高山密林中钻隙突进。新 30 师 90 团也秘密沿江南下，于 1 月 11 日拂晓在大雾掩护下悄悄渡过瑞丽江，由东北向敌南侧突进。这时天降大雨，山洪暴发，泥泞没膝，人马行动极为困难。但我军各迂回部队不避艰险，冒雨前进，分别按命令要求抵达秘密集结地点。只有正面新 30 师 88 团在瑞丽江北岸一面肃清残敌，一面佯作渡河准备。新 38 师 112 团也抵达瑞丽江北岸。

1 月 15 日，新 1 军主力在空军、火炮、战车强大火力支持下，对南坎发动突袭。据守南坎的日军简直无法相信自己突然陷入中国军队的重围之中，纷纷仓皇失措地抵抗，却在我军空中和地面强大炮火打击下损失惨重，无法抵挡我军从南北两个方向发动的凌厉攻势。上午 10 时，第 90 团 3 营 7 连最先突入南坎，其他部队也相继攻入市区，经过激烈巷战，我军于当日中午完全控制了该城。

这一仗，新 1 军毙敌一千七百八十余人，俘敌十余人，缴获火炮二十门，轻重机枪十五挺，步枪五百余支，另外还缴获了卡车十二辆、轿车一辆、仓库十余所。

重庆军委会接到中国驻印军攻克南坎的捷报后，大为振奋，立即电令滇西中国远征军迅速挺进，占领我边境城市畹町，以便尽快打通中印公路。

这时我滇西中国远征军经数月浴血奋战，相继攻克了松山、腾冲、龙陵、芒市等滇西重镇，其第 53 军、第 6 军、第 2 军等部，正分路向畹町挺进。英军第 14 集团军主力也在缅甸中部战略重镇曼德勒附近与日军激烈交战，整个战局对中国和盟军十分有利。

新 1 军攻克南坎后，来不及休整，就奉命乘胜继续向敌人猛攻。日军纷纷退守南（坎）芒（友）公路沿线的险峻山地，以及南坎以南牢笼山地区的即设阵地，据险死守。为了迅速打通滇缅路，新 1 军以新 30 师围歼

　　1945 年 1 月 22 日，中国驻印军新 1 军新 38 师 113 团攻克中国边境城市畹町，与滇西中国远征军第 53 军 116 师会师，113 团士兵与 116 师士兵分享名叫温盖特（winggate)的食品。（美国通讯兵照片，源自美国国家档案馆，晏欢先生提供）

老龙山之敌，新 38 师则沿南芒公路向芒友挺进。

　　在此之前，中路新 6 军于 1944 年 11 月底渡过瑞丽江，本拟直趋腊戍，切断腊戍至畹町的公路交通，拒止滇西、南坎日军退却，并截击腊戍之敌来援。但这时国内战局吃紧，日军实施"一号作战计划"，集中几十万精锐部队长驱直入我豫湘桂数省，正向贵州进犯，重庆震动。12 月 1 日，新 6 军主力新 22 师、第 14 师奉命紧急分批空运回国赴援。第 50 师转归新 1

中国驻印军与滇西中国远征军胜利会师

军建制，接替了新 22 师在瑞丽江北岸的阵地。

第 50 师以 148 团担任西于至芒卡一带的防务，主力向南进击，与日军在万好地区激战。日军力不能支，急忙纠集第 18 师团 114 联队残部、第 56 师团 113 联队残部共八百余人往援，却被我军截成数段，首尾不得相顾。再经数日激战，第 50 师攻占万好，日军向茂罗方向溃退。该师乘胜追击，将瑞丽江北岸日军全部肃清。

新 38 师此时已将南坎东北河套的残余日军肃清，正以破竹之势沿南芒公路向芒友前进，连克色伦、般和、闹场、曼伟因、苗西等地，还于 1 月 21 日攻占了芒友西南的四五六一高地，并与滇西中国远征军第 53 军 116 师取得了联络。

1 月 23 日，日军为摆脱困境，集结重兵分三路向四五六一高地反扑，敌我激战一昼夜，日军被迫败退。这时日军第 56 师团残部已从滇西撤至

兴高采烈的中国驻印军与滇西中国远征军的将领们在滇缅边境前线会面了

在中缅边境上，会师后的中美两国军队举行两国升旗典礼。（此照片由台湾秦风先生提供）

芒友，企图会合原来驻守芒友的日军固守下去。新 38 师不等新 30 师在老龙山地区得手，即以第 114 团向南巴卡快速突进，切断了芒友日军的退路。新 38 师主力则沿公路南下，于 1 月 24 日向芒友发动猛烈攻击。经四日激战，我军一举攻克芒友，与攻克畹町后继续向前挺进的滇西中国远征军第 53 军胜利会师。这标志着中印公路至此全线打通。

当新 38 师攻击芒友之际，新 30 师也在老龙山地区与日军连日激战，歼敌一部。向南巴卡突进的新 38 师 114 团前进至康梭，包围了退守老龙山地区的日军第 56 师团残部。

1 月 28 日，日军第 2 师团 4 联队附战车八辆、重炮四门前来救援，与日军第 56 师团残部夹击第 114 团。该团官兵奋勇应战，与敌血战一昼夜，阵地寸土未失。新 38 师主力闻讯由芒（友）南（巴卡）公路迅速南下驰援，双方激战五日，日军大败，且伤亡惨重，敌第 56 师团长松山佑三中将率少数残兵败将向南落荒而逃，我军于 2 月 8 日占领南巴卡。

中印公路打通后，滇西中国远征军循来路回国，中国驻印军为进一步扩张战果，确保滇缅国际交通线的安全，奉命继续掉头向缅中挺进。中国驻印军和盟军的部署是，西路第 36 英印师由卡萨南下，沿伊洛瓦底江东岸，攻取蒙米特；中路新 1 军 50 师由西于沿旧滇缅路以西的丛林地带，经南渡、细包，直取乔梅；东路新 1 军主力新 38 师、新 30 师由南巴卡、芒友循旧滇缅路向腊戍挺进。三路大军浩浩荡荡，以泰山压顶之势向日军压去。英军第 33 集团军也乘虚渡过更的宛河，向东出击，驱逐密支那曼德勒铁路沿线的日军，轻取温佐，即沿铁道走廊向瑞波前进，积极策应中国驻印军方面的作战。

在一年多的时间里，缅北日军屡遭毁灭性的打击，除第 2 师团 4 联队等部还保存着大部兵力以外，其他多是各师团的残部，且军心动摇。日本缅甸派遣军司令官河边正三将这些残兵败将纠集在一起，重新补充了一些兵员和装备，让他们固守缅北战略重镇腊戍及附近各要点，力图将我军阻击在曼德勒以北地区，以争取时间掩护缅中日军向南撤退。因此在这以后，缅北对日作战的主攻方向在东路，犹以新 1 军主力新 38 师、新 30 师

1945 年 3 月 8 日，中国驻印军副总指挥郑洞国将军（左二）、美军约翰·威利准将（左三）、威利斯·塔克上校（右一）与从中国国内到缅甸前线劳军的于斌大主教（左一）合影。（美军通讯兵照片，源自美国国家档案馆，晏欢先生提供）

的攻击作战最为艰苦、激烈。

东路新 1 军主力的作战部署是，以新 30 师主力由南巴卡沿公路及其西侧地区向新维进攻；另以新 38 师 112 团自公路东侧经曼文一带高地，向新维方向挺进，掩护军主力左侧安全。

新维位于南杜河北岸，是旧滇缅路上的军事重镇，也是腊戍以北的重要支撑点。其地势狭长，周围高山耸立，十分险峻。新 1 军根据攻击南坎的成功经验，决定先拔除新维外围据点，在集中优势兵力一举夺取新维。

新 30 师主力自 2 月 8 日起，不断排除日军的小规模抵抗，沿公路节节前进，于 14 日占领新维外围重要据点贵街，接着又乘胜南进，次日进抵约温。我公路两侧部队也相继攻占曼爱、曼文各东西之线，随后渡过南图河，攻占洛班和西乌。2月18日，公路东侧第112团由西乌西进，击溃日军抵抗，前进至新维南郊。正面新30师主力乘敌人恐慌，向据险死守的日军发动猛烈攻击。日军在我强大炮火轰击和步兵波浪式的冲击下，死伤惨重，阵地开始动摇。新维城内日军见势不妙，不惜孤注一掷，拼凑了两个中队的日军，在大炮和战车掩护下，向我攻击部队疯狂反扑。我军沉着应战，以炽盛火力迎头痛击，击毁日军战车八辆，毙敌甚众，敌人被迫溃退。新30师不失时机地发动总攻，于20日晨突入城内，经几小时激烈巷战，力克新维。

新维即下，东路新1军主力将下一个攻击目标指向腊戍。新38师主力在战车营支持下，沿公路南下，担任主攻；新38师113团和新30师88团分别沿公路西、东两侧前进，掩护主力两翼安全。

新维至腊戍，不过三十余英里，但都是绵延不绝的山地，正面非常狭小，易守难攻。紧急增援上来的日军第56师团搜索兵联队，前出新维以南，担任闹亨南北之线防御，第56师团146联队，加上炮兵一个大队和战车队，配置于腊戍，形成纵深配备。日军还利用新维至腊戍间的险峻地势，构筑坚固工事和各种障碍物，并埋设地雷，打算长时间地阻滞我军的进攻。

2月23日，新1军主力分三路纵队向前推进。正面新38师主力经激战攻占闹亨，随后在战车和重炮支持下，逐一摧毁日军阵地，又相继攻占那修和芒利。两翼部队也占领了卡康姆、南道、曼提姆、汉杜等地。日军第56师团搜索兵联队、168联队等部损失惨重，阵地也被我军摧毁，纷纷退守腊戍。

腊戍分新、旧两城，新腊戍建在海拔一千米的山顶，老腊戍则位于新腊戍东北的山脚下，火车站在老腊戍正面，三者以公路相连。由于新腊戍可以居高瞰制老腊戍和火车站，所以成为日军的防御重点。

3月2日，我正面攻击部队占领了朋朗、温他，次日又占领了曼坡，将腊戍外围的据点全部拔除，乘胜直逼南育河畔。5日晚，第112团由左翼偷渡南育河，向西突进，攻抵老腊戍附近。我两翼部队也先后渡过南育河，对腊戍形成包围态势，随后向老腊戍、火车站、飞机场等处发起猛攻。战斗仅持续了一昼夜，我军便将上述阵地完全占领了，残余的日军仓皇逃往新腊戍，与第 146 联队会合，再作困兽之斗。

3 月 7 日晨，新 1 军对新腊戍发动总攻。我强大炮兵群向日军各主要阵地猛烈轰击，战车营继之出动三十余辆战车为先导，掩护步兵直扑新腊戍。起初日军凭借坚固工事，以稠密火网制压我军步兵冲击，使我军一度进展困难。在战斗关键时刻，战车营发挥了重要作用。我几十辆战车率先突入敌阵，纵横驰骋，如入无人之境，将敌人的堡垒和火力点逐一摧毁。日军气急败坏，集中各种火炮向我战车轰击，但立即遭到我军炮兵的猛烈还击，很快将敌人的炮火压制了下去。我军步兵乘势突入，当晚第 112 团就占领了新腊戍半个市区。

左翼第 88 团与右翼第 113 团也向日军发动钳形攻势，锐不可当，日军死伤枕藉、抵抗逐渐衰微。至次日晨八时，我军经彻夜激战，将守敌大部歼灭，彻底控制了滇缅路上的战略重镇——腊戍。

攻克腊戍后，新 1 军主力左右席卷，以新 30 师和新 38 师各一部分别追击向猛岩和细包逃窜之敌。3 月 24 日，新 38 师与第 50 师会师于细包，新 30 师也于 3 月 27 日攻占猛岩。

1945 年 4 月 18 日，中国驻印军总指挥索尔登将军在向新 1 军将士授勋仪式上讲活，索尔登将军身后第二人为副总指挥郑洞国将军。（美军通讯兵照片，源自美国国家档案馆，晏欢先生提供）

中国驻印军攻克缅北战略重镇腊戍，意义极为重要。因为控制了腊戍，并歼灭缅北日军主力大部，不仅保障了中印公路的安全，而且使我军主力可以直下曼德勒，策应缅中英军作战，这对促使驻缅日军的总崩溃作用很大。

当新 1 军主力向腊戍攻击时，西路第 36 英印师击溃伊洛瓦底江东岸少数日军的抵抗，不断向前挺进，顺利占领了猛米特，然后继续南下扫荡残敌，掩护中国驻印军西侧背安全。中国驻印军中央纵队第 50 师也渡过瑞丽江，挥师南下，一路击溃日军抵抗，势如破竹，于2月23日力克日军重兵防守的南渡，然后沿着南渡至西徐的公路展开追击，占领西徐，接着又分兵向东西扫荡。东路军与新38师会师于细包，西路军于3月30日攻占乔梅，与进抵乔梅以北的第36英印师会师，英军第33集团军也由伊洛瓦底江西岸派出部队前来与我军联络。

至此，乔梅以东，腊戍以西公路、铁路沿线附近的日军，溃不成军地分路向景东、棠吉方向撤退。历时近一年半的中国驻印军反攻缅北战役，终于以中国军队的彻底胜利宣告结束了！

中国驻印军十万雄师，肩负着祖国的重托，与美英盟军协力作战，战胜了极其恶劣的气候条件和异常险峻的地理环境，修筑了一条全长五百六十余公里的公路，并铺设了一条当时在世界上最长的输油管道，使抗日作战物资再度源源不断地输入中国内地，有力地支持了全国的抗日战争。

同时，中国驻印军和滇西中国远征军在盟军的支援下，全歼了日军精锐的第18师团和第56师团，重创了日军第2师团、第33师团，并歼灭了日军第49师团、第53师团各一部，前后毙伤日军十余万人，不仅狠狠打击了日本法西斯军队，也有力地牵制了日本缅甸方面军的预备队，为收复缅甸及配合盟军在太平洋战场作战，做出了重要的贡献。在整个中国抗日战争中，中国军队在国境线以外，与美英军队直接进行战役上的协同作战，这还是第一次，而且取得了最后胜利。所以，中国驻印军反攻缅北战役不仅是中国抗日战争的重要组成部分，对取得全世界反法西斯战争的胜利，也发挥了积极的作用。

郑洞国将军（前排左五）与出席国民党第六次代表会议的中国驻印军、中国远征军部分代表在昆明合影。（照片由晏欢先生提供）

1945年，世界反法西斯战争进入了最后阶段。5 月 2 日，苏联红军攻克柏林，与美英军队会师于易北河，纳粹德国宣布无条件投降。在亚洲和太平洋战场上，日本法西斯军队连遭败绩，其逞凶一时的海空军和部分陆军被美英盟军消灭殆尽，占其总兵力 60% 以上的侵华军队也在中国愈陷愈深，战局日蹙。

进入 5 月份以后，侵华日军被迫开始从湖南、广西等省及湘桂路、粤汉路撤退，中国军队于正面战场乘胜节节进击，相继收复南宁、柳州、桂林、福州等重要城市，以及湖南、广西、福建、浙江、江西等省的广大地区。长期坚持敌后艰苦抗战的八路军、新四军和其他抗日武装，也积极向日寇发动局部反攻，收复了成片的国土。

郑洞国将军（前排右四）与中国远征军、中国驻印军出席中国国民党第六次代表大会的代表们合影。在这次代表大会上，郑洞国将军当选为中央候补执行委员。（此照片由晏欢先生提供）

在抗战胜利前夕，中国国民党决定在重庆召开第六次全国代表大会。作为这次大会的代表，祖父先于4月中旬奉召由八莫乘车，沿中印公路回国参加会议。

祖父一行人先到昆明，受到了昆明各界的热情款待。休息几天后，再换乘飞机去重庆，再次受到了意想不到的热烈欢迎。冯玉祥先生亲自主持了有重庆各界代表参加的盛大仪式，庆祝缅北反攻战役取得伟大胜利，并欢迎祖父回到重庆。蒋介石、何应钦等也分别召见并设宴款待，对中国驻印军在缅北的英勇作战和祖父在这一期间的表现，给予高度的评价。中国驻印军的许多将士，都被授予军功章，祖父和孙立人、廖耀湘三人，被授予"青天白日勋章"。

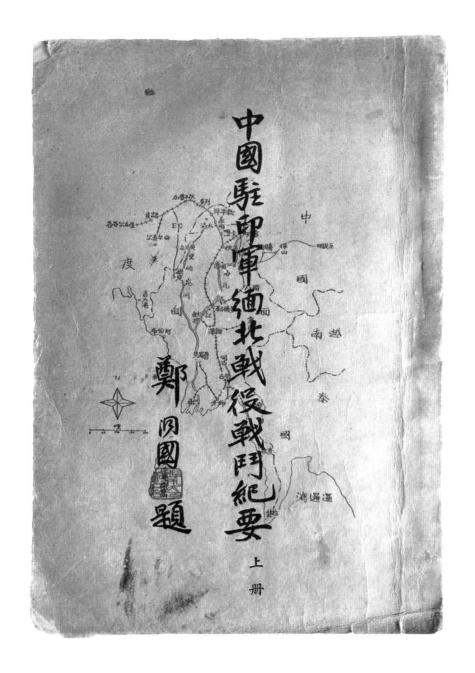

由郑洞国将军题写书名的《中国驻印军缅北战役战斗纪要（上册）》（现由作者收藏）

1945年6月30日，中美将领们摄于昆明。前排左起梁华盛将军、郑洞国将军、艾默里克·库挈科准将、杜聿明将军。后排左二为赵家骧将军、左三为邱清泉将军、右四为李弥将军。

在重庆期间，祖父经常应邀出席讲演会、座谈会，介绍缅北反攻战役情况，听众甚为踊跃，重庆许多报章也纷纷载文称颂中国驻印军和滇西中国远征军的辉煌战果。大后方的人民坚信，中国军队在缅北、滇西取得的胜利，是全国抗战胜利的先声，最后胜利的日子就要到来了！

1945年5月5日至21日，中国国民党召开第六次全国代表大会。祖父在这次大会上，当选为候补中央执行委员。不过，祖父作为职业军人，对官场政治丝毫不感兴趣，因此从不参加国民党的党务工作。

幸运的是，作者收藏了一本由祖父题签的《中国驻印军缅北战役战斗纪要》（上册）。

这部作战纪要比较详尽地记叙了中国驻印军反攻缅北过程中所经历的胡康谷地战役、孟拱谷地战役、密支那围歼战等战役的具体作战部署和作战过程，具有极高的军事史料价值。祖父原有的一册被中国军事博物馆收

1945年4月15日，中美两国将领悼念罗斯福总统逝世。前排左起：中国陆军总司令何应钦、美国第14航空队司令官陈纳德、云南省政府主席龙云、美军在华作战司令官罗伯特·麦克鲁、中国远征军副总司令黄琪翔、中国战区后勤供应总部主任吉尔伯特·西瓦斯、中国第5集团军司令官杜聿明等。（此照片由晏欢先生提供）

藏，我们手头的这一册是时任中国驻印军驻印度加尔各答办事处主任的作者外公焦实斋先生后来赐赠的。

可惜的是，我们始终没有发现这部作战纪要的下册。也许由于抗战胜利前夕，中国驻印军各部队先后奉调回国，总指挥部、副总指挥部旋即撤销，继续编撰这部作战纪要的工作也就无人问津了吧。

1945年4月15日，中美两国将领在昆明悼念美国罗斯福总统逝世。罗斯福先生作为美国战时总统，意志坚定而多有远见卓识，对促进美苏英中盟国间的战略合作贡献殊大，不仅是美国历史上杰出的领导人，也是闻名国际的世界反法西斯战争领袖人物，赢得了包括中国人民在内的全世界人民的广泛尊敬。

从 1942 年春中国远征军首次入缅作战，到 1943 年 10 月中国驻印军反攻缅北战役，先后有数万名抗日将士壮烈牺牲在异国他乡，其中大多数阵亡官兵至今还长眠在缅甸的崇山密林之中。一生不轻易将情感外露的祖父，晚年不知多少次动情地提到这些牺牲多年的战友和袍泽，心中充满无限的牵挂。2005 年，时任中共中央总书记的胡锦涛同志在纪念世界反法西斯战争暨中国人民抗日战争胜利六十周年的重要讲话中，客观评价了中国抗日战争正面战场的历史功勋和作用。2015 年，中共中央总书记习近平同志在纪念世界反法西斯战争暨中国人民抗日战争胜利七十周年大会上再次明确指出，无论正面战场，还是敌后战场，都是中国抗日战争的重要组成部分，均为取得中国抗日战争的最后胜利、赢得中华民族的独立和解放做出了重要贡献。近年来，又有许多反映中国军队远征印缅这一段史实的历史书籍和影视文学作品纷纷问世，引起社会的热烈关注。同时，政府有关部门和一些社会团体及志愿者，积极救助中国远征军、驻印军老兵，并陆续将一些当年在缅北阵亡的烈士遗骸迎回国内安葬。这些都说明历史和我们的人民，永远不会忘记抗日先烈们以及他们的功勋。由此，或可告慰那些可敬的英灵罢！

为了弘扬伟大的爱国主义精神，纪念中国远征军这段彪炳史册的历史功绩，缅怀云南人民为抗日战争付出的巨大牺牲和贡献，国家斥巨资在云南腾冲兴建了滇西抗战纪念馆。本书作者郑建邦、胡耀平夫妇有幸应邀出席了纪念馆揭幕仪式。

　　2012 年，在北京举行的纪念中国远征军入缅作战七十周年座谈会上，本书作者之一、郑洞国将军之孙、民革中央副主席郑建邦发表演讲。

　　2013 年 8 月，本书作者郑建邦夫妇（右二、右一）在出席滇西抗战纪念馆揭幕仪式后，与中国国民党副主席蒋孝严（左二）、中共云南省委统战部长黄毅（左一）在中国远征军碑廊合影。

2014 年春，民革中央副主席郑建邦（前排左七）在云南腾冲出席迎接中国驻印军烈士骨灰回国安葬的"忠魂归国"仪式。

国民党"六大"闭幕后，祖父重返昆明。这时新 1 军和驻印军各直属部队奉命陆续班师回国。新 1 军空运回国后，先集中于南宁，然后出击广州湾，拟配合友军收复广州。先期回国的新 6 军则部署于湖南芷江，准备参加湘、鄂等省的反攻作战。中国驻印军撤军工作结束后，中国驻印军总指挥部、副总指挥部随即撤销，祖父留在昆明待命。

1945 年 8 月，战争进程出人意料地大大加快了。在远东和太平洋战场，美军庞大的舰队不断向日本本土迫近。6 日和 9 日，美军又先后在日本广岛和长崎投掷了两颗原子弹。苏联政府也于 8 月 8 日正式对日宣战，百万苏联红军挥师进入中国东北，迅速击溃了日本关东军。日本天皇被迫于 8 月 10 日召开御前会议，决定接受中美英三国发表的《波茨坦公告》，宣布日本无条件投降。

重庆各界民众集会，热烈庆祝中国人民抗日战争胜利了。

　　8月15日，重庆广播电台播音员以激动颤抖的声音播放出日本战败投降的特大喜讯，整个中华大地顿时沸腾了！据祖父回忆，他都记不清有多少个日夜，重庆、昆明等大后方城镇沉浸在一片节日的狂欢中。大街小巷挤满了载歌载舞的人们，锣鼓声、鞭炮声、人们的欢呼声昼夜不息，震耳欲聋。连祖父这个久经战阵的军人也激动得辗转难眠、不能自持。祖父后来说，当年欢庆抗战胜利的日子，是他一生中最喜悦的时光之一。

抗战胜利后，就任国民党第三方面军副司令长官的郑洞国将军。(此照片由台湾"总政战部"原副主任陈兴国将军提供)

不多久，蒋介石电召祖父去重庆，打算委任他为自己侍从室的侍卫长。

侍卫长一职，是负责保卫蒋介石安全的警卫部队的最高军事长官，位置十分重要。在国民党高级将领中，觊觎这个职位的人可不在少数。蒋打算这样任用祖父，既是对他在印缅作战功勋的肯定，也体现了对祖父这个亲信学生的喜爱和信任。谁知祖父闻讯却千方百计地设法推托，让同僚们认为颇有些"不识抬举"。

其实，对蒋的用心，祖父当然清楚，心里也着实感激。不过祖父这个人一生极为自尊。他长期追随蒋介石，了解蒋在盛怒之下，辱骂、殴打身边属下之事常有之，因而担心以自己的性格，长期在性情暴戾的蒋介石身边工作会无法忍受。

昆明各界民众热烈庆祝抗战胜利

Millions of Chinese farmers and citizens swarm through Nanking Road during celebration.

General Chang Sih Chung, and General Cheng Tung Kuo, in foreground on the right, watching their troops line up to join China's biggest parade in eight years.

　　左图：抗战胜利后，上海市民万人空巷，欢迎国民党军队新 6 军等部队接收上海。右图：1945 年 10 月 10 日，抗战光复后的第一个"双十节"，国民党政府在上海举行盛大阅兵式，国民党第三方面军的两位副总司令郑洞国将军（主席台前右）和张雪中将军（主席台前左）准备检阅部队。（美国海军陆战队照片，源自美国国家档案馆，晏欢先生提供）

郑洞国（前排右二）与汤恩伯（前排中间）抗战胜利后摄于上海（此照片由李季平同志提供）

　　祖父就是这样一个人：他当时奉蒋为自己的领袖，绝对忠诚于蒋，可以为他出生入死在所不惜，但也始终十分珍视做人的尊严，为了确保自己的人格不能受损，宁愿舍弃其他的一切。这在当时的国民党官场，确实也是不多见的。

　　为了避免引起蒋的误会和猜疑，祖父思前想后，最终找到了黄埔军校一期的老同学李及兰。此人的连襟便是蒋介石侍从室主任钱大钧。以后，钱以祖父性情愚直，不善内卫事务为辞，委婉地向蒋介石说项，才使他打消了这个念头。

　　祖父又回到昆明，很快就接到就任国民党第三方面军副司令长官的委任令，随即与司令长官汤恩伯一起，前往设在柳州的方面军司令部就职。

　　祖父晚年回忆，他就任第三方面军副司令长官，很可能是汤恩伯的主意。一来祖父曾几度是汤氏部下，二来汤氏也想借助祖父的声誉和影响，

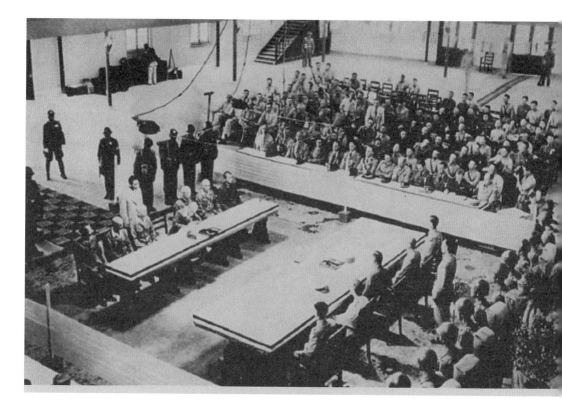

1945年9月9日，在南京举行的中国战区日本军队投降签字仪式。郑洞国将军参加并亲眼目睹了中国近代历史上这庄严的一刻。

将新1军、新6军这两支抗日铁军延揽到自己麾下。

这时第三方面军奉命接收上海、南京等地，祖父又兼任了京沪警备副司令，与第三方面军另一位副司令长官张雪中将军一起，于8月下旬首先率军开入上海。上海市民万人空巷，从虹桥机场到设在外滩的第三方面军司令部，各界民众夹道欢迎，盛况空前。当时首先开入上海市区的部队是新6军。广大市民们目睹祖国经历了惨烈的十四年抗战之后，还拥有如此精强、威武的军队，无不欣喜万分！

9月2日，日本外相重光葵、参谋总长梅津美治郎分别代表日本政府和军部，在停泊于东京湾附近的美军"密苏里"号战列舰上，签署了投降书。

9月9日，中国战区日本军队投降签字仪式在南京举行。祖父当时正在南京，也有幸与汤恩伯、王懋功、李明扬等高级军政人员一道，参加并

日军投降签字仪式现场

1945年9月9日，在投降文本上签字后，日军冈村宁次一行神情沮丧地退出会场。

郑洞国将军与廖耀湘将军（右）摄于南京

抗战胜利后，郑洞国将军摄于上海武康路寓所后院。

郑洞国将军在上海武康路寓所庭院散步

郑洞国将军在上海武康路寓所闲坐

亲眼目睹了中国近代历史上这庄严的一幕。端坐在观礼台上的祖父，作为一名与日寇鏖战了八年以上的抗日军人，看到面色阴沉、神情沮丧的侵华日军最高指挥官冈村宁次大将等日方投降代表，规规矩矩地向何应钦将军等中国受降官员鞠躬致敬的情景，心中无限感慨。

南京受降，标志着中国人民最终取得了中国历史上最伟大的反侵略战争的彻底胜利。历时十四年的中国抗日战争，其战争时间之长，中国军民牺牲之巨大，是当时各反法西斯盟国所无法比拟的。我们正是以这样惨痛

郑洞国将军与夫人陈碧莲携内弟陈泽森之女摄于上海武康路寓所

的代价，换取了中华民族的独立和生存，同时也为赢得世界反法西斯战争的胜利，做出了伟大的历史性贡献。

祖父担任国民党第三方面军副总司令期间，始终处于半赋闲状态。原因很简单，汤恩伯将军将军中事务多交于长期追随他的陈大庆、张雪中两位将军，对祖父则以客卿待之。

性情恬淡的祖父对此倒毫无怨言，因为自从军以来，他四处征战，很少过上安定的家庭生活。所以只要没有公务，祖父乐得在家中与亲人团聚，或换上便装，外出与朋友及沪上一些文化名流应酬往还，日子过得倒也惬意。

第五章
卷入东北内战

国民党东北保安司令长官部为郑洞国将军举行欢迎酒会

祖父在上海的悠闲时光并没有持续多久，国共内战就爆发了。1946 年初，时任国民党东北保安司令长官部司令长官的杜聿明将军身染重病，不得不暂离东北。杜在北平入院手术前，向蒋介石力荐祖父到东北代理他的职务。

杜聿明将军这样做的原因，除了二人私交甚笃以外，主要原因还是认为祖父做事持重练达，打仗稳当有准，让他比较放心。另外，先后开入东北的国民党精锐部队新 1 军、新 6 军、第 52 军等部队的将领们，过去多是祖父的部属，也有利于协调指挥。

本来，祖父对打这场内战有着很深的忧虑。那时抗战刚刚结束，国家经济凋敝残破，人民生活困苦，亟需休养生息。况且，以祖父抗战前几次参加国民党军队"围剿"中共苏区的经验，明白共产党的军队也不好对付。当年红军只有区区数万之众，已搞得南京国民政府焦头烂额。抗战后共产党拥有了百万武装，如何能轻易被"剿灭"？但那时国民党内部，自

1946 年 4 月 22 日，国民党军队趁苏军撤出，正式进驻沈阳。（此照片由台湾秦风先生提供）

蒋介石以下，好战之声甚嚣尘上。这场最终让国民党政权丧尽人心，并失去在中国大陆政权的战争，终于势不可免，身为国民党高级将领的祖父，也身不由己地被卷入其中。

1946 年 3 月初，祖父前往东北锦州，就任国民党东北保安司令长官部副司令长官，并代理司令长官职务。

为了尽快接收东北，国民党当局一面加紧进行军事准备，一面积极与苏联方面进行交涉。蒋介石特委任其长子蒋经国为国民政府外交特派员，前往东北与苏方会谈。

这时国民党军队已经攻占山海关、锦州等地，继续大举进兵辽宁、热河广大地区，第 52 军 25 师也奉命进驻沈阳铁西区，随时准备从苏军手中

1946 年郑洞国将军在机场迎接外交特派员蒋经国

　　1945 年抗战胜利后，为实现向北发展的战略任务，中共中央派彭真、陈云、张闻天等率两万干部和十万大军挺进东北。图为东北民主联军开赴东北途中。

来中国东北调处内战的美国特使魏德迈将军（右二），与国民党东北行营主任熊式辉将军（右一）、东北保安司令长官部代司令长官郑洞国将军（左一）、第6军军长廖耀湘将军（左二）。

接收沈阳。

　　祖父一到东北，一面协助东北行营主任熊式辉将军，应对在东北调处国共军队的国共停战三人小组；一面积极部署军队，准备攻占北满、南满的各个重要城市。

　　1946年3月12日，苏军撤出沈阳，国民党第52军立即抢占该城，东北行营和保安司令长官部也随即由锦州移驻沈阳。此后，国民党军队以沈阳为中心，积极向沈阳以南、以东、以北地区展开进攻。至3月22日，第52军占领抚顺，新1军占领铁岭，新6军占领辽阳。在很短的时间内，沈阳外围的重要城市，除本溪外几乎全部被国民党军队所控制。

1946 年初夏，国民党新 6 军开进沈阳城内。（此照片由台湾秦风先生提供）

　　国民党军队在东北的一连串"胜利"，使熊式辉等国民党军政官员和前线各将领头脑开始发涨了，以为共产党军队不堪一击，东北全境指日可下。

　　祖父对此十分焦虑。他打仗向来谨慎，对对手的作战方式和风格也有一定了解，因此常以秀水河子战斗（1946 年 2 月 14 日，东北民主联军集中一师又一旅的兵力，在彰武、法库间的秀水河子，一举包围、歼灭了轻敌冒进的国民党第 13 军 89 师一个团。——作者注）为例，反复告诫前线将领们戒除"轻敌意识"，并提出稳妥指挥、谨慎作战的指导方针，还亲自到各部巡视，检查作战部署。不过，后来的事实证明，即使是祖父本人，对后来东北战局的严峻性，也是严重估计不足的。至于对国民党军队最终在东北的惨败，就更是始料不及了。

　　国民党军队进占沈阳后不久，蒋介石给熊式辉和祖父下达了一道密令，限他们于 4 月 2 日以前攻占北满战略重镇四平街。这时东北民主联军在沈阳东南的重要据点本溪集结着数万重兵，对沈阳构成严重威胁，熊式辉和祖父本来打算先解决掉本溪的麻烦，再集中兵力北上。现在蒋介石亲自下达了命令，自然不好违背，于是决定由另一位副司令长官梁华盛将军指挥新1军和第71军沿中长路北上，先行进攻四平街。稍后再派第52军军长赵公武将军指挥第52军25师和新6军14师，分别由抚顺、辽阳夹攻本溪。

北线新1军、第71军沿中长路两侧的进攻，一开始就遭到了东北民主联军的激烈抵抗，进展十分迟缓，直到4月初才占领昌图和法库。但国民党军队还没站稳脚跟，东北民主联军便集结了近两个纵队的兵力，在昌图以北地区突然发动了一次凌厉反击，一下子就击溃了国民党军队左翼第71军87师，连该师副师长、参谋长等都被生俘了。民主联军乘势扩大战果，接着便向正朝着四平街方向挺进的新1军新38师发动猛攻。该师猝不及防，顷刻间便被消灭了三个连，民主联军一直突入到新38师师部，趴在院墙上向内打枪，高呼"缴枪不杀！"祖父的老部下、新38师师长李鸿表现得还算沉稳，他亲自指挥师部人员拼死抵抗，又命令师特务连等部队发动逆袭，经过一番激战才将民主联军击退。

东北国民党军队刚在北线挨了打，南线又传来败报。4月7日前后，东北民主联军3纵、4纵将进攻本溪的新6军14师、第52军25师击溃，两个师损失不小，第52军副军长郑明新、第25师师长刘世懋和新6军14师一位副师长也负了伤。

经此两败，特别是连号称国民党五大主力之二的新1军、新6军都挨了打，才使东北国民党军队领教了东北民主联军的厉害，自榆锦战斗以来的骄狂之气顿时不翼而飞。那些天，熊式辉急得吃不下饭、睡不着觉，犹如热锅上的蚂蚁，当初那种志得意满的气势再也看不到了。

熊式辉和祖父意识到，他们现在没有足够的兵力在南北两线同时向东北民主联军进攻。经过计议，决定暂时放弃对本溪的进攻，集中兵力攻打四平街。同时，由于坐镇昌图指挥的梁华盛将军在新1军、第71军受挫时惊慌失措，曾一再向沈阳发电求援，熊式辉对其十分不满，决定要祖父

国民党军队进驻沈阳城后，东北保安司令长官部司令长官杜聿明（中）出席集会时的情景。（此照片由台湾秦风先生提供）

到前线把他替换下来。

顺便提一下，20世纪90年代，梁华盛将军某次从台湾来大陆北京参访时，我特地前往他下榻的酒店看望。那时他大概已有九十余岁年纪，精神尚健，走路却已步履蹒跚了。

梁老将军与祖父同为黄埔军校一期同学，见我这位故友后人去看他，显得格外高兴，滔滔不绝地说个不停，我几乎插不上什么话。但其谈话内容，多是吹嘘自己大半生的军旅生涯未尝有过败绩，还特别提到自己在东北战场上与共军作战所向披靡云云。我猛地想起小时候旁听到的一些杜聿明将军等与祖父交谈时对梁将军的评价，不由暗自发笑。

话归正传。

俟祖父赶到开原指挥所时，中长路正面的民主联军主力突然去向不明。祖父反复分析，估计民主联军很可能将主力转移到右翼，打击国民党军队左翼比较薄弱的第 71 军。于是命令新 1 军继续向四平街推进，并反复叮咛正由法库向八面城前进的第 71 军（欠第 88 师）务必谨慎小心，提防民主联军主力的突然袭击。为了指挥方便，祖父把指挥所也前移到了昌图。

新 1 军军长孙立人此时正前往英国受勋，并游历欧美，不在军中。所部自在昌图以北地区受挫后，士气不振，进攻畏首畏尾，行动不甚得力。祖父心中着急，亲到前线协调各兵种协同作战，指挥该军各师积极进攻。谁知中长路正面的战事刚有了一些进展，左翼第 71 军又出了大麻烦。

原来，第 71 军 87 师于 4 月 15 日在金家屯以北、大洼以南地区中了东北民主联军的埋伏。民主联军集中近十四个团的兵力，一口吃掉了第 87 师一个团，另外两个团也被击溃，师长黄炎仅以身免。前往救援的第 71 军 91 师一部也被击溃。

第 71 军的这次惨败让祖父大为恼火。说起来，该军在国民党军队中算是不错的部队，全军都是美械装备，战斗力也较强，抗战后期曾在滇西中国远征军序列中英勇作战，屡立功勋。不料初到东北，便遭两次大败，不能不让他心中沮丧。

第 71 军在大洼惨败时，该军军长陈明仁尚在沈阳，不在军中。蒋介石闻讯大怒，声言要查办他。祖父为此十分不安。因为这位性情倔强、颇具胆识的湖南籍将领，在国民党军队中素以骁勇善战著称，是不可多得的将才，祖父不愿失去这样一位得力助手。况且，祖父与陈明仁同为黄埔军校一期同学，平日交谊很好，也不忍见其因小过而受累。于是一面给蒋介石复电说明在大洼战斗发生前，陈明仁已在返部途中，一面让他星夜赶回部队。

陈明仁返回第 71 军后，努力振作，重新整饬了士气低落、人心浮动的部队，于 4 月 25 日攻下八面城，与从中长路正面攻击四平街的新 1 军遥相呼应，形成侧击之势。

四平街是当时国民党辽北省省会所在地，位于中长、四洮、四梅铁路的交点，为东北的交通枢纽，和工业、军事重镇。四平街东北郊山峦重叠，西南郊河流纵横，形势险要，历来是兵家必争的战略要地。这时，东北民主联军已接连控制了北满的长春、哈尔滨、齐齐哈尔三大城市，为了在北满建立起巩固的根据地，提出要把四平街变成东方的马德里，集结了主力十四个师（旅）防守四平街，组成一条东西蜿蜒百余华里的防线，做好了与国民党军队决战的准备。

在中长路前线作战的国民党军队有新1军和第71军，外加新增援上来的第52军195师，兵力与防守四平街的民主联军大体相等，但装备、火力则远胜于民主联军。祖父认为，要击败北满民主联军，攻占长春、永吉，四平街势在必争。北满的国民党军队虽在昌图以北地区遭受到两次挫败，但主力没有受到致命损伤，以现有兵力尚可一战。况且民主联军不惜采用打阵地战的方式死守四平街，正好可以发挥新1军等部队装备精良、火力强盛的优势。所以决定按原作战计划强攻四平街。

可是仗一打起来，情况并不如祖父所愿。

担任主攻的新1军50师猛攻四平街多日，战况虽然非常激烈，却几乎毫无进展。其间该师有两个连一度突入市区，因前线指挥官没有及时策应，结果很快被反扑上来的民主联军全部歼灭。民主联军部队在新1军的强大炮火轰击和步兵轮番攻击下，虽然伤亡很大，有的部队甚至成建制地损失掉了，但坚守的决心毫不动摇，哪怕阵地上只剩下一个人，也要战斗到底。反观进攻方的第50师，却再也看不到当年强攻密支那的雄姿了。面对坚守如山的民主联军，似乎既无办法，也无决心。无奈的祖父只好用新30师替换下疲惫不堪的第50师，继续进攻。谁知该师师长唐守治顾虑重重，所部行动迟缓，表现更加糟糕。

急于将功补过的第71军军长陈明仁，这时表现得倒是十分积极。他见民主联军主力被吸引到四平街正面，督率所部迅猛冲击，很快占领了旧四平。新1军新38师也突击到四平街西北附近。祖父觉得这是打下四平街的最好时机，便亲自赶到四平街前线指挥督战。但防守四平街正面的民主联军已增至一个纵队兵力，并加强了防御工事，新30师又打了几天，除了增加了一些伤亡，全线没有取得多大进展，战事演成胶着状态。

祖父正在焦虑不安的时候，刚刚在北平动了手术的杜聿明将军，拖着尚未痊愈的病体，匆匆赶到了北满前线视察。望着满面病容、虚弱不堪的老友上司，祖父顾不上寒暄，便好意劝道：

"光亭兄（杜聿明表字光亭——作者注），你病还没好，怎么跑到前线了？还是赶快回到沈阳休息吧，这里有我呢！"

杜一脸苦笑："桂庭兄（祖父表字桂庭——作者注），你还不了解我吗？当初是我在委座身边力主收复东北的，现在仗要是打不好，我怎么向老头子（指蒋介石——作者注）交代呢！"

两人经过一番计议，觉得以四平街战事现状，不增加新的兵力，很难打开僵局，但南满民主联军主力现在集结在本溪，对沈阳威胁极大，使沈阳附近的国民党军队无法向北满移动。倒不如先集中南满兵力打下本溪，确保沈阳门户的安全，再抽调一个军以上的兵力北上，支持四平街方面的战斗较为妥当。两人还商定，由杜坐镇沈阳，全面指挥指挥中长路方面的作战，祖父则以"前敌总指挥"的身份，继续留在前线，负责具体的指挥、协调和督战。

为了确保这次行动的隐蔽性，杜聿明将军让东北的国民党宣传机构大肆报道他到四平街前线视察的消息，暗地里却密令驻在辽阳的新6军和驻在抚顺的第52军主力，突然于4月29日晨向本溪进攻。南满民主联军进行几天的激烈抵抗后，由于伤亡过大，被迫撤退了，国民党军队终于占领了本溪及附近地区。

可能是为了策应本溪方面的战斗，东北民主联军也抽调了两个纵队，由西丰南下，直逼国民党军队在中长路后方的联络线，驻防于开原、铁岭的第60军182师等部队连连告急。杜聿明急调第52军195师和第71军88师星夜开往开原和铁岭，算是勉强稳住了局面。后来国民党军队顺利攻下本溪，杜才从容调动新6军及青年军207师，转运到中长路开原附近集结，部署对四平街的战略攻势。

就这样，国共两党的几十万大军云集中长路，开始了东北内战以来最大规模的一次正面大搏杀。

1946 年 5 月中旬，东北国民党军队以击破四平街民主联军主力，一举收复长春、永吉为目标，分三个集团向四平街民主联军再度发动大规模攻势：左翼兵团第 71 军主力两个师向四平街以西进攻，造成民主联军侧翼威胁；中央兵团新 1 军三个师继续担任正面强攻；作为战役攻击重点的右翼新 6 军等五个师，则向四平街以东实施迂回突击。

5 月 14 日夜，国民党军队右翼兵团在威远堡门附近遭到民主联军主力部队的猛烈攻击。双方彻夜大战，拂晓前民主联军因战事不利主动撤退了。

天亮后，新 6 军新 22 师 65 团从阵亡的民主联军士兵服装上意外发现，与该团激战一夜的民主联军，竟有整整一个纵队的番号。这个情况让十天前刚刚攻下本溪的新 6 军军长廖耀湘志得意满，更加骄横起来了。廖指挥的新 6 军似乎发了疯，紧接着一气连下西丰、平岗，突破了民主联军在四平街外围的重要防线，随后于 5 月 18 日对坚守四平街东南塔子山的民主联军部队实施三面猛攻。守塔子山的民主联军部队顽强死战，与国民党军队反复拉锯式争夺，最后几乎伤亡殆尽，这处极为重要的制高点还是失守了。国民党军队右翼兵团第 52 军 195 师也于当晚攻占了哈福屯，并进出于老爷岭。

这样一来，防守四平街的民主联军主力后路被包抄了，陷于三路国民党军队的合围之中，形势极为危殆。5 月 18 日夜，东北民主联军司令员林彪当机立断，命令防守四平街的民主联军主力主动弃城，迅速四散撤退。次日，新 1 军冲入四平街市区，民主联军早已人去城空。历时一个月的第一次四平街会战，至此算是尘埃落定了。

东北国民党军队攻占四平街后，蒋介石为了缓和一下国内外对他悍然发动内战的指责，同时也担心北满民主联军主力继续坚守长春，可能会再次形成像四平街战役那样的僵持局面，曾打算让军队就地休整，暂不北

第一次四平街会战后，中共东北局召开会议，检讨前一阶段军事行动得失，并作出了在东北解放区大规模开展土改运动的重要决定，中共从此在东北站稳了脚跟，为后来的胜利奠定了坚实的基础。从左至右：林彪、高岗、陈云、张闻天、吕正操。（此照片由台湾秦风先生提供）

进，并派副参谋总长白崇禧将军亲自赶到沈阳和祖父设在开原的前进指挥所视察。杜聿明和祖父从军事角度，担心一旦失去这个有利战机，东北战局将会前功尽弃，因而坚决反对蒋的意见。他们以攻占长春、永吉的作战命令已经下达，临时变更部署会使前线部队发生混乱为由，千方百计地试图说服白崇禧。但白只是沉默不语，不肯明确表态。这时前线陆续报告，各路大军追击顺利，没有遇到民主联军大规模的有力抵抗。杜还得意地告诉白崇禧，新6军有的炮兵用卡车拖着门炮，都在超越步兵大胆追击，现在右翼兵团已迂回到赫尔苏附近，正向公主岭前进，战场形势表明民主联军没有在长春与我决战的打算。白崇禧这才同意杜和祖父继续沿中长路两侧放手进攻。

5月22日，国民党右翼兵团新6军等部占领长春，接着又占领东丰、海龙和永吉、小丰满、桦甸等地；左翼兵团也占领了辽源和双山，直抵松花江南岸。中央兵团新1军前锋第50师也到达辽河南岸。

中共东北民主联军在东北广袤的白山黑水之间艰苦行军（此照片由台湾秦风先生提供）

蒋介石听到国民党军队占领了东北名城长春的战报，十分高兴，特于6月3日飞抵长春视察。

在长春，蒋介石向祖父和廖耀湘等几个将领，秘密通报了国民党当局即将与中共方面签署东北停战令的决定，要祖父等人抓紧在停战期间整训部队，调整部署。他还特别叮咛祖父等人，要严防中共方面"破坏停战"。似乎战争要打要停，均应操之在他蒋某人之手，别人要想谋得主动，便是"破坏和平"。

临行前，蒋介石还指着东北军用地图上拉法的位置，对祖父和廖耀湘说："拉法这个地方很重要，你们要派兵防守。"

拉法是永吉以东的一个铁路、公路交叉点，控制此处可以切断永吉至哈尔滨的铁路交通，军事作用的确很重要。但先前祖父考虑拉法地势低洼，无险可守，且与后方联络补给都不便，守军放多了不值得，放少了又很容易被民主联军消灭，所以没有派兵进驻。现在蒋这样明确指示

1946 年国民党军队占领长春后，东北保安司令长官部副司令长官郑洞国将军（右二）到长春向部队官兵训话。左一为新 6 军军长廖耀湘，右一为长春市市长尚传道。

了，祖父不得不命令第 71 军 88 师派出一个加强团前往驻防。不料该团到达拉法刚三天，便遭民主联军主力全歼，团长也被打死了。民主联军到底是仁义之师，特地将这个团长的尸体用棺材装殓好，派人给国民党军队送了过来。

从守备拉法这件事，也可看出蒋介石一贯的僵死、刻板的军事指挥风格。以后国民党政权在东北的彻底失败，也无不与战线拉长、被迫处处设防，军队失去军事机动和战略主动有关。

蒋介石离开长春不久，东北战场的停战令于 6 月 7 日生效。以后停战期限一再延长，东北战场基本上维持了四个多月的沉寂状态。

后来的历史进程表明，从国民党军队进兵东北，到占领长春、永吉，和稍后祖父率军攻略热河，尽管其间累有损失、挫败，但还算始终保持着战略进攻态势，不失为国民党政权在东北的全盛时期；1946 年 10 月中旬以后，东北国民党军队在南满重新挑起战火，东北民主联军则"三下江

国民党军队占领长春后，蒋介石到长春与各界人士座谈。后排左一座者为郑洞国将军。

南""四保临江"，交替使用南拉北打、北打南拉的机动战略战术，使国民党军队在广袤的白山黑水之间南奔北跑，疲于奔命，虽然也取得了诸如第二次四平街会战、德惠保卫战等胜利，在战略上却陷于穷于应付的境地，逐渐失去了军事主动权，直至最后彻底失败。

近年来读到不少两岸学者有关这一段历史的著述，颇有收获，但对某些问题的看法，也许还有讨论的空间。如有的台湾学者认为，当年国民党军队占领了长春、永吉后，没有乘胜越过松花江，北上攻略哈尔滨、齐齐哈尔等地，实在是军事上一大败笔，由此埋下了在东北乃至整个中国大陆最后失败的祸因，还说蒋介石到台湾后也曾为此懊悔不已。大陆的有关史料也披露，中共东北局和东北民主联军南满主力部队，当时在南满几乎失去了所有重要据点，不得不退守紧靠朝鲜的临江、蒙江、长白、抚松四个狭小偏僻的小县苦苦支撑；在北满的东北民主联军主力则被迫退守松花江以北，甚至做好了放弃哈尔滨和齐齐哈尔，继续退往靠近中苏边境的黑河等地的打算。这些表明，1946年春夏之间，确实是东北民主联军在整个东北内战期间最为困难的时期。

不过，我们始终认为，国共两党在东北的战争，是政治、经济和军事的综合较量。战争的最后胜负，很难单纯地由一两次军事斗争的得失来决定。

抗战胜利后，中共中央立即作出了"抢占东北，巩固华北，稳定华中"的战略决策，派出大批干部和八路军、新四军精锐部队十余万人抢先进入东北，赢得战争先机。反观国民党方面，虽然先后派遣新1军、新6军等精锐部队到东北作战，但主要精力还是经营以南京、上海为中心的长江中下游地区，对东北的重要战略地位估计得远远不够；再者，中共方面一在东北站住脚跟，便发动农民，实行土地革命，慢慢赢得了广大人民群众的坚决拥护。而国民党在东北，却几乎没有实行过能惠及人民的政策措施，有的倒是吏治腐败、贪污横行，一片乌烟瘴气，很快让东北人民对其丧失了信心；军事方面，中共武装历来有机动灵活的传统。民主联军进入东北后，从榆锦战斗之初的"放开大路，占领两厢"，到四平街的果断撤退，以及"三下江南""四保临江"，直至最后在辽沈战役中的锦州之战，无不力求取得最大的战略主动，体现出极高的军事智慧。而国民党军队则以攻城掠地为战争目标，结果占领的地方愈多，自己的包袱愈重，反而陷于被动，处处挨打，直到最后失败。

退一步讲，即使从第一次四平街战役后的军事情势上看，内部矛盾重重的北满国民党军队，能否长驱直入打过江北，也许还是个问题。这里我们不妨披露一点当时的战场秘闻：

国民党军队打下四平街后，分三路追击民主联军。左右两翼进展迅速，唯有中路新1军前进到公主岭以西地区后，便逡巡不前了。当时民主联军急于撤退，否则集中兵力打击一下国民党军队相对薄弱的左翼第71军，说不定还会取得一次局部胜利呢。要知道，杜聿明和祖父那时为此正急得团团转呢！

读者不禁要问，大胜之后的国民党军队怎么会出现这样低智商的问题？原因很简单，新1军军长孙立人闹情绪了。

孙从欧美游历归来，正赶上四平街战役进入尾声，他很想借攻占东北名城长春，让新1军再次名扬天下。一代名将打算再立新功，从一个职业军人的角度看，应是可以理解的。可是杜聿明将军却偏偏将占领长春的任务划给了新6军。

孙、杜二人在1942年春中国远征军入缅作战期间便已有隙。况且新1军、新6军之间，尽管在作战方面一向配合不错，但彼此之间，也还多少有些瑜亮情结。现在杜如此部署，孙便认定杜有意偏袒其第5军时期的老部下廖耀湘。于是这位才华横溢、却也颇具个性的王牌军将领使出小性子，以军队作战日久，亟需整补为由，竟让所部站住脚不动了。

祖父夹在杜、孙两位老友中间好生为难。杜见祖父劝说孙不成，亲自赶到祖父设在泉头的指挥所，一起去四平街前线催促孙立人迅速进兵。岂知三人见了面，孙仍旧百般推托，要求暂缓追击，说什么也不肯执行命令。杜聿明不禁勃然变色，威胁孙若抗命不遵，将以军法从事。孙立人虽未当面顶撞杜，以后也只是派少量部队应付一下，照样我行我素。

事情到此还没有结束。这时南满的东北民主联军为了牵制国民党军队北上，集中3纵三个师兵力，发起"鞍海战役"，向鞍山、海城、大石桥一带进攻。驻防这一线的，只有国民党第60军184师，兵力十分单薄。东北民主联军于5月25日攻克鞍山，全歼第184师一个团，随后南下海城，驻守海城的师长潘朔端纷电告急。

南满的战局这下骤然吃紧。当时蒋介石正在沈阳视察。鞍山一失，沈阳门户洞开，沈阳城中也没有什么正规部队，倘民主联军前来攻城，岂不连蒋的安全都成问题了？杜聿明情急之下，只得将在北满的新1军主力星夜调回，驰援海城，并相机收复鞍山。

杜料定孙立人不会痛快地执行他的命令，还特地为此去见了蒋介石。蒋满口允诺督促孙部迅速行动，谁知过了一夜，蒋又通知杜，已照准孙部休息三天，要184师死守待援。杜聿明听了叫苦不迭，却也无计可施。三

　　1946 年夏，时任东北保安司令部副司令长官、代司令长官的祖父郑洞国将军（右二）陪同东北保安司令长官部总顾问、东北中正大学教授兼教务长焦实斋先生夫妇（左四、左三）等游览沈阳北陵公园。

　　1946年夏，祖父郑洞国将军（前右二穿军装者），陪同焦实斋（前右一）等游览沈阳北陵公园。

国民党东北保安司令长官部副司令长官郑洞国将军（左二）在长春出席集会。左三为新6军军长廖耀湘将军，左四为长春市长尚传道先生。

天后，当新1军主力大张旗鼓地前往救援时，走投无路的潘朔端早已在海城宣布起义。民主联军随后主动撤出海城，继续南下攻占大石桥、营口，再歼第184师另一个团。

战场上将帅失和，历来为军事大忌，古今中外概莫能外。在东北内战期间，这个问题却始终像噩梦一样缠绕着国民党军队，后来这些又与东北撤守等重大战略分歧交织在一起，更将几十万国民党军队推向绝境。

1946年8月初，为了确保北宁路的安全，杜聿明又派祖父赶到锦州设立指挥所，指挥国民党第13军、第93军、第71军91师，和一些地方保安部队，扫荡热河境内的民主联军。

起初，祖父还担心停战期间在热河采取大规模军事行动，会引起社会舆论的非议。杜聿明不以为然地笑笑说："桂庭兄不必多虑，停战仅限于东北地区，热河本不属于调处范围，共产党奈何不了我们。况且共军李运昌部五万人正在那一带积极活动，对我北宁路威胁极大，必须迅速消灭，否则后患无穷啊！"

祖父一到锦州，便按着杜聿明亲自拟定的作战部署，开始了军事行动。国民党军队的作战计划是，第13军及保安骑兵支队，先以一部兵力扫荡平泉以东、锦州古北口铁路以北地区的民主联军，再以主力一举攻略承德，相继占领隆化、围场等重要据点；第93军主力先肃清凌源、绥中公路以东地区的小股民主联军，再集结于朝阳附近，接替朝阳地区第13军的防务，并向赤峰方向警戒，掩护第13军侧背。等待第13军攻克承德后，再相机向建平、赤峰进出，进而控制热河全省。

在东北战场上，祖父大大领教了东北民主联军集中兵力、寻机歼敌的机动灵活战术，深怕部队稍一分散便被吃掉，因而在整个热河地区作战期间，都注意相对集中地使用兵力，并加强各部队之间的通讯联络，还特别要求各部在作战中务必互相呼应，彼此救援，避免被解放军各个击破。

热河的解放军在强敌面前，不计较一城一池的得失，既不事强攻死守，兵力集散又十分灵活，善于避强击弱，因此除了8月下旬第13军与晋察冀解放军第1纵队在承德附近发生一场激战，以及9月初第93军在建平附近的华子里沟，与解放军一支七千人的主力部队曾发生大规模的激战以外，双方主力没有进行决战。所以祖父得以顺利结束了在热河的作战任务。事实上，由于热河解放军只是相机撤退，实力并未受损，因此国民党在北宁路的安全，也只是暂时缓解罢了。

东北战场经历了四个多月的停战以后，整个形势和国共两党的力量对比悄然发生了显著变化。中共方面在解放区积极肃清匪患，发动土改，深受广大农民群众拥护，军事力量也大大增强。国统区内却充斥着贪污、受贿、倾扎、欺诈等丑恶现象，人民的生活每况愈下，让人民群众逐渐失去了对国民党政权的信心。当时东北国统区流传着这样的歌谣："想中央，盼中央，中央来了更遭殃。"国民党军队中的腐败情况也愈来愈严重，连号称"王牌军"的新6军，在长春驻防期间也时有违纪事件发生，杜聿明为了平息社会舆论非议，只好将该部与驻防于鞍山、海城的新1军对调。

1946 年 10 月，被东北民主联军俘获的国民党军第 25 师师长李正谊、段培德等。

　　东北局势的发展让熊式辉、杜聿明和祖父等人忧心忡忡，但他们还是幻想凭借国民党强大的武装力量，打垮共产党军队，进而夺取整个东北。为此，杜聿明经与祖父等反复商议，拟定了一个"先南后北，南攻北守"的作战方针，其主旨是：先集中兵力进攻南满，消灭力量相对弱小的南满民主联军，解除后顾之忧后，再全力进攻北满民主联军。

　　1946 年 10 月 19 日，杜聿明坐镇沈阳，指挥新 6 军、第 52 军、第 71 军共八个师部队，分三路向南满进攻。沉寂了四个多月的战火，又重新在东北大地上燃烧起来了。

　　在南满的民主联军主力 3 纵、4 纵和两个独立师且战且退，诱敌深入。国民党军队不知是计，继续分路突进。10 月 31 日，民主联军 4 纵以迅猛的动作，将轻敌冒进第 52 军 25 师合围于本溪东南的宽甸新开岭地区。该

1946 年 6 月，国民党新 1 军征用大量民夫，加紧巩固长春城防。（此照片由台湾秦风先生提供）

师措手不及，只能仓促抵抗。因孤军无援，经三天激战后，终于遭到全歼，师长李正谊以下六千五百人被俘。

败报传到沈阳，熊式辉和祖父等人极为震惊，杜聿明更是大发雷霆。第 52 军是国民党的一支战斗力很强的老牌嫡系部队，抗战期间更是功勋卓著。杜和祖父自北伐时期起就在该军服役，杜还担任过第 25 师的副师长，现在一个整师的全美械的部队，居然被民主联军一举歼灭，确令杜和祖父等痛心不已。

在南满的国民党军队经过整顿继续进攻，一直将民主联军主力向长白山方向压缩。12 月底，国民党新 6 军、第 71 军正与民主联军 3 纵、4 纵一部和两个独立师，在通化、辑安一线激烈交战，民主联军 4 纵主力突然跃到国民党军队后方，直插安东、沈阳铁路两侧，十余日内横扫二百余里，连续攻克国民党军队大小据点二十余处，搅得南满天翻地覆。杜聿明措手不及，急调新 6 军 22 师和第 71 军 91 师往援。南满民主联军主力乘机向通化、辑安两侧的第 52 军 195 师展开反击。几天激战下来，第 195 师伤亡惨重，被迫败退，国民党军队的第一次进攻临江战役随之瓦解。

当国民党军队重兵进犯临江的时候，北满民主联军采取"南打北拉"的作战方针，于 1947 年 1 月 5 日，出动 1 纵、2 纵、6 纵和三个独立师，沿中长路两侧渡松花江南下，先后歼灭新 1 军两个团，直逼长春、永吉，迫使南满的国民党军队向北增援，减轻了南满民主联军的压力。

心急如焚的杜聿明不甘失败，抽调新 6 军、第 52 军主力共四个师，于 1 月 30 日在通化以东分三路再犯临江。第 52 军 195 师刚刚抵达通化以北高丽城子附近时，突遇民主联军 3 纵、4 纵一部，爆发激烈战斗，该师孤军难支，被迫溃退。随后连号称"虎师"的新 22 师也打了败仗，无力再进，第二次进攻临江又告失败。

十几天后，杜聿明又集中第 52 军、第 71 军等部五个师兵力，分三路进攻临江。南满民主联军以两个师的兵力在老爷岭、四道江等地据险阻击，另以 4 纵主力和独立师向国民党军队侧后迂回包抄，击败各路敌军，国民党军队第三次进攻临江再告败绩。

2 月 21 日，北满民主联军趁杜聿明南顾不暇，集中 1 纵、2 纵、6 纵及独立师部队共十二个师的兵力，二下江南，以迅猛的动作突然包围了九台程子街，进逼九台、农安。驻守程子街的新 1 军新 30 师 89 团猝然应战，很快被消灭，九台、农安也相继失守，民主联军乘胜进兵包围了德惠。

驻守长春和德惠的新 1 军连电向沈阳告急，杜聿明闻报大惊，一面严令德惠守军拼力死守，一面不得不把进攻临江的第 71 军 91 师调回四平街，同时抽调第 71 军主力 87 师、88 师及几个保安支队，号称四个师的兵力虚张声势地驰援德惠。这时民主联军攻城甚急。防守德惠的新 1 军 50 师主力在师长潘裕昆指挥下，依靠坚固的"城寨堡垒"式防御工事奋力死守，使担任攻坚的民主联军 6 纵蒙受很大损失，攻击一再受挫。双方大战三天后，孙立人率新 1 军援兵和远道驰援的第 71 军即将赶到，民主联军主动撤围向江北退去。

杜聿明为了鼓舞士气，趁机大造舆论："德惠大捷，歼灭共军十万！"谁知最先受此欺骗的居然是蒋介石，他真以为北满民主联军已经溃不成军了，竟直接命令正在追击中的新1军和第71军渡松花江追击。杜聿明知道了这个消息万分紧张，急电孙立人和陈明仁立即撤回原防。岂料孙、陈二将杀得性起，哪里肯服从命令？杜聿明只得亲自赶到德惠，言明真相，才将二人当面劝止。

但民主联军已经摸清了国民党军队的底细，于3月8日向冒险过江的国民党保安部队发起反击，这些乌合之众如何抵挡得住，马上鼠窜逃回江南。北满民主联军主力趁机三下江南，向德惠以南迂回，企图包抄第71军退路。恰在此时，杜聿明带着几卡车卫队从德惠赶回长春布防，途中与大批由东向西挺进的民主联军主力遭遇，立即爆发激烈战斗。民主联军也不知道现在迎面撞上的，竟是国民党军队在东北的最高军事指挥官，所以仅以一部兵力包围杜的车队，其余部队继续向前挺进。杜聿明亲自指挥卫队与民主联军苦战良久，才冒险冲了出来。

惊魂未定的杜聿明一到长春，即匆忙在城内布防，担心民主联军前来攻城。当时新1军撤进德惠城内，第71军匆忙退入农安县城，长春城内只有少数新1军留守部队和地方保安部队驻防，杜只好急调新6军和第13军主力，火速开到长春应付危局。只是民主联军当时正忙于包围农安，企图围歼第71军，来不及攻击长春，杜才又逃过一劫。

新6军和第13军主力还未赶到北满，北满民主联军就将中长路四平长春段、长春德惠段，以及长春吉林段等铁路严重破坏，然后撤去农安之围，于3月16日主动退回江北。

杜聿明还没有来得及松口气，南满民主联军又采取"北打南拉"的战术，趁国民党在南满兵力空虚，向梅河口、海龙、新宾、柳河等重要据点全面进攻，截断通化与沈阳的交通线，并以主力包围了驻扎在通化的第52军195师。

这一连串的战场变局，让杜聿明心力交瘁，终于旧病复发，躺倒在病床上。祖父只好披挂上阵，指挥又从北满调回的新6军和第13军主力，

东北内战期间，国民党东北保安司令长官部副司令长官郑洞国将军（中）与新6军军长廖耀湘将军（右）、第71军军长陈明仁（左）合影。

第四次进攻临江，以解通化之围。

3月底，祖父指挥新6军主力，沿抚顺营盘至通化的公路攻击前进，一路排除民主联军的抵抗，于4月初打到通化附近，通化守军见援兵开到，立即出击，民主联军主动撤围而去。但在新6军左侧山区中前进的第13军89师，却被民主联军3纵及4纵一部在通化西北地区包围歼灭。活跃在国民党军队后方的民主联军4纵主力，又将驻守新宾的第52军2师一个团歼灭。一向处事谨慎的祖父见势不妙，不敢再轻率进攻，只好下令将进攻临江的军队撤回来了。

从1946年12月下旬至1947年4月上旬，东北国民党军队四次进攻临江，却接连损兵折将，都遭到惨败，实力大为削弱，其"先南后北，南攻北守"的作战方针彻底破产了。此后，国民党军队再也无力在东北向民主联军发动大规模战略进攻，而东北民主联军则由此从战略防御转入战略进攻。整个东北的军事形势开始发生了根本性的变化。

东北国民党军队四次进攻临江都遭失败，损失惨重，兵力捉襟见肘。熊式辉和杜聿明担心北满民主联军再度南下时无法应对，于5月上旬派祖父去南京面见蒋介石，请求蒋向东北战场增调援军。以熊、杜之意，蒋最好能向东北战场增派两个军，至少要将原属东北战场作战序列的第53军，从华北第十一战区调回东北。

到了南京，祖父向蒋介石面陈了东北战场的严峻局势，郑重地提出增兵东北的请求。蒋听后非常不悦，很干脆地回绝了他的请求。祖父非常焦急，壮着胆子强调起东北战场的重要性。蒋耷着眉头打断他的话，申斥道："你只说东北重要，难道南京不重要吗？现在全国各个战场的兵力都不够用，我派不出军队去东北，一切要你们自己想办法！"见祖父垂首不语，蒋起身踱到室内的军用地图前，端详了半晌，继续说道："你回去告诉熊主任和杜长官，根据目前情况，我军在东北应采取'收缩兵力，重点防御，维持现状'的方针，将来再伺机出动。现在要增加兵力是绝对没有办法的。"祖父无奈，只好怏怏飞返东北。

祖父回到东北不久，熊式辉和杜聿明一直最担心的事情还是发生了。1947年5月中旬，东北民主联军在晋察冀解放军一部的配合下，发起了大规模的夏季攻势，分别从北满、南满、东满、西满和热河、冀东等六个方向向国民党军队进攻，其中南满、北满民主联军主力向长春、四平、吉林之间实施突击，力图打破南满、北满分割的局面。

5月15日，北满民主联军主力1纵、2纵和两个独立师渡江南下，于18日攻克长春外围重要据点怀德，继而分兵两路，一路北进长春，另一路南扑公主岭。

不久，长春市郊和机场附近发生激战，枪炮声在市区内清晰可闻，一时人心惶惶。在怀德被民主联军围攻的时候，第71军88师奉命由四平街

国民党第 71 军军长、四平街守将陈明仁

出援，不料在公主岭以北大黑林子地区中伏，全师覆没，师长韩增栋阵亡。这时陈明仁率所部第 87 师尾随第 88 师，刚行进至公主岭，就接到杜聿明紧急电话，才知大事不好，也顾不上接应第 88 师溃兵，匆忙撤往辽河南岸布防。陈部前脚离开公主岭，民主联军先头部队后脚就冲入市区，再迟一步，陈明仁恐怕也要做了民主联军的俘虏了。

5 月 20 日，东丰、西丰、西安（今辽源市）等地纷电告急，驻长春的美国领事馆也匆匆撤退。24 日至 29 日，民主联军又连续攻克康平、法库、昌图，从南北两个方向进逼四平街。

南满民主联军 3 纵、4 纵 10 师和独立师，也于 5 月 13 日对沈阳、吉林铁路中段的山城镇、草市发起攻击，歼灭国民党军队驻防草市的一个工兵团，还设伏击溃了前往增援的新 6 军新 22 师，缴获了一批重炮和装甲车。随后，南满民主联军沿梅河口、四平铁路向西进攻，连克东丰、西安等城，与北满民主联军主力会师。5月27日，4纵一部围攻梅河口，全歼守军第60军184师（原部在海城起义后重建者——作者注），师长陈开文被俘。

这期间，活跃在冀察热辽交界地区和冀东地区的解放军，也分别向锦承路和北宁路出击，积极牵制国民党军队。

东北战局急转直下，大大震动了在南京的蒋介石。他急忙于5月30日飞抵沈阳视察，并亲自主持了有熊式辉、杜聿明和祖父等人出席的高级军事会议。会议的结果，没有如熊、杜所愿向东北增兵，而是根据蒋的指示，进一步收缩兵力，陆续放弃安东、通化、赤峰等城市。这样，在东北的几十万国民党军队，仅控制着长春、永吉、四平街、沈阳、锦州等几个大城市和周围的小城镇，处境岌岌可危。

蒋介石刚离开沈阳，东北民主联军又给他送上了一份"大礼"。6月2日，民主联军主力猛攻开原，守军第71军54师抵敌不住，被迫弃城逃往铁岭。开原一失，中长路被切成两截，沈阳和四平街的联系顿告中断。熊式辉、杜聿明和祖父等闻讯万分焦虑。他们估计，民主联军下一步可能会对四平街发动大规模进攻。几人在杜的病床前进行了一番紧急磋商，决定抽调新6军主力新22师、第14师，分别从清原和辽南反攻开原。同时再次命令防守四平街的第71军军长陈明仁，加紧整补部队，加固工事，准备大战。

6月7日，新6军重新夺回开原。熊、杜二人还没来得及高兴，东北民主联军主力1纵全部，6纵、7纵各一部，辽热保安1旅、2旅，松江军区三个独立师和四个炮兵团共十余万人，已经完成了对四平街的外线包围。6月14日，民主联军从南、西、北三面对四平街发动了总攻。

四平街攻防战一开始就空前激烈。民主联军先以强大炮火在城西南角轰开一个大缺口，随后大批步兵突入，与守军展开激烈巷战。几天后，四平街铁西地区和第71军军部核心阵地的强固工事都被民主联军炮火粉碎，该军88师（被歼后重新整补成立着——作者注）和军直属特务团崩溃，连陈明仁的胞弟、特务团团长陈明信也被生俘。陈明仁被迫率军部退到铁东地区死守，一天数电向沈阳告急。

四平街命悬一线，让蒋介石大为震惊，这才同意将第53军调回东北，但严令杜聿明必须在6月30日前解四平街之围。

杜聿明躺在病榻上与祖父等连夜商议，最后决定由第53军先占领不久前被民主联军攻占的本溪，巩固沈阳门户，再集结大军驰援四平街。杜特别提议，攻打本溪和驰援四平街的军事行动，由祖父统一指挥。祖父开始不太情愿担这个风险。谁都知道，在如此严峻的局势下，这一仗可是千难万险。万一作战失利，很可能全军覆没。那样不仅自己身败名裂，连国民党在东北的这小半壁江山也要葬送了。但转念一想，杜聿明病得如此沉重，也实在不能再亲临前线指挥了。除了他，唯有自己最熟悉情况，各部也肯服从命令，的确是最合适的人选。为了"党国利益"，祖父略微推让了一下，便硬着头皮接受了任务。

6月17日前后，祖父亲自指挥第53军周福成部攻打本溪。经几天苦战，第53军总算重新夺占了本溪。祖父到本溪匆匆布防完毕，就转到铁岭，部署大军北上解四平街之围。

随祖父北上驰援四平街的国民党军队有新6军、第93军、第53军、第52军195师，以及总部直属重炮团、战车营等部队。为了隐蔽作战意图，祖父命令第53军暂驻本溪，等正面攻击部队打响后，再转到中长路方面作战。

由于民主联军善用"围城打援"的战术，让东北国民党军队多次吃了大亏。这次祖父汲取了教训，把战斗力最强的新6军，控制在开原以东及威远堡门南北之线，命令该军随着正面攻击部队的战斗进展，逐步向四平街以东地区推进，以此专门对付民主联军的打援部队。祖父亲自指挥第93军和总部重炮团、战车营，实施正面攻击作战。第52军195师为预备队，在第93军侧翼向八面城攻击前进。第53军为总预备队，准备由左翼迂回到四平街西北地区，侧击包围四平街的民主联军。

6月26日，第93军投入正面攻击，民主联军则凭借昌图附近地区的丘陵地带顽强抵抗，双方相持不下。

这时，民主联军果然祭出了看家法宝，集中大批主力部队，向担任战略掩护任务的新6军发起猛烈进攻。该军169师原由国民党交警总队改编而成，此时刚刚开到东北归入新6军建制，虽然装备精良、训练有素，但从未经历过如此排山倒海般的凶猛、残酷的进攻场面，一下子被民主联军打慑了，很快将负责防守的八棵树一线阵地差不多全部丢光，还有很大伤亡。

廖耀湘大为光火，严令该师限期夺回阵地。第169师师长是祖父过去的部下悍将郑庭笈，他在国民党军队中素以打仗不要命著称。此刻，郑摆出与民主联军拼命的架势，在空军和地面炮火的掩护下，发起凶猛反攻。经数小时空前惨烈的争夺战，民主联军伤亡殆尽，被迫撤退了。此后，新6军又在貂皮屯、威远堡门、莲花街、平岗等地与民主联军连日激战。

北上驰援四平街的国民党军队与民主联军激战犹酣之际，在四平街的陈明仁已危在旦夕。民主联军攻城部队占据铁西地区后，迅速突入铁东地区，与第71军87师、54师残部展开激烈的争夺战。民主联军惯于夜间攻击，守军则于白天在飞机、大炮的掩护下夺回失去的阵地。双方你来我往，在铁东地区打得天昏地暗，彼此伤亡惨重。最后，陈明仁被压迫至市区一角的几个工厂里，做困兽之斗。陈情急之下，一面将为自己准备的棺材放到指挥部外，激励部属与城共存亡；一面将储存的整麻袋大豆一批批地洒在阵地前，借以迟滞民主联军官兵的进攻。后来民间传说的所谓"陈明仁撒豆成兵"的故事，便指此事。但他知道，即便如此，守军也撑不了多久了，于是每天将雪片般的电报发往沈阳，哀请杜长官火速救援。

躺在沈阳病榻上的杜聿明急得如坐针毡，只好派出大批飞机轮番轰炸四平街民主联军阵地，支援守军死守。同时一天数电，催促祖父尽快击破民主联军的抵抗，速解四平街之危。

杜聿明一道道十万火急的电报传到祖父手中时，第93军正在泉头一线与民主联军阻击部队激烈交战。祖父心中焦虑万分，他心里清楚，陈明仁已经熬不住了。一旦四平街失守，十几万攻城的民主联军部队会迅速南下，与在开原以东的另一部民主联军主力前后夹击，那么自己率领的这支增援大军将会在旷野之中进退失据，很可能被一举聚歼，后果不堪设想。

祖父愈想心里愈焦急，6月28日天刚亮，便与第93军军长卢浚泉一起赶到火线上，亲自组织空中和地面炮火向民主联军阵地狂轰滥炸，接着命令战车营全部出动，掩护步兵突击。激战至午后，第93军左前方传来隆隆炮声，原来是驻本溪的第53军已经迂回成功，正与第52军195师一道，向八面城方向攻击前进，给正面的民主联军阻击部队造成很大的侧翼威胁。

祖父大喜过望，命令第93军各师发动全线猛攻，终于在下午五时突破了民主联军的阵地，随即迅速展开追击。奄奄一息的四平街守军得知日盼夜想的援军打到眼前了，士气复振，陈明仁特派出一支部队向外出击接应。次日，第93军前锋部队攻至半拉山门，与四平街守军会师。第53军和第52军195师也占领了八面城。6月30日，围攻四平街的民主联军全线撤退，祖父这才长舒了一口气。这一天，正是蒋介石下达的四平街解围期限的最后一天。

四平街解围后，民主联军主力纷纷向北满撤退。祖父本想指挥各部全线追击，相机打过松花江北。不料新6军14师在威远堡门遭到民主联军一部主力不惜代价的凶猛反扑，损失惨重，廖耀湘连电告急。祖父只好放弃追击计划，命令第53军从泉头车站向威远堡门的民主联军实施侧击，廖耀湘也指挥新22师从正面进攻民主联军。经一昼夜激战，完成了战略牵制任务的民主联军主力且战且退，向西丰、西安方向转移。再看向北满撤退的民主联军，早已走得无影无踪，祖父只好收兵复命，历时半个多月的第二次四平街会战也就结束了。

第二次四平街战役后不久，陈明仁被陈诚借故解除了军职，以后辗转回到老家湖南。至此，他对腐败黑暗的国民党政权已经心灰意冷。1949年8月，身为国民党军队兵团司令官的陈明仁，与湖南省主席程潜先生一道弃暗投明，通电起义。新中国成立后，陈明仁成为中华人民共和国的开国上将，还受到毛泽东主席的亲切会见，终于走上了光荣的人生道路。

东北民主联军的夏季攻势，不仅沉重打击了国民党军队，也彻底拖垮了杜聿明的身体。杜不得不于1947年7月上旬离开东北治病，他的司令长官职务再次由祖父代理。

1947 年 7 月 1 日，郑洞国将军（前右二）陪同国民党总参谋长陈诚（前右三）视察长春。前右四为新一军军长孙立人。（此照片由台湾邱智贤先生提供）

　　杜聿明刚走，参谋总长陈诚就来了。说是来东北视察，但其即将来东北主事的传闻早已不胫而走。这就引起熊式辉的很大不满，于是一连七次上书蒋介石，请求辞职。蒋先是不准，后又突然要他交卸在东北的工作。熊怀着一肚子的怨气和牢骚，愤愤离开了东北。

　　1947 年 8 月初，陈诚果然来到东北，接替熊式辉就任东北行辕主任。他一到，立即撤销了东北保安司令长官部，独揽了东北党政军大权。祖父名义上改任东北行辕副主任，实际上靠边站了，几乎所有的东北军事事务，都由另一位刚到东北的行辕副主任，也是陈诚的心腹罗卓英处理。

　　陈诚一到东北，便把国民党军队以往在东北的失利，都归为熊式辉和杜聿明等人的无能，还大言不惭地宣称："要在六个月内恢复东北优势，收复东北一切失地！"看上去还真是踌躇满志，打算在东北有一番大的作为。

　　很快，陈诚在东北大刀阔斧地实现了两大"政绩"：

　　1947 年 9 月，陈诚将军（前排左二）与郑洞国将军（前排左一）等国民党军队将领在东北行辕大楼前合影。

　　一是趁东北战场暂时平静锐意整军。他在正规军和地方部队混编的基础上，新扩编了新 3 军、新 5 军、新 7 军、新 8 军、第 6 军和一个军级规模的骑兵师，还增加了一些炮兵、战车、汽车等部队。加上原在东北的新 1 军、新 6 军、第 52 军、第 71 军、第 53 军、第 13 军、第 93 军、第 60 军等，使东北国民党军队一共拥有了十四个军。不过军队经过这样一番强弱搭配，优劣掺杂，又没有时间进行充分的训练和磨合，看上去人数倒是增加了，实际上战斗力却不增反减，此为后话。

　　二是以整饬军纪、政纪为名，处分和撤换了一大批军政官员。最滑稽的是陈明仁刚因死守四平街有功，被授予"青天白日勋章"。陈诚一到反被撤差查办，罪名是他守四平街时"贪污"了作为军粮的大豆，让人啼笑皆非。一批国民党军政官员刚刚倒台，陈诚的众多亲信立刻蜂拥而上，抢占了各处肥缺。这种假公济私、排除异己的作法，不仅没有让贪腐、走私、任用亲信等国民党官场恶习在东北稍减，反而让更多的国民党军政官员离心离德，连祖父也萌生了退意。

经过这么一番折腾，大权在握的陈诚自以为得计，开始调兵遣将，准备在东北战场上大显身手了。他的第一个目标，指向了热河。为此陈诚指挥新由苏北调来的第49军和由华北抽出的第43师，进攻热河东部地区，力图先将北宁路沈锦线以西的民主联军一举歼灭，确保东北与华北的联系畅通。

陈诚的雄心固然不小。但一打起仗来，此公志大才疏、优柔寡断的弱点便暴露得淋漓尽致。1947年9月初，第49军和第43师奉命分路进攻热河以东地区，但遭到热河民主联军8纵等部的猛烈反击，部队损失很大。坐镇沈阳的陈诚，闻讯急得如热锅上的蚂蚁，仓促决定派第49军105师向锦州以西杨家杖子出击，以策应各部作战。

祖父在陈诚主持的军事会议上极力反对此议，其他一些将领也都附和祖父的意见。因为那时锦州西北已有民主联军大批主力部队在活动。以祖父在东北的作战经验，第105师孤军深入，很有遭围歼的可能。陈诚听了也觉得有道理，郑重表示要取消这道作战命令，另做打算。孰料会议一散，他照命第49军军长王铁汉亲率105师出击无误。

事情还真被祖父等人言中了。第105师一到杨家杖子，果然立刻陷入民主联军8纵的重围之中。该师待援无望，只好分路突围。民主联军哪里肯放走这块嘴边肥肉？8纵马上挥兵追杀，105师在败逃途中全部覆没，仅军长王铁汉率百余骑侥幸生还。

民主联军消灭了第105师后，乘胜再次切断了北宁路。陈诚忙乎了半日，非但没有歼灭民主联军主力，自己倒损兵折将，连北宁路也不通了，真是赔了夫人又折兵。

北宁路一断，让陈诚坐卧不安，却又无计可施，只好请求蒋介石让华北的傅作义将军出兵援助。不久，黄埔军校一期出身的宿将侯镜如，奉命率第92军和第104军出击，重新打通了北宁路。

北宁路是通了，但陈诚觉得很没面子。他决定以沈阳和周围城市为依托，指挥由新6军、新5军、第49军等部队组成的战略机动兵团，在南满、特别是北宁路西段与民主联军决战，企图打一个漂亮仗，来彻底扭转东北的战局。

陈诚的如意算盘还没来得及实施，东北民主联军却抢先发动了秋季攻势。为了策应北宁路方向的作战，从10月1日起，东北民主联军集中1纵、2纵、3纵、4纵、10纵，分路向中长路快速出击，猛攻四平街南北地区的国民党军队。驻守西丰、昌图及威远堡门地区的第53军130师遭全歼，师长刘润川被俘。防守开原东南八棵树的守军一个团，也被消灭了。随后，法库、彰武等地也相继失守。

面对危局，陈诚束手无策，只得硬着头皮向南京连连告急。蒋介石闻报赶到沈阳，亲自下令将新6军调守铁岭，并命华北的傅作义将军紧急抽调六个师的兵力，出援东北。

东北民主联军见大批国民党军队向沈阳及以北地区增援，马上跳开，将主力又移到北满，兵锋直指长春、永吉方向，相继攻克了德惠、农安等城，永吉也遭到围攻。

活跃在热河的民主联军与北满的民主联军遥相呼应，主动出击，先后重创了国民党军队暂51师、暂57师和第43师，一度占领了新立屯、黑山、阜新等地。

陈诚这回也学乖了。无论各地烽烟四起，民主联军攻城甚急，他都指示守军坚守不动，避免被民主联军围城打援。这样一直挨到11月初，东北民主联军的秋季攻势结束，陈诚才算缓过气来。

不过，在民主联军的打击下，陈诚当初到东北来的宏伟战略计划，彻底宣告破产了。此时的国民党军队，在东北完全处于被分割的被动状态，连以前尚能维持的北宁路和中长路沈阳长春段也难以畅通了。陈诚的威信更是随着战争的失利而大跌，无论是国民党的官场，还是在东北民间，充斥着许多关于他的笑料，其中就有沈阳老百姓送他的一段朗朗上口的歌谣："陈诚陈诚真能干，火车南站通北站。"

为了应对东北危殆的战局，陈诚被迫采取"保持军力，重点防守，确保沈阳"消极作战方针。转眼过了1948年元旦，他命令由新6军、新5军、第49军组成的战略机动兵团，分别从铁岭、沈阳、新民三路向沈阳以西公主屯地区的民主联军出击，以巩固沈阳的安全。

老天似乎有意与陈诚为难。他的军事部署刚刚启动，已由东北民主联军更名为东北人民解放军的冬季攻势又开始了，一下子打乱了他的计划。当新5军进抵公主屯时，发现解放军2纵、3纵、6纵、7纵等大批主力部队迅速向其合围。军长陈林达紧急要求率部退守设有坚固防御工事的巨流河。在这个紧要关头，陈诚优柔寡断的老毛病又犯了。他在新5军撤守问题上举棋不定，整整拖延了一天多时间，待最后下决心让该军撤回沈阳时，陈林达早已四面楚歌，被数倍于己的解放军一举聚歼，军长陈林达、师长谢代蒸、留光天等都被生俘。

俗话说祸不单行，在辽西彰武、新立屯的第49军79师、26师也先后被解放军歼灭。陈诚苦心经营的所谓国民党东北战略机动兵团，顷刻间便报销了大半。解放军乘虚兵临沈阳城外，用大炮轰击铁西区，沈阳城内一时风声鹤唳。

陈诚吓得病倒了。躺在病床上，他除了急调驻辽阳的第52军和驻四平街的第71军星夜驰援沈阳，还能做的就是连连向蒋介石求救。蒋于1月10日再次飞抵沈阳，与陈诚单独谈话后，便召集师长以上将领开会。

会前，祖父和众将领看着蒋介石铁青的脸色，心中都暗暗叫苦，揣测着这次又该轮到谁倒霉了。果然，会议一开始，蒋便操着尖细的宁波口音，痛责东北的众将领昏庸无能，把一批批好端端的队伍都送掉了。接着话锋一转，又大骂驻守铁岭的廖耀湘和李涛拥兵自重、见死不救，才导致新5军全军覆没，声言要严加惩办。

祖父素与廖耀湘等交厚，看到今天他们成了陈诚的替罪羊，又不敢贸然出来说话，正暗自焦急。孰料蒋的话音刚落，廖、李二人像吃了豹子胆，立刻挺身申辩说，他们从未接到救援新5军的指示，所以无法对此事负责。陈诚在旁插话说，他曾让罗卓英给廖打电话下达过救援命令。可这样的事情又到哪里去考证？蒋介石大概也没有料到会议开成这个样子，怔怔地不知说什么好，场面极为尴尬。一场追究军事失利责任的会议，只好不了了之地草草结束了。

蒋介石离开沈阳前，倒是做了一项大的决定：成立东北"剿匪"总部，并在锦州成立冀辽热边区作战机构，联系华北、东北两个战区。1月17日，国民党军队中的资深名将卫立煌走马上任，就任东北行辕副主任兼东北"剿总"总司令。祖父和范汉杰等同时被任命为副总司令。

蒋介石走后，国民党在东北的战局继续恶化。1月下旬，解放军相继占领了新立屯、沟帮子、盘山等地，北宁路又告中断。在辽西、辽南的国民党军队遭到解放军1纵、2纵、4纵、6纵、7纵、8纵等主力痛击，几无还手之力。焦头烂额的陈诚这下彻底灰心了，借口疾病缠身，通过夫人谭祥女士到蒋夫人宋美龄那里做工作，总算得到蒋介石的"恩准"离开东北。

一反当初到东北时的嚣张气焰，陈诚是灰溜溜地悄然离开沈阳的。走前他还硬拖着祖父一道去南京，在蒋介石面前大倒苦水，垂泪诉说东北的军事失利，都是众将领们不服从命令造成的，并不断示意祖父为之作证。祖父如何肯与他一起"演戏"？只管坐在一旁，默然无语。

陈诚离任东北，马上在国民党内掀起轩然大波。特别是一些东北籍人士，认为他过去夸口要与沈阳共存亡，说什么一旦沈阳不能守，他决以手枪自杀云云，现在却在紧要关头溜之大吉，纷纷骂他是草包、骗子。以往遭陈排斥的东北军政官员，也趁机落井下石，联络各方人士上书南京，要求惩办陈诚。直到1948年4月，南京召开"国民大会"时，几乎所有的代表还在猛烈抨击陈在参谋总长和东北行辕主任任内的所作所为，有些人还要求蒋介石依当年诸葛亮"挥泪斩马谡"故事，"杀陈诚以谢国人"。陈诚吓得坐卧不安，赶紧躲进联勤总部上海陆军医院，再也不敢露面了。

祖父晚年回忆这段往事，认为国民党在东北的失败固然早已注定，但陈诚此人军事才能平平，尤其缺乏指挥大兵团作战的决断和能力，加上又好专断擅权，难得人心，只因与蒋介石的关系密切，便被委以东北重任，实在是用人的严重错误。国民党政权在东北的失败，由于陈诚的无能，倒是大大加速了。

其实，纵观那时的东北乃至整个中国大陆，国民党政权的失败，固然源于政治上失去前途，丧尽人心，但其从上到下任人唯亲，裙带风盛行，又何尝不是一个致命原因？

陈诚一走，支撑国民党在东北的残垣断壁的重任，理所当然地落在了卫立煌将军身上。卫上任后，日子并不比陈诚好过些。

这时解放军在辽西、辽南的攻势正急如暴风骤雨。2月6日，解放军4纵、6纵攻克辽阳，全歼守军新5军54师（被歼后重新成立者——作者注），随后再克鞍山，歼灭第52军25师（被歼后重新成立者——作者注）。解放军3纵、10纵也攻占法库，追歼守军新6军暂62师，接着乘胜南进，威逼营口，驻守营口的暂58师师长王家善率部起义。在华北的解放军也派重兵切断了榆关至锦州的交通。在东北的国民党军队一时阵脚大乱，各地迭电告急。南京的蒋介石闻讯，也再三电令卫立煌迅速出兵解围，打通沈锦线。

老谋深算的卫立煌倒显得很沉稳。他认定解放军的真实意图是围城打援，在野战中寻求战机，一口口吃掉国民党军队主力。因而不管四方如何风云变幻，一概不为所动，只将国民党军队主力集中在沈阳附近，大肆收拢人心，补充兵员，埋头整军经武，以待战机。

但蒋介石坐不住了。此时蒋已失去了占领全东北的信心，对卫立煌"以不变应万变"的做法也很不满意，决意将东北国民党军队主力撤至锦州一线，与原在锦州、山海关的军队联为一体，再图与解放军较量。为此，他派国防部第三厅厅长罗泽闿、副厅长李树正专程飞抵沈阳，提出仅留第53军和207师驻守沈阳，其余主力尽快撤往锦州。

蒋介石的这个决策让卫立煌大吃一惊。因为当初蒋曾许诺全力支持他守住东北，卫也为经营沈阳这个战略基地，下了很大本钱，现在说变就变，他如何能接受？

卫立煌的第一个反应，便是找祖父私下协商，寻求支持。他先列举了大军撤往锦州的困难和危险，然后试探地劝导祖父："我们最好还是一起说服委员长，暂时固守沈阳，再待机出击，还是有希望扭转战局的。况且沈阳有兵工厂，抚顺有汽油，本溪有煤，粮食也可以想办法，完全可以坚持下去，你看如何呢？"

祖父内心矛盾重重。其实，他对卫立煌的主张是有看法的。很明显，把几十万国民党军队分散困守十几个孤立的据点，等着挨打，从军事战略上讲是非常消极被动的。不如正视军事失利的现实，把主力设法拉出去，将来或许还能卷土重来。但是，卫氏强调的那些困难和危险倒是事实。几年下来，东北的国民党军队已经打得精疲力竭，士气非常低落，倘一旦失去城市依托，向锦州方向运动，确有可能在途中被解放军主力包围歼灭。不如先在沈阳守上一个时期，看情况再打通锦州稳妥些。

见祖父如此表示，卫立煌脸上立刻绽出笑容："好啊，桂庭也这样想，我就放心了！明天我们与其他将领商议一下，如果大家意见一致，再向委员长报告罢。"

几天后，卫派祖父和罗泽闿等人赶往庐山，当面向蒋介石汇报卫立煌和东北国民党主要将领们决心暂时固守沈阳的意见。蒋听了很生气，皱紧眉头不假思索地说："这样不行，大兵团靠空运维持补给，是自取灭亡。只有赶快打出来才是上策，况且锦州方面又可以策应你们。你回去再与卫总司令商议一下，还是想办法打到锦州罢！"

祖父赶忙小心地强调说，解放军主力已经占领了沈阳至锦州间的要隘沟帮子，巨流河、大凌河等河流也已解冻泛浆，大兵团辎重太多，很难通过。加上沈阳的部队兵员尚待补充，不经过一段时间整补，很难经历大战。祖父本来想说，现在部队士气太低落，一出沈阳就可能被解放军击溃。只是话到嘴边，才换了一种较为委婉的说法。蒋显然连这也听不进去，不耐烦地挥挥手，训斥祖父道："北伐前，樊钟秀带着几千人，从广东穿过几省一直打到河南。你们这些黄埔学生怎么连樊钟秀都不如，唉！"

祖父心中不服，嘴上哪敢顶撞？只好垂首不语，其他人也都默默无言。蒋见状站起身说："你们回去罢！郑副司令，你回去告诉卫总司令，不要再迟疑了，赶紧准备由北宁路打到锦州，否则会后悔不及的。"这是祖父到东北后，第二次在蒋介石那里碰壁了。

祖父回到沈阳，卫立煌与众将领们根据蒋的指示反复权衡，觉得现在打到锦州的把握确实不大，况且就是撤退，也不能丢下远在长春、永吉、四平街的十几万部队不管。最后决定再派东北"剿总"参谋长赵家骧、第6军军长罗又伦去南京见蒋，重申卫氏的主张。

这次蒋介石总算稍稍让了些步，勉强同意卫立煌"在东北暂保现状"，但要卫加紧整训部队，尽快从沈阳、锦州同时出击，打通沈锦线，将主力移至锦州。

以后，蒋、卫之间在东北撤守问题上，长期争执不下。蒋见难以说服卫，便决定以第53军和207师留守沈阳，其余各军及战车、炮兵、骑兵等特种兵团，统编为机动兵团，归廖耀湘指挥，随时准备打往锦州。这样一来，岂不是将卫立煌架空了？卫因此强烈反对，使这项计划始终未能实施。但卫立煌与廖耀湘之间，从此有了嫌隙。

蒋见此计不成，又下令将属华北"剿总"和东北"剿总"双重指挥的冀辽热边区司令部，由秦皇岛移驻锦州，同时从山东抽调第9军、第54军在秦皇岛登陆，统归东北"剿总"副总司令、冀辽热边区司令部司令官范汉杰指挥。蒋指示范加紧准备打通沈锦路，将沈阳主力拉到锦州。以后在卫立煌的坚持下，蒋同意将冀辽热边区司令部改为东北"剿总"锦州指挥所，仍由范汉杰任东北"剿总"副总司令兼锦州指挥所主任。但由于卫立煌坚持固守沈阳，又与手握重兵、专力经营锦州的范汉杰之间的矛盾日益加深了。

由于蒋、卫在如此重大的战略问题上意见相左，彼此又互相拆台，搞得在东北的国民党将领们也互怀成见，各有所私，既不能制订出明确的战略决策，也无法实施统一的军事指挥。直到1948年10月，东北解放军发动辽沈战役前，国民党政权在东北撤守问题上，始终处于举棋不定、犹疑不决的状态中。可见其最后的败亡，实在是不足为奇了。

从庐山回到沈阳，祖父心情很不好。以他多年的军事经验，预感到蒋、卫之间，在有关东北撤守问题上的分歧一时很难解决，像这样消极地拖延时日，国民党在东北肯定不会有好的结局了。陈诚在时，祖父本已萌生退意，现在东北局势糟糕到如此地步，更让他心灰意冷。于是借口到北平医治胃病，私下向卫立煌告假。卫听了一怔，接着便百般挽留，直到见祖父去意甚坚，才长叹一声，算是勉强同意了。

想到总算要离开备受煎熬的东北了，祖父心里一阵轻松，赶紧打点行装，购买机票，还通知上海的家人，一起赶到北平会面。

岂知祖父正要启程，东北战局又出现大的变化：1948年3月上旬，刚刚在辽西、辽南获得大胜的东北解放军主力，正纷纷向四平街方向运动，看样子是要再次攻打四平街。当时驻守四平街的仅有第71军88师主力两个团，兵力过于单薄。卫立煌担心四平街一旦失守，分散在长春、永吉的部队也很容易被解放军各个击破，于是决定放弃永吉，将驻扎在永吉的第60军撤到长春，以加强长春的防务。考虑到祖父对长春、永吉的情况熟悉，人事关系也很好，卫立煌临时决定派他和参谋长赵家骧一道，部署永吉撤退。

军情紧急，祖父身为军人不好推辞，只能懊丧地退掉机票，通知家人暂缓去北平，然后与赵家骧匆匆飞往永吉。

临行前，祖父还郑重向卫立煌建议，在放弃永吉的同时，也放弃长春。他认为，长春距主力太远，与其将来坐待被歼灭，不如主动放弃，将东北的国民党军队主力集中于沈阳、锦州之间，这样还能战、能守、能退，也可以保存一部分有生力量。卫听了不置可否，表示事情重大，须先请示蒋介石再说。稍后，卫告知祖父，蒋考虑放弃长春国际影响太大。况且守住长春也可以掣住解放军南下的衣襟，减轻沈阳、锦州的压力，所以明确指示要固守长春。祖父对蒋的这番主张，颇不以为然，却也无奈，只好奉命行事去了。

祖父和赵家骧刚刚费尽周折，将第60军安全转移至长春，东北国民党宣传机构趁机大肆吹嘘"东方敦刻尔克"大撤退时，东北解放军1纵、3纵、7纵和炮兵部队，在2纵、8纵、10纵及独立师的配合下，于3月12日清晨向四平街发起总攻，一举攻占该城。国共之间惨烈争夺了三次的四平街会战，终以国民党军队的惨败告终。

四平街失守后，中长路被切断，长春成了悬于北满的战略孤岛，完全处于孤立无援的境地，处境更加危险。祖父布置完长春的防务，正准备返回沈阳，继续他的"治病"计划，却意外接到卫立煌的电报，要他留在长春，兼任刚刚组建的第 1 兵团司令官，并接替梁华盛将军的吉林省主席职务。

性情一向平和的祖父这回可被惹恼了：卫立煌将军明知他有去北平治病的安排，却事先不打招呼，强行让他镇守孤悬在北满的长春，不是故意将他置于危险的境地吗？所以，祖父不理睬卫的命令，又匆匆飞返沈阳。

卫立煌将军见祖父回来，佯作惊讶地问："桂庭，不是要你留在长春吗，怎么又回来了？"

"请总司令还是另择良将罢，长春我不去，我还是要到北平治病去！"祖父生硬地回敬。

卫似乎并不介意祖父的顶撞，只是有些难堪地笑笑，语气和缓地说："桂庭，目前这种形势，你还是不要走了罢。要你去长春，不是我个人的意见，委员长也是这么主张的。"

祖父赌气地说："不管怎么说，长春我是不去的！"言毕便板着面孔，起身告退了。

没有想到，蒋介石的电报很快就到了，命令祖父到长春去。这下轮到祖父为难了。卫立煌的话他可以不听，但蒋介石的话就不敢不听了。可是去长春，又明知是死路一条，心里颇不情愿。

祖父在东北军中的部属好友，诸如第 9 兵团司令官廖耀湘、第 52 军军长覃异之、新 6 军副军长舒适存等人闻听消息，也都劝阻他不要去长春。廖、舒二人还献计道：可以要求卫立煌让梁华盛继续主持长春军政事务，或请求将锦州的范汉杰与祖父对调。祖父反复思忖，觉得也只有这样碰碰运气了。

卫立煌听了祖父的请求，一脸为难之色："桂庭呵，梁副司令与第 60 军曾泽生军长关系紧张，你是知道的，他到长春不方便指挥呀。范副司令对长春情况又不熟悉，我们反复考虑，只有你去比较合适嘛！"

卫说着站起身，在室内踱了几步，重坐在祖父身旁，恳切道："桂庭，我们是多年的朋友，彼此都很了解。说实话，我也知道长春很危险，不大情愿让你去担这个风险。可现在局面坏到这种地步，实在是没有别的法子好想呀。我辈身为军人，应以'党国'利益为重，请不要再推辞了。况且长春工事坚固，兵力雄厚，只要认真防守，是可以坚守下去的。你去之后，有什么困难都可以提出来，我一定全力支持你！"

事已至此，祖父无话可说了，只好默默地起身告辞。

祖父飞赴长春前，朋友们纷纷前来看望。大家知道局势凶险，彼此都有些生离死别的感觉，场面相当凄凉。那个廖耀湘还私下埋怨不止："桂公（部属们对祖父的尊称——作者注）为人也太厚道了，长春是不该你去的。卫总司令这样决定，不是把您往虎口里送么？"见祖父摇首苦笑，他自觉失言，又改口道："将来万一事情不可为，请桂公率队伍向西南方向突围，那里共军兵力空虚，我到时一定设法接应你们！"

1948 年 3 月 25 日，祖父怀着"临危受命，义不容辞，明知不可为而为之"的悲凉心境，在长春励志社大礼堂宣誓就职，开始了他一生中最为艰难和痛苦的一段时光。

祖父到长春时，这座东北名城已处于解放军的四面包围之中。除城郊仅有的大房身机场外，与外界的一切联系都被切断了，城内粮食、燃料匮乏，军队士气低落，民众惶恐不安。

城内的守军主要是新 7 军和第 60 军，加上其他杂七杂八的部队，一共有十万人左右。十万守军中，号称王牌军部队的新 7 军，也只有原新 1 军基干部队新 38 师最为精锐，其余暂 56 师、暂 61 师两师，由伪满铁石部队和地方杂色部队改编而成，战斗力很弱。至于第 60 军，是历史较久的云南部队，进入东北战场后，屡受损失，除了第 182 师较有战斗力，其余暂 21 师、暂 52 师两师，战斗力也相当差。祖父到长春后，制定了"加强工事，控制机场，巩固内部，搜购粮食"的守城方针，大力整顿防务，安定人心，打算长期固守下去。

1948 年长春被围时，郑洞国将军在市内集会时发表讲话。

进入 5 月份以后，长春四周的解放军调动频繁，还有大批部队源源开来，连同原来的围城部队，大概有四个纵队以上兵力。祖父判断，东北解放军极有可能先打长春，然后再掉头南下，对付沈阳、锦州。为了在解放军攻城前争取军事主动，确保机场安全，也为了到城外搜购一些粮食，他于 5 月 21 日晨，亲自指挥长春守军主力新 7 军新 38 师和第 60 军 182 师等部，沿大房身机场方向，突然向外大规模出击。

战斗一打响，围城的解放军便边打边撤，新 38 师很快攻占了距长春西北六十华里外的小合隆镇。祖父闻讯很高兴，还亲自带着兵团副参谋长杨友梅，到小合隆镇巡视了一番。

祖父只高兴了一夜，第二天战局就大大逆转了：解放军趁长春守军主力北调，集中大批兵力由东西南三面围攻长春，另以两个师的兵力攻打大房身机场。防守机场的新 7 军暂 56 师一个团，很快被解放军消灭，机场失守了。防守机场至长春西门一线的该师其他部队，也遭到解放军猛烈攻击，损失大部，残部仓皇逃回城内。

这时长春四郊都在激战，炮声隆隆，城内人心浮动，各部纷纷告急。

长春围城期间处境悲惨的长春市民们（此照片由台湾秦风先生提供）

祖父方知中了解放军的诱敌之计，急将出击部队撤回，并命新38师和暂61师一部转攻大房身机场，企图趁解放军立足未稳，再把机场夺回来。

新38师正掉头倾全力猛攻机场，却未料到另一部解放军主力从侧翼拦腰袭来，攻势极为凶猛，在该师右翼担任掩护的暂61师部队，顷刻间便被冲垮溃散。解放军趁势猛打猛冲，一直迫近到新38师师部附近，双方的重武器都失去了作用，只以短兵相接，战况极为激烈。打着打着，解放军不断前来增援，新38师直属部队有点顶不住了，开始打算撤退。

该师师长史说是祖父在中国驻印军时期的老部属，打仗很有经验。他知道自己率部队一撤，就算能侥幸逃回城内，前面攻打机场的两个团可就彻底报销了。于是命令部队继续坚决抵抗，并传令担任后卫的一个团火速前来增援。

无奈军心已经动摇，左右都无心恋战了。史说气得大怒，命卫士将铺盖在公路上就地打开，睡到了上面，还破口大骂："老子就睡在这里了，看你们哪个要退？！"众人见了，只好返身拼力再战。少顷，后卫团赶到，组织了几次冲锋，将解放军打退，史说才得以撤下前面攻打机场的部队，并收拢了暂61师溃兵，匆匆退回城内。

解放军见攻占大房身机场的目的已经达到，而长春城防坚固，一时难下，且已有相当伤亡，也就退兵而去。

这次大规模出击的结果，让祖父极为懊丧，不仅粮食颗粒未得，守军还蒙受惨重损失，连机场也丢掉了。从此，长春、沈阳间这唯一的空中交通也彻底断绝了，守军只好龟缩城内，再也不敢轻易大举出击了。

进入6月份以后，解放军转而采取长围久困的办法，进一步收缩了对长春的包围，双方火线距离，最近处仅百余公尺。守军被卡在城中，动弹不得，粮食和燃料问题日趋严重。当时长春城内的粮价一日数涨，高粱米价竟要几亿元一斤，后来又达几十亿一斤的天文数字。

为了稳定市场和人心，祖父不顾新7军军长李鸿、第60军军长曾泽生的一再求情，下令枪毙了几名背地里参与投机倒把、倒卖军粮的军官，借此杀一儆百。但城内的粮食毕竟是愈来愈少，军队尚能勉强维持，几十万长春市民就遭殃了，眼见城内饿死的人愈来愈多，祖父急得夜不能寐。他一面电请卫立煌加紧空投粮食，一面与守军将领们联名致电蒋介石，诉说长春的困境。蒋的复电很快来了，内容除了重复要守军耐心等待他派大军前来救援的空话，唯一的实质内容，便是命祖父将长春市民的存粮一律收缴，然后计口授粮，以度时艰。

祖父心里连连叫苦，这明明是让他"杀民养军"啊。如此行事，城内必定大乱了！但为了应对危局，他还是与吉林省政府秘书长崔垂言、长春市长尚传道一起，研拟了一个《战时长春粮食管制暂行办法草案》。其中规定，允许长春市民留自备粮到9月底，剩余粮食一半卖做军粮，一半可在市场上自由买卖。买卖粮食必须按当局规定的价格交易，不许哄抬粮价，违者处以极刑。这样总算又苦撑了一段时间。

到了 8、9 月份，长春真是山穷水尽了。守军因长期以酒糟、豆饼果腹，很多官兵得了夜盲症、浮肿病，虚弱得难以行走。普通市民就更悲惨了，许多家庭靠食用草根、树叶度日，常常有饿死的人横尸街头，也无人打理。街市上一度还出现了卖人肉的惨剧，祖父下令追查，最后也不了了之。最让人撕肠裂肚的是街头出现了大量弃婴，有时一天多达近百名，祖父只好发动军官眷属们抱养，却又如何抱养得过来？许多孩子就这样悲惨地死去了。当时长春市内的大中小学均已停课，祖父命将城内青少年们集中起来，成立"幼年兵团"，既防止他们饿死，又可保持城内的"弦歌之声"。

绝境之中，祖父唯有一再哀请蒋介石和卫立煌增加空投粮食。奇怪的是，你催得愈急，飞机来的愈少，而且一遇阴天下雨，空投就停止了。这点粮食，对十万大军和几十万市民来说，简直是杯水车薪。更让祖父气恼的是，以往新 7 军与国民党空军曾有摩擦，飞行员们现在就以随意投掷来报复，结果一些粮食反投到解放军阵地上去了。由于空投不准确，一些米包落到城内指定地点以外，引起成群的军民哄抢，甚至彼此械斗，祖父虽严令弹压，也难以制止。这些饥饿到了极点的人们，已经不受命令和死亡威胁的约束了。祖父在沈阳的朋友和部属们，深为他和长春守军的境况焦虑，群起要求卫立煌救援长春。卫难违众意，确曾考虑于 9 月初，从沈阳派大军北上，接应长春守军突围，曾使祖父在绝望之中有了一丝希望。后来东北战局逆转，这点希望也很快破灭了。

蒋介石也知道长春很难熬下去了，特从庐山上发来电令，要祖父将长春市民向城外疏散，以减轻守军压力。祖父马上下令开放南向沈阳、东向永吉的两条路口，放老百姓出城。但老百姓到解放军阵地前要查验身份才能放行。大批拖家带口的市民，麇集在南郊和东郊两军阵地间被称为"卡空"的地带里，想出又出不去，想退也退不回来。一些胡匪乘机强奸、抢劫、杀人，弄得老百姓们惨状百出，终日哭号之声不绝。一座长春城，俨然成了人间地狱！

长春陷于亘古少有的劫难中，身为长春守将的祖父，心中痛苦、绝望极了。用他自己的话说，那时天空中的太阳，在他眼中都失去了光芒。尽

1948 年 10 月 14 日，东北野战军向锦州发起总攻。（此照片由台湾秦风先生提供）

管如此，在封建的愚忠愚孝思想束缚下，他还努力地保全自己对蒋介石、对"党国"的忠诚和他认同的军人气节，决意苦撑到底，终使长春民众又多付出了多少血泪和生命！

祖父的后半生，一直对 1948 年长春之战，使无数百姓们遭受的惨祸，充满愧疚之心。20 世纪 80 年代，吉林省的党政领导多次邀请祖父回长春看看，都被他婉言谢绝了。祖父不愿回去，也不敢回去。因为几十年来，当年长春惨绝人寰的境况，常常出现在他的睡梦中。他不知道自己怎么面对长春的父老乡亲！

1948 年 9 月中旬，东北解放军发起了声势浩大的辽沈战役。从 9 月 12 日起，解放军各路大军云集北宁路，猛袭北宁路锦州段至唐山段的国民党军队，相继攻克昌黎、北戴河、绥中、兴城、义县等城，随即以雷霆万钧之势合围锦州。

东北解放军主力下决心先攻打锦州，是一项极具风险，但又极其高明的战略决策。因为锦州是东北国民党军队的战略门户，也是东北与关内联

郑洞国将军当年在长春最后的指挥部——长春中央银行（今中国人民银行）

系的陆路要冲、咽喉要地。锦州一旦失守，沈阳、长春的国民党军队的陆路退路就断绝了，顿成瓮中之鳖，必遭覆没。所以在南京的蒋介石得知锦州危殆，大惊失色，立即飞抵北平、沈阳，亲自指挥华北和沈阳的大军驰援锦州。

锦州被围的消息传到长春，祖父心里猛地一沉。他知道等待援军已无可能了，再拖下去唯有全军饿死、困死。现在只有一线生机，就是趁东北解放军主力南下锦州，孤注一掷，不顾一切地拼死向沈阳突围。为此，祖父集中长春守军中最有战斗力的新 7 军新 38 师和第 60 军 182 师，于 10 月 3 日晨向长春西北方向突击，企图先占领大房身机场，再在空军配合下，全军向沈阳突围。

激烈的战斗持续了四五天。让祖父绝望的是，守军始终没有冲出长春一步，却徒增了许多伤亡，他亲眼看到，守军的炮火虽然猛烈，但步兵因体力太弱，根本无法冲锋。有时解放军一反击，进攻部队就自动退回原阵地。在李鸿、曾泽生的一再要求下，他只好下令收兵。祖父这才痛切地感到，军心已经彻底涣散了，纵然是以往骁勇善战的新38师，现在也已兵无斗志了。

10月10日午，几架飞机飞临长春上空，投下蒋介石致祖父和李鸿、曾泽生的亲笔信。信中说："目前共军主力正在猛攻锦州，东北局势十分不利，长春的空投物资亦难维持。望吾弟接信后迅速率部经四平街以东地区向东南方向转进。行动之日将派飞机掩护，沈阳方面亦有部队在路上接应。"

接信后，祖父马上召集曾泽生和已升任新7军副军长的史说代替生病的李鸿开会。二人看过蒋的信函，都默然无语。半晌，曾泽生说道："总统（指蒋介石——作者注）下命令容易，真正突围谈何容易？现在城外共军兵力雄厚，我军却是兵无斗志，根本突不出去的！"

"就是突出去，这中间七八百里地，中间没有一个'国军'，官兵又都腿脚浮肿，不要说打仗，就是走路都成问题呀！"史说也插话道。

会议无果而终，祖父只好把情况电复给蒋介石。

10月15日，东北解放军攻克锦州，全歼守军十五万人，国民党东北"剿总"副总指挥范汉杰、第93军军长卢浚泉等被俘。

次日上午，蒋介石再次空投下来一道措辞严厉的"国防部代电"。电文中说：

> 长春郑副总司令并转曾军长泽生李军长鸿：酉灰手令计达，现"匪"各纵队均被我吸引于辽西方面，该部应遵令即行开始行动。现机油两缺，尔后即令守军全成饿殍，亦无再有转进之机会。如再延迟，坐失机宜，致陷全盘战局于不利，该副总司令军长等即以违抗命令论罪，应受最严厉之军法制裁。中本删日已来沈阳指挥，希知照。中正手启。

随"代电"一起空投的，还有蒋介石给祖父的又一封亲笔信，内容与电令大致相同，只是口气略缓和些。蒋说已派207师去清原接应，自己也在沈阳停留三日，要祖父务必果断地率长春守军突围，否则将不能等候了。

读完蒋的电令和亲笔书信，祖父心里烦乱极了。事情明摆着，现在突围是不可能的。但身为军人，又必须服从命令。他思前想后，最后心一横：突围是死，不突围也是死。横竖是死，干脆拼死往外突吧，死了也能落个"忠臣"名声。

想到这里，祖父立即召唤曾泽生和史说来开会。史说很快来了，曾泽生却在电话里支吾了半天。经祖父一再催促，才有些神色异常地赶过来。

祖父先传达了蒋的电令和信函内容，接着不再征求他们的意见，直接下达了当夜突围的决定。曾泽生望望史说，又望望祖父，低声说："我没有意见。不过，部队士气非常低落。突围，第60军没有什么希望。"

"新7军的情况也差不多，这些桂公很清楚。如果桂公决定突围，我们服从。"史说也慢吞吞地表了态。

虽然眼前这两位将领的态度很勉强，但他们还是接受了突围的决定，祖父心里的一块石头仿佛落了地。他怎么也没有料到，此刻自己的内部正酝酿着严重的分化：曾泽生已派人与解放军联络，正式决定第60军起义了！多年后，一次曾泽生来家中探望祖父，谈起这段往事，笑着对祖父说："那次桂公召我开会，催得很急，我好紧张呦，还以为您发现了第60军联络起义的事，要将我扣起来呢！"

当天下午，祖父紧张地部署长春守军夜间突围的各项事宜，直忙到天黑。他草草用过晚饭，便闷闷地躺在床上吸烟。想到今夜自己和数万部属将走上绝境，一种说不出的悲凉、绝望情绪又袭上心头。也许劳累了一天，想着想着，不觉昏然睡去。

晚上10时许，床头电话突然铃声大作，祖父刚抓起听筒，里边就传来第60军暂52师副师长欧阳午急促的声音："喂，喂，郑司令官吗？第60军已经决定起义了，今夜就行动！"

祖父刚要问个究竟，那边已把电话挂断了。祖父心里顿时泛起一阵惊悸：第60军担负着半个城区的防务，要真是反叛还得了？但转念一想，暂52师师长李嵩、副师长欧阳午，素与曾泽生等滇系将领不和，会不会是有意给曾栽赃？为了避免自乱阵脚，影响突围，祖父不敢声张，只打电话给杨友梅，请他设法了解一下情况。

不多久，新 7 军副军长史说、参谋长龙国钧、新 38 师师长陈鸣人，匆匆闯进祖父的卧室，急切地报告："桂公，第 60 军情况有变，已经失去电话联系了！"

祖父心一沉，赶紧要曾泽生和第 60 军徐参谋长的电话，但许久都没人接，这证实欧阳午的话没有错，第 60 军确实是起义了。祖父无力地放下听筒，重重地叹了口气说："算了罢，他们（指第 60 军——作者注）要怎么干，就由他们干去好了！"

"那突围的事情怎么办？"史说忧心忡忡地问。

在这种情况下，突围已不可能，祖父只好下令中止突围，并要新 7 军迅速对第 60 军方向实施警戒。史说等人走后，他又将长春的情况电告给沈阳的卫立煌，请示今后行动机宜。

天刚放亮，祖父总算联络到第 60 军新闻处长，对方告诉他："郑司令官，曾军长让我转告您，第 60 军已经决定光荣起义了。如果您赞成我们的主张，欢迎您与我们一道起义；若不赞成，我们也不勉强，大家各行其是好了。"祖父要求与曾泽生通话，被拒绝了。

过了一会儿，一向与祖父和李鸿、史说等人十分熟识的天津《民国日报》青年特派记者杨治兴，又打来电话："桂公，第 60 军已经起义了。曾军长刚刚给我打来电话，要我转告您，说他绝不向您开第一枪，希望您带头率大家举行反蒋起义。您看怎么办？"少顷，他又补上一句："桂公，要赶快拿定主意呀！"

"知道了。"祖父烦躁至极，应付了一句便放下听筒。

17 日上午，祖父与幕僚们正紧急商讨对策，第 60 军政工处长送来一封曾泽生给他的亲笔信。信中说：

　　桂庭司令官钧鉴：

　　长春被围，环境日趋艰苦，士兵饥寒交迫，人民死亡载道，内战之残酷，目击伤心。今日时局，政府腐败无能，官僚之贪污横暴，史无前例，豪门资本凭借权势垄断经济，极尽压榨之能事，国民经济崩溃，民不聊生。此皆蒋介石政府祸国殃民之罪恶，有志之士莫不痛心疾首。察军队为民众之武力，非为满足个人私欲之工具，理应解民倒悬。今本军官兵一致同意，以军事行动，反对内战，打倒蒋氏政权，以图挽救国家之危亡，向人民赎罪，拔自身于泥淖。

公乃长春军政首长，身系全城安危。为使长市军民不做无谓牺牲，长市地方不因战火而糜烂，望即反躬自省，断然起义，同襄义举，则国家幸甚，地方幸甚。竭诚奉达，静候赐复，并祝戎绥！

曾泽生　敬启

读罢曾泽生的信，祖父心情很复杂。内战给国家带来的破坏，给人民造成的痛苦，他深有同感。但作为追随了蒋介石几十年，深受蒋的器重和信赖的嫡系将领，让他与曾泽生这些地方军队将领一起反蒋起义，这是当时他绝对接受不了的事情。所以，祖父冷冷地对来人说："信我留下，就恕不作复了。请你回去转告曾军长，他要起义，请他自己考虑；要我同他一路，我不能干！"

祖父与曾泽生虽在抗战初期的徐州会战期间共同与日寇血战，彼此原本并不熟识。东北内战期间，第60军调到东北战场，祖父与曾将军开始有了交往。祖父奉命镇守长春后，考虑到国民党嫡系部队与地方部队间的矛盾，故而在李鸿等新7军将领和曾泽生等第60军将领之间，做了不少协调工作。军务之余，祖父也常与曾将军推诚叙谈，彼此交谊不错。后来祖父还专门报请上级，晋升曾泽生为兵团副司令官兼第60军军长，曾泽生为此十分感动。曾泽生对祖父也十分敬重，他觉得这位郑长官待人正直、诚恳，丝毫没有蒋介石身边那些天之骄子们惯有的骄横和自大。曾泽生将军起义后，几乎断绝了与所有原来在国民党阵营中朋友的联系，却始终保持着与祖父的友谊，此为后话。

所以，打发走第 60 军信使，祖父还幻想着凭自己与曾泽生的交谊，促他回心转意。又派杨友梅和崔垂言等前去说项。但几人见曾后，很快就垂头丧气地回来了。见事情已无转圜余地，祖父心一横，下决心破釜沉舟了，命令史说等人立即着手准备突围。

正忙碌间，记者杨治兴心事重重地来了。犹豫了半晌，他才避开他人，悄悄对祖父进言："桂公，您一向待我亲如子侄，现在我不能不向您进一忠言。目前长春的局势已很难挽回，下面都不肯打了，再打也没什么希望，请您还是早做妥善主张吧。"

"唉，这些情况我都知道，但目前只有打下去，我没有别的路可走啊。"祖父叹了口气说。

杨一听激动起来："桂公，我大胆说一句，您不是以前也说过国民党政府腐败，不得人心吗？现在您却执意为这样一个政权打到底，就是战死了又能怎样？我看还是退出内战吧，免得再作无谓的牺牲。"

"你不要再说了，我不愿意听这些话！"祖父一听到反蒋的事，马上强硬地制止他。

可想到眼前的这个年轻人，可能很快会与自己一起，死在突围的路上，祖父心里又很不忍，就酸楚地说："小杨啊，跟着我走是浊水，跟着共产党走是清水。你与我不同，还是留下吧，我让人给你留下袋米。"

"这个时候我不能走，我陪着您！"杨痛哭失声。

临近傍晚，沈阳方面发来电令，要祖父于 18 日上午从第 60 军防地向外突围，到时会派飞机轰炸掩护。祖父立即到设在中央银行的兵团临时司令部召开会议，研究突围部署。

会上，新 7 军的将领们都默默无言，唯有省政府秘书长崔垂言、军统长春站站长项迺光坚持突围。祖父知道，突围的关键要看实际带兵的将领意见，遂问史说："史副军长，突围的事你看怎么办？"

"现在突围是突不出去的，不过是又要无辜地死伤几万人罢了。"史说无精打采地答道。

史的话音刚落，项遒光冲到他跟前，厉声喝道："我们必须突围，拖也要把队伍拖到长白山区去打游击。难道新7军就这么无用吗？！"

史说满面愠色地站起来，拂袖而去。会议不欢而散。

晚上，祖父正与长春市长尚传道默然相对，曾泽生将军突然要求通话。祖父拿起电话听筒，他却只说了一句："有人要与您讲话。"

接着，一位自称姓刘的陌生人说："我是解放军的代表。现在长春的局势你是知道的，我们的政策是放下武器，可以保障生命财产的安全。希望你考虑，不必再作无益的牺牲。"

"既然失败了，除战到死以外，还有什么可说，放下武器是做不到的！"祖父愤愤说毕，将听筒重重摔在电话机上，以示回绝。

但是，打算和祖父一起负隅顽抗的人愈来愈少了。当夜，记者杨治兴又去史说住处探望。谈及当前的处境和今后打算，史唉声叹气不止。杨趁机说："目前突围和战守都没有前途，您是否有意率部声明退出内战？"

史和其他将领们早就不想打了，只是碍于祖父反对不敢言明。见杨如此说，忙问："桂公意下如何呢？"

"咳，桂公当然也有此意，不过以他的身份怎么好讲呢？"杨治兴急于促成和平，就依据祖父平时私下对国民党政权的一些不满言论伴称道。

"倘桂公同意，一切就好办了！"史说以为是祖父授意杨治兴来传递消息，大喜过望。次日一早，便派人出城与解放军谈判。

这段情由祖父浑然不知，长春和平解放后，还为此与史说和新7军参谋长龙国钧等人产生误会，有段时间彼此互不讲话。直到1962年，身为全国政协委员的祖父随团到上海视察，与在上海工作的史说谈及这段往事，才弄清杨治兴从中"假传圣旨"的缘由，不禁相对大笑。

10月18日晨，沈阳方面如期派来一队轰炸机，机上指挥官一再催促突围，祖父只好说突围尚未准备就绪，请求延期。机上指挥官又说，发现城东区正有大批部队向城外运动，问是些什么人。祖父回答可能是第60军部队。机上人员一听，立即要求轰炸，祖父劝阻道："算了罢，那些以前都是自己的人，况且现在轰炸已无意义，徒使老百姓遭殃，不要轰炸了。"

当天下午，焦虑万分的祖父来到新7军军部主持开会，督促突围。但会开了很久，大家都哭丧着脸，谁也不肯讲话。末了，还是从抗战前就跟随祖父的老部下、暂61师师长邓士富，大胆地站起来说："目前情况，突围已不可能，建议郑司令官暂时维持现状，再徐图良策吧。"

祖父无奈，只得宣布散会。史说、龙国钧等推说天色已晚，执意请祖父留在军部吃饭、过夜。他心里一惊：局势凶险，莫非这些老部下也要挟持、出卖自己？于是冲门而出，头也不回地登车而去。其实，那时史说等都以为祖父已有意放下武器，担心他回到兵团司令部为特务所害，想将他置于新7军的保护之下，并无恶意。

祖父在极度的痛苦、迷惘中挨过了一夜。19日天刚亮，杨友梅等蹑手蹑脚地走进卧室，轻轻唤道："桂公，桂公！您睡醒了？"

"——唔，"祖父含糊地应了一声，躺着不动。

杨友梅小心翼翼地说道："刚才接到新7军史副军长和龙参谋长电话，他们已与解放军方面接洽，决定放下武器了，解放军同意保证郑司令官以下全体官兵的生命财产安全。李军长和史副军长他们都希望由您来率领大家行动，解放军方面也再三表示了这个意思。您看我们——"说到这儿，他停住了，声调里却充满了期待。

"完了，一切都彻底完了！"祖父躺在床上，悲哀地想着。尽管新7军投诚已在预料之中，但一旦成为事实，他还是接受不了。

见祖父久久不说话，坐在床边的杨友梅有点不知所措。一会儿，听到门外有人轻轻讲话，杨闻声快步走了出去。少顷，又进来附在祖父耳边小声说："龙国钧参谋长来了，他有事向您报告。"

祖父依旧躺着不动，杨只好又小声地重复了一遍。

"龙参谋长有什么事？"半晌，祖父才有气无力地问。

"现在军部正在开营以上干部会议，希望郑司令官去主持一下。"龙国钧举手敬礼后，平静地说。

"你们李军长呢？史副军长呢？他们为什么不去主持？"祖父气恼地反问。

"李军长正在生病，无法主持会议。史副军长现正主持会，但有些重大问题无法决定，倘若您能亲自参加，就容易解决些。"龙国钧答。

"哼，他们果然是要出卖我！"祖父恨恨地想着，满腔的痛苦和怨恨终于像山洪一样爆发了！他猛地撑起半身，指着龙国钧厉声痛斥：

"龙国钧，你和史说跟随我多年，我待你等不薄，今日为何要卖我求荣呢！"

祖父一向待人平和，很少如此责骂部属。众人吓得不敢出声，屋子里的空气好像都凝固了。祖父大概也自觉出言太重，重重地叹了口气，又颓然躺下。龙国钧怔怔地站了一会儿，怀着满腹的委屈和失望，也返回军部去了。

10月19日上午，新7军全体官兵自动放下了武器。国民党驻长春的其他各部队也相继集体投诚。只有祖父率领兵团特务团，据守着中央银行大楼，成了解放军重重包围中的小小孤岛。

山穷水尽，大势去矣。祖父将全部情况电告了东北"剿总"。很快，刚刚被蒋介石从徐州"剿总"重新派到沈阳收拾残局的杜聿明发来电报，称已请求蒋介石派直升机接祖父出去，问有无降落地点。祖父怀着既感激又沉痛的心情，电复这位昔日的老友上司："现在已来不及了，况亦不忍抛离部属而去，只有以死报命。"

到了如此绝境，祖父仍想着宁肯战死，不愿投降，顽固可知！

10月20日，解放军并未像祖父预料的那样，猛烈攻打中央银行大楼。实际上，杨友梅和其他幕僚们已经暗自与解放军接洽投诚了。祖父没注意到这些，他万念俱废，准备着自己的结局——自裁。

深夜，祖父签发了一生中最后一次致蒋介石的电报：

> 十月十九日下午七时亲电谨呈，职率本部副参谋长杨友梅及司令部与特务团（两个营）全体官兵及省政府秘书长崔垂言共千人，固守央行，于十九日竟日激战，毙伤"匪"三百人，我伤亡官兵百余人。入夜转寂，但"匪"之小部队仍继续分组前来接

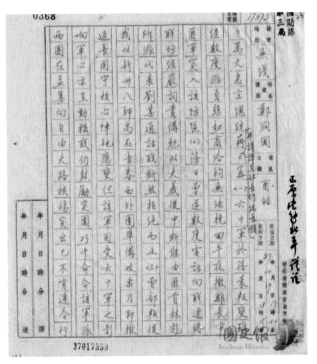

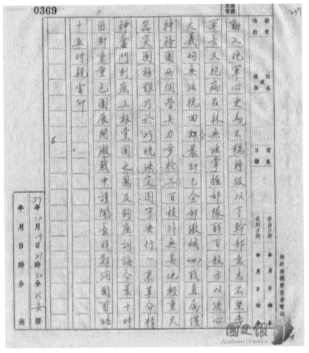

1948 年 10 月 17 日，国民党长春守军一部起义，一部投诚后，众叛亲离、山穷水尽的郑洞国将军给蒋介石拍发的电报。

278

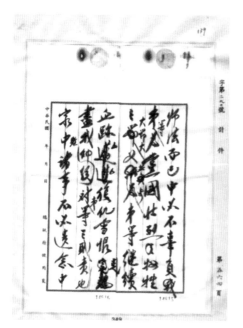
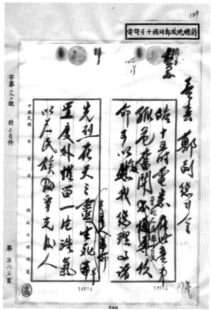
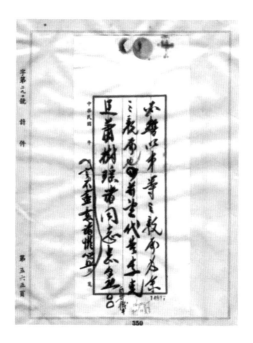

蒋介石致电郑洞国将军，要求他为"党国"竭尽最后忠诚。

近，企图急袭，俱经击退。本晨迄午后五时，仅有零星战斗。薄暮以后，"匪"实行猛攻，乘其优势炮火，窜占我央行大楼以外数十步之野战工事。我外围守兵，均壮烈成仁。刻仅据守大楼以内，兵伤弹尽，士气虽旺，已无能为继。今夜恐难度过。缅怀受命艰危，只以德威不足，曾部突变，李军覆灭，大局无法挽回，致遗革命之羞，痛恨曷已。职当凛遵教诲，克尽军人天职，保全民族气节，不辱钧命。惟国事多艰，深以未能继续追随左右，为钧座分忧，而竟革命大业为憾。时机迫促，谨电奉闻。职郑洞国十月二十日二十三时亲印。

10月21日凌晨，中央银行大楼外突然响起密集的枪声，绝望中的祖父，以为最后的时刻来了，决意立即"成仁"。

祖父穿好军装，平躺在床上，伸手到枕下去摸手枪。奇怪，摸了又摸，枪居然不见了。原来，部属们见他神色异常，悄悄将手枪藏了起来。祖父慌了，怕再迟延就做了俘虏，赶紧到处翻找能结束自己性命的器械。卫队长文健和卫士们闻声破门而入，一边呼喊，一边将祖父紧紧抱住。祖父在省政府工作的侄子郑安凡，直挺挺地跪在地上，连声哀求："二叔，不能啊，您千万莫走绝路呀！"

祖父求死不成，气急败坏，恨恨地跌足叹气，颓丧地倒在床上。正纷乱间，杨友梅等人匆匆闯入房内，含泪道："桂公，事情已到最后关头了，请您赶快下去主持大计！"

说着，命人不由分说，将祖父从床上扶起，拥向楼下。来到一楼大厅，祖父怔住了，大厅内外早已布满了荷枪实弹的解放军。杨友梅等人紧紧环拥着祖父，满脸的期待神情。他明白了，面对木已成舟的现实，只得勉强同意放下武器，听候处理。

事后得知，杨友梅和司令部的幕僚们，先已通过与解放军秘密接洽，悄悄迎来了解放军的代表及少数部队。然后朝天开枪，伪装抵抗，造成猝不及防、解放军兵临司令部的假象，促祖父与他们一道走向光明。这样既

1948年10月下旬，长春和平解放后，郑洞国将军（中）在解放军干部（右）陪同下抵达哈尔滨。左为郑洞国的卫士李国桢。（此照片由台湾秦风先生提供）

避免弃他于不顾，又使他颜面上略可接受，可谓用心良苦！

10月21日天大亮后，祖父带着已经放下武器的兵团司令部直属部队出城途中，迎面碰上正率大批部队进城的解放军兵团司令员肖劲光和政委肖华。肖华立即停下车子，走过来热情地问候祖父，没有一点胜利者的骄矜之色，使他冰冷的心底，油然泛起一股钦敬。

当晚，两位肖将军在位于长春郊区四家子的司令部里，设下丰盛的酒菜款待祖父。身为败军之将，祖父的心情坏透了，席间只顾低头喝酒，不肯讲话。两位肖将军看出他的敌意，并不介意，仍旧不停地为他斟酒、夹菜，一团和气。

酒过数巡，祖父才抬头说："我在国民党里搞了二十几年，现在失败了，当然听凭处理；至于部下官兵，如有愿意回家的，希望能让他们回去。"

"关于这些我们党有政策规定，都没有问题，请郑将军放心。要回家的人我们一定要帮助他们回家，愿意留下的也一定给予妥善安置。"肖华政委笑着回答。

"既然过来了，大家都是一样的，都还可以为人民服务嘛。郑将军今后的打算如何？是愿意回家还是愿意留下来？"肖劲光司令员在一旁微笑着问。

面对善意的询问，心如死灰的祖父固执地表示，什么事都不想做，只想当个老百姓。还生硬地提出：一不去广播、登报；二不参加公开的宴会。两位肖将军爽然应之，并不勉强。

筵席快结束时，肖华政委委婉地建议："你不愿工作，是否愿意到后方哈尔滨去多看看，休息休息，或者学习一段时间，请任意选择。"

祖父想了想，觉得去解放区也好，看看人家共产党是什么样子，免得自己输得糊里糊涂的。

临别前，祖父没忘了向主人道谢，因为几个月来，这是他吃到的最丰盛的一餐饭。

在解放军的司令部里睡了一夜。次日天明，祖父和杨友梅及史说等投诚将领们，离开战火刚刚熄灭了的长春，经永吉前往哈尔滨。

在哈尔滨，祖父等人一直住了三个多月。虽然生活优待，行动自由，但祖父的心情非常苦闷。想想自己二十多年的戎马生涯，与新旧反动军阀血战过，与日本侵略者血战过，最后竟败在共产党的手下，真是很难接受。尤其是看到为之奋斗了近半生的"党国"事业，已经穷途末路、回天乏术了，心里更是空虚、绝望。痛苦之余，他还想保持军人的气节，愚忠于国民党政权。这期间，中共党内高级干部何长工等人，多次找他谈话，希望祖父参加人民政权的工作，都被他顽固地拒绝了。"文革"后期，祖父住北京西郊花园村，晚饭后习惯在儿孙陪伴下到寓所附近散步，常常路遇一位老者，也在家人簇拥下遛弯儿，两人相视，彼此点头示意，却不说话。问起老者是谁，祖父答是何长工。当时家人奇怪，祖父怎么会认识中共党内这位老资格的著名人物？后来方知，这两位湖南同乡，早在1948年底就在哈尔滨相识了。可惜限于当时"文革"的特定环境，相互间无法再深入交往啊。

国民党第 60 军起义后，东北解放军第 1 兵团司令员肖劲光将军（中）、政委肖华将军（左）与原国民党第 60 军军长曾泽生亲切交谈。（此照片由台湾秦风先生提供）

1948 年 10 月底，东北解放军在黑山、大虎山地区围歼从沈阳出援锦州的廖耀湘兵团。（此照片由台湾秦风先生提供）

1948 年 11 月，东北解放军攻占沈阳，东北全境宣告解放，图为东北军民欢庆解放。（此照片由台湾秦风先生提供）

1948 年底，郑洞国将军在哈尔滨解放军官教导团学习。左为廖耀湘，右为范汉杰。

祖父到哈尔滨不久，东北形势发生了天翻地覆的变化。长春和平解放后，蒋介石飞到北平，亲自指挥驰援锦州未果的廖耀湘第9兵团向辽西撤退，但在黑山、大虎山地区陷入解放军的重重包围，全军覆没，廖本人及部下八万余官兵被俘。11月初，解放军相继攻克沈阳、营口，东北全境宣告解放。

　　曾在最后关头打算把祖父救出长春的杜聿明将军，结局也是一样：1949年1月上旬，身为国民党徐州"剿总"副总司令的杜聿明，在淮海战场兵败被俘，作为战犯被关押改造，直到1959年蒙政府特赦，成为新中国的公民。

　　2010年春节长假，我们在家中整理祖父过去的书信，意外发现一封祖父过去的老部下、曾任台湾陆军"副总司令"、时年八十八岁的舒适存将军，1985年3月由台湾写给祖父的充满怀念之情的长信。信中还附着一帧极为珍贵的历史照片。

　　本书286页的这帧照片的历史背景是淮海战役后期，在华东解放军的重围中，身着臃肿棉军装的杜聿明（右）与时任徐州"剿总"副参谋长的舒适存（左），坐在一堆散乱的庄稼秸秆前吸烟，场面凄凉肃杀。后来，杜顾念老友，以催要粮饷为名，一再逼舒氏飞往南京，才使后者免遭军败身死或被俘，从此天各一方。信的背面，舒适存将军用遒劲的笔迹题诗一首：

　　　　昆仑关上歼强敌，芒砀山前叹道穷。
　　　　百战无功余幻影，数奇千古吊英雄。

　　一位当年的抗战沙场老将，晚年身居海岛，与家乡亲人和昔日旧友，咫尺天涯。回首一生，命运多舛，情感凄凄，确令人闻之唏嘘。但若将杜聿明、祖父，抑或廖耀湘、舒适存等昔日抗日名将，当初在中国大陆那段刻骨铭心的失败，仅仅归结为数奇，则恐怕大大失之简单了。

杜聿明（右）、舒适存将军照片正面

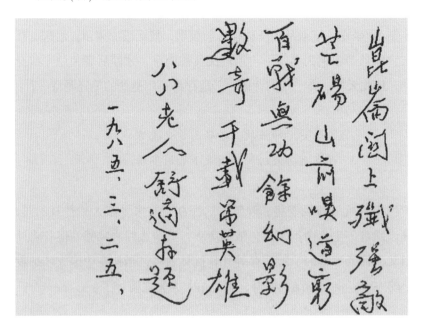

杜聿明、舒适存将军照片背面

第六章

参加新中国建设

祖父在抚顺潜心读书的时候，解放战争的形势也在迅猛发展，解放军相继取得淮海战役和平津战役的伟大胜利后，又打过长江，解放了南京、上海，全国的解放已经指日可待了。对祖父思想影响特别大的是，按历史地位是他前辈的一些国民党高级将领和官员，如张治中、邵力子、程潜等都毅然脱离国民党政权，投向人民怀抱；连祖父的黄埔军校一期同学、曾在四平街与解放军苦战的陈明仁等，也都勇敢起义了。祖父由此认识到，国民党政权确已穷途末路、众叛亲离了，这个阵营中凡有良知的人，都应当以鲜明的行动，作出正确的政治抉择。

祖父在抚顺一直住到 1950 年 8 月，后因身体不适前往上海就医，沈阳军区政治部特地派了一位科长一路陪送。

这时中华人民共和国已经成立半年多了，神州大地气象一新。途经北京小住时，祖父特意看望了自己几十年的老友、后来成为我们外公的焦实斋先生。早在 1933 年长城抗战前后，外公就与祖父等人相识。抗战爆发后，他一度随祖父所在的国民党第 52 军转战各地。中国远征军、中国驻印军入缅抗日作战期间，又先后担任杜聿明将军和祖父驻印度加尔各答的办事处主任。东北内战初，在杜聿明的坚邀下，外公还一度担任国民党东北保安司令长官部的总顾问，后因不满国民党政权的腐败统治，弃官回到北平教育界任教。北平和平解放前夕，他应邀出任国民党华北"剿总"副秘书长，积极协助傅作义将军与解放军和谈，为北平和平解放做出过贡献。

现在老友相见，彼此都很愉快，外婆还亲自下厨做了一桌丰盛的酒菜款待祖父。尽管祖父当时胃病严重，食欲很差。但席间外公谈到新中国成立以来的种种令人振奋的新气象，以及对新中国建设辉煌前景的展望，都深深感染、打动了祖父的心。从老友身上，他似乎看到了自己的榜样。

过了两天，肖劲光和肖华两位将军又请祖父去北京著名的全聚德餐厅吃烤鸭。这次见面，全然不像上次见面时的气氛了，大家有说有笑，谈古说今。祖父特别为过去见面时的生硬态度道了歉，两位肖将军大度地表示能理解当时他的心境。话题转到新中国的建设，两位肖将军希望祖父参加解放台湾的工作。那时祖父的思想虽已有了很大转变，但仍未完全摆脱旧

20 世纪 50 年代初，郑洞国将军（前中）与陈赓将军（前右）、侯镜如（后左）、唐生明（后右）等黄埔军校同学在一起。

的封建思想的束缚，闻言犹豫了半天，才祖露心扉。他表示通过学习，已经认识到国民党政权的反动本质，拥护共产党解放台湾的决策。但碍于海峡彼岸多是自己过去的故旧、袍泽，彼此有着多年的情谊，个人碍难与他们兵戎相见。两位肖将军则说，他们希望祖父出来为人民做一些事情，至于做什么、怎么做，完全尊重他个人的意愿，绝无勉强之意。这种宽宏开阔的胸襟和态度，着实让祖父感动和钦敬。

多年后，祖父与两位肖将军一直保持着朋友般的友谊。肖劲光将军晚年在回忆录中谈及祖父时，称他是一位"正统的军人"。1989 年冬，肖劲光将军在北京病重，特地托友人捎话，希望与祖父见上一面。祖父闻讯，在母亲陪同下，立即赶往解放军总医院，两位曾经在战场上相互厮杀的老将军，双手紧紧地握在一起。不久，肖劲光将军就病逝了，这次见面，成了彼此间的永诀。

在北京逗留期间，祖父还受到周恩来总理的接见和宴请。开始祖父很意外，怎么也想不到时隔多年，政务繁忙的周总理还记挂着他这个不成器的学生。

行文至此，要补述一件事情：1948年10月18日，祖父在长春已经山穷水尽，到了最后关头。为了将他从黑暗中挽救出来，时任中共中央军委副主席的周恩来亲自写信，分析形势，晓以大义，劝祖父顾念当年黄埔之革命初衷，毅然举行反蒋起义，回到人民的行列中。信件原文是：

洞国兄鉴：

欣闻曾泽生军长已率部起义，兄亦在考虑中。目前，全国胜负之局已定。远者不论，近一个月，济南、锦州相继解放，二十万大军全部覆没。王耀武、范汉杰先后被俘，吴化文、曾泽生相继起义，即足证明人民解放军必将取得全国胜利已无疑义。兄今孤处危城，人心士气久已背离，蒋介石纵数令兄部突围，何能逃脱。曾军长此次举义，已为兄开一为人民立功自赎之门。届此祸福荣辱决于俄顷之际，兄宜回念当年黄埔之革命初衷，毅然重举反帝反封建大旗，率领长春全部守军，宣布反帝反蒋、反对国民党反动统治，赞成土地改革，加入人民解放军行列，则我敢保证中国人民及其解放军必将依照中国共产党的宽大政策，不咎既往，欢迎兄部起义，并照曾军长及其所部同等待遇。时机紧迫，顾念旧谊，特电促速下决心。望与我前线肖劲光、肖华两将军进行接洽，不使吴化文、曾泽生两将军专美于前也。

周恩来

十月十八日

据说这封充满黄埔师生情谊的信件是用电报转达到前线的。次日上午，解放军进驻长春时，交给了新7军副军长史说，请他交给祖父。可惜当时祖父的兵团司令部附近枪声四起，秩序混乱，史说派去的人未能把信送到。祖父到哈尔滨解放区后，才知道这件事，对周总理的这番亲切关爱，始终怀着无比感激之情。

那天，祖父准时来到周总理家中，他在黄埔军校时的另一位老师聂荣臻元帅先已在座。一见祖父走进客厅，周总理连忙起身，快步迎了过来，一双炯炯有神的目光注视着祖父，紧握着他的手说："洞国，欢迎你，我们很久没有见面了，难得有这个机会呀——"

一瞬间，百感交集的祖父连视线都有些模糊了，两行热泪几乎夺眶而出。眼前和蔼可亲的周总理，还是当年东征途中的周主任啊！祖父嘴唇嚅动了半天，才哽咽地说："周总理，几十年来，我忘记了老师的教诲，长春解放前夕，您还亲自写信给我，我感谢您和共产党的宽大政策——"

周总理摆了摆手，打断了他的话，微笑着说："过去的事不提了，你不是过来了吗？今后我们都要为人民做点事嘛！"

落座之后，周总理问祖父在北京是否有熟人。祖父想了想说，有位黄埔军校一期的同学李奇中，彼此交谊深厚，据说现在北京。周总理听了略一思忖说，这个人我知道，他现在是政务院参事嘛。随即吩咐工作人员快去请来。过了片刻，李奇中匆匆赶到，师生四人相见，分外亲热。

吃饭的时候，周总理详尽地问其祖父的身体和家庭情况，关切的神情犹如家人一般，使祖父如沐春风，心底泛起阵阵暖流。聊着聊着，周总理又和蔼地问起祖父今后的打算。祖父想了想，有些颓丧地表示，自己别无所长，人也老了，打算回家乡种地去。

"好啊，你在老师面前也敢称老？"李奇中在旁插话道，一桌人闻言都大笑起来。

"洞国，你还不到五十岁嘛，还有很多时间可以为人民做贡献啊。现在国家建设刚刚开始，有许多事情等着我们去做呀。"周总理亲切地说。

周总理诚恳的态度让祖父非常感动，就表示准备先回上海治治病，料理一下家务，再听候安排。

"你先回家休息一下也好嘛，身体养好后随时可以来。"周总理说。

席间，周总理还询问起当年中国驻印军在缅北与盟军联合作战时的情形。当时，朝鲜战争正在激烈进行，美军已将战火烧到鸭绿江边。祖父比较详细地介绍了美军的作战特点，指出美国人打仗主要依靠武器，打不了硬仗，为此还特别举了几个实际战例加以说明。周总理和聂帅听得很认真，不时插话询问。祖父讲到美军非常依赖空中补给，过去中美军队共同执行作战任务时，美国兵行军走累了，就先丢弃武器弹药，然后再丢弃衣服，待到达目的地时，浑身只剩下一条短裤了，活像一只只大毛猴，以致空运的装备只好先全部补充给美军，搞得一些中国军官大发牢骚，不愿与美军一起行动。周总理听得有趣，几次仰首大笑。据说在后来的一些会议上，周总理多次引用祖父讲的这几件事，激励大家要从战略上藐视敌人，坚定抗美援朝、保家卫国的决心。

1950年8月中旬，祖父回到上海，仍旧住在武康路原来的寓所里。上海解放后，人民政府没有将这栋房子收回，让祖父的家眷一直住在这里。

这次到上海，祖父主要是想医治胃病。此病源自他长期艰苦的军旅生涯，本来并无大碍。但困守长春的半年多，精神苦闷，心力交瘁，就使病情严重了，平时不仅没有一点食欲，还经常剧烈疼痛，搅扰得祖父苦恼不已。在有关部门的安排下，他住进上海公济医院，接受公费医疗。经过医生一个多月的精心治疗，祖父又回到家中静养，以后竟慢慢痊愈了。祖父直到晚年，我们再未听说过有胃部不适的情形。

祖父在上海一直休养到1952年6月。这期间，他一面养病，一面关注着国家的建设与发展。

上海本来是祖父很熟悉的地方，抗战胜利后，他在这里住了半年多。

解放前，这座号称"东方巴黎"的城市，可是个名副其实的花花世界、冒险家的乐园。谁知解放刚刚一年多，上海居然大变了样：昔日常见的那些恶霸、流氓、娼妓等等，几乎涤荡殆尽；物价飞涨、商人囤积居奇，导致人们投机、抢购商品、普通百姓痛苦煎熬的社会现象也不见了，整个城市在人民政府的管理下井然有序、生机勃勃，人民安居乐业。

当时境内外一些对新中国缺乏认识的人士，鼓噪什么共产党人可以马上得天下，但未必能马上治天下。祖父对此虽不相信，不过还是认为上海这个地方境况复杂，短期内恐怕很难治理好。现在在事实面前，祖父真是叹服了！以后住得久一些，他目睹经过社会改革和经济建设的迅速发展，这个被帝国主义列强盘踞百年之久，被官僚买办用来奴役人民的作恶渊薮，彻底获得了新生，不仅彻底扫除了旧社会的习气，还使人民生活水平大为提高，并成为我国新型的经济、文化大都市，这让祖父愈加清醒地认识到，自己通过学习作出的政治抉择是正确的，中国只有在共产党的领导下，走社会主义道路，才能实现孙中山先生当年的遗愿，完成中华民族的伟大复兴！

1951 年冬，祖父写信给李奇中，谈到对新中国各项建设成就的认识和振奋心情，准备春节期间再到北京看看。李奇中将此事告诉了周总理。周总理很快给祖父发来电报，邀他去京。

春节前夕，祖父到了北京，日理万机的周总理在政务院再次会见并宴请了他。一见面，周总理还是嘘寒问暖，对祖父关怀备至。祖父也坦诚地向周总理汇报了对中国共产党的新认识，郑重表示愿意参加新中国的建设事业。

听了祖父的汇报，周总理高兴地说："你的思想又有了新的进步，这是值得庆贺的，我代表大家欢迎你。你的年纪还轻些，完全可以多为人民服务嘛。"

"感谢周总理的关怀，我把上海家中的事情安置好，很快来京工作，听候总理安排。"祖父恳切地表示。

周总理爽朗地笑了起来，说："好，好，你可以边学习，边工作嘛。"

1952 年 5 月下旬，祖父给周总理拍发电报，表示一切准备妥当，随时听候周总理安排。周总理很快复电，要他尽快去京。

不久，在周总理的亲切关怀下，刚刚由上海迁居北京的祖父被任命为水利部参事。看到新中国成立仅几年，水利建设工程规模之大、收效之宏，已让世人瞩目，祖父格外振奋，决心竭尽自己的全力，为新中国的建设事业添砖加瓦。

1954 年 9 月，在第一次全国人民代表大会第一次会议上，经毛泽东主席亲自提议，祖父又被任命为国防委员会委员。

过了不久，祖父收到一张套红的烫金请帖。打开一看，原来是毛主席要在家中宴请他！祖父的心情真是既激动又不安，毛主席是党和国家最高领导人，日理万机，还想到他，甚至要设宴款待，这该是多么荣幸的事情呀！但想到自己过去曾一度与共产党为敌，参加工作以来还没有给国家做出什么贡献，却身受种种优厚的待遇，现在又蒙毛主席亲自接见，心里甚觉愧疚。见了毛主席，该说些什么呢？

那天，祖父赶到中南海毛主席家中，贺龙元帅和叶剑英元帅，还有原冯玉祥将军的旧部鹿钟麟将军等早已在座。祖父刚到，毛主席就迎了上来，热情地握手、寒暄、让座。

坐定之后，毛主席操着浓重的湖南乡音，诙谐地笑道："郑洞国，郑洞国，你的名字好响亮呦！"顿时引起大家一阵大笑，祖父原本有些紧张的心情，在笑声中顿时轻松了许多。

接着，毛主席又问祖父吸不吸烟。祖父应声说"吸"，顺手在茶几上取了一支烟。没想到，毛主席十分敏捷地擦着一根火柴，站起身替他点燃了香烟。毛主席这个不经意间的动作，却在祖父心中掀起巨大的波澜。他没有想到，这位深受亿万中国人民敬仰和拥戴的共和国领袖，竟是如此亲切随和、平易近人，没有一点旧社会达官显贵那种虚伪矫饰、盛气凌人的样子。"看来，共产党与国民党就是不同啊！"祖父在心底对自己说。

言谈间，毛主席亲切地询问其祖父全家的生活情况，并鼓励他说："你的家庭生活安排好了，还得多为人民做点工作嘛！你今年才 51 岁，还很

1954 年 9 月，毛泽东主席（前排右七）在北京中南海，与中华人民共和国第一届国防委员会委员合影。后排左起第一人为郑洞国将军。

年轻呦！"祖父很惊讶，原来毛主席这样了解他，连自己的年龄都知道。他真诚地表示今后要好好为人民服务。

大家愈谈愈投机。祖父那些年已经读了不少毛主席的著作，对毛主席的思想和学问极为敬仰，也在探讨着如何更深入地掌握好马克思主义世界观。因此谈着谈着，他突然问了个不甚"得体"的问题："毛主席，您的马列主义为什么学得这样好呢？"

毛主席闻言，略怔了怔，似乎没有料到祖父会提出这样的问题。祖父自觉问题问得唐突，也颇有些不好意思。

毛主席却不在意，爽朗地笑道："我当年接受马列主义以后，总以为自己已经是个革命者了。哪知道一去煤矿，和工人打交道，工人不买账。因为我还是那么一副'学生脸'、'先生样'，也不知道怎么做工人的工作。那时我整天在铁道上转来转去，心想这样下去怎么行呢？想了很长时间，才有些明白，自己的思想立场还没有真正转变过来嘛！——"

毛主席又加重语气说，自己也不是生而知之的圣人，而是在向社会学习、向群众学习的过程中逐步走上革命道路的。他还说，一个人的思想总是发展的，立场是可以转变的。只要立场转变了，自觉地放下架子，拜人民为师，这就灵了，学习马列主义也就容易学好——

祖父心里明白，毛主席是在以自己的切身体会开导他，鼓励他进一步转变立场，走上为人民服务的道路呀。

毛主席在宴席上讲的这些话，影响了祖父整整后半生。从那以后，他一直牢记着这些谆谆教诲，努力改造世界观，全身心地投身于社会主义革命和建设事业。

　　这帧在海内外广为流传的照片，拍摄于 1959 年 10 月 19 日。那天，周恩来总理在北京颐和园亲切会见各位黄埔校友。今天，我们仍不难从照片中看到，绽放在每位黄埔师生脸上的发自心底的欢笑，洋溢着浓浓的黄埔深情！前排左起：李奇中、周恩来、陈赓、邵力子、张治中、郑洞国。中排左起：黄雍、唐生明、覃异之、侯镜如、杜聿明、周振强。后排左起：王耀武、杨伯涛、郑庭笈、周嘉彬、宋希濂。

　　上面这张照片中的黄埔学生，多是国民党军队中声名赫赫的战将，却在解放战争中先后被俘。1957 年，祖父郑洞国曾随张治中、卫立煌、邵力子等，前往北京德胜门外功德林的国民党战犯管理所，看望这些旧友、袍泽。昔日沙场生死别，今日北京重相逢，彼此都有恍如隔世之感。特别是祖父与杜聿明东北一别，转眼十载。祖父简直不敢相信，眼前的杜聿明神清气爽、健康焕发，再不是当年躬腰跛腿，满面病容的样子了。他真是由衷地感叹共产党政策的伟大。在党和政府的关怀、教育下，杜聿明等人于 1959 年蒙特赦，成为新中国的公民，从此忘我地投身于社会主义革命和建设的事业中。

　　长期的军旅生涯，养就了祖父朴素平实的生活习惯。他一生不置私

　　1959 年 10 月 19 日，周恩来总理与他的黄埔学生们在北京颐和园合影。左起：郑庭笈、宋希濂、周恩来、周振强、杨伯涛、杜聿明、王耀武。

　　周恩来（第二排左五）、邓颖超（第二排左四）夫妇与黄埔师生及家属同游颐和园。前排右起第三人为郑洞国。

郑洞国夫妇（第二排左二、左一）与杜聿明（第二排左三）、黄翔夫妇（第二排右一、右二）及家人合影。当年大战昆仑关的第5军军长、副军长、参谋长，都定居北京，过着幸福、安定的生活。

　　20 世纪 50 年代初，郑洞国先生与原国民党起义将领侯镜如（左）、覃异之（中）在北京寓所亲切交谈。

　　20 世纪 50 年代初，郑洞国先生与黄埔军校同学、老友侯镜如（左）、黄翔（右）在北海公园合影。

　　20世纪50年代中期，郑洞国先生（前左）与覃异之（前中）、唐生明（前右）等民主人士，前往北京模式口参加农业生产劳动。

　　郑洞国先生（前左起第二人）在北京模式口参加田间劳动。前右起第一人为覃异之，第三人为周嘉彬（黄埔军校毕业生、原国民党起义将领、张治中将军长婿）。

　　郑洞国先生（右二）在北京模式口参加劳动时小憩。在这几张照片中，人们可以从郑洞国先生等人脸庞上洋溢的笑容，感受到他们在新中国的幸福生活。

　　1957 年 3 月，在第二届全国政协三次会议期间，部分黄埔校友在北京欢聚一堂。左起：覃异之、陈铁、郑洞国、傅正模、肖作霖、彭杰如。（此照片由台湾秦风先生提供）

　　1961年6月，部分黄埔校友与亲属游览北京潭柘寺。右起：杨伯涛、覃异之、杜聿明、郑洞国。（此照片由台湾秦风先生提供）

　　1965年7月20日，原国民党政府代"总统"李宗仁（前左三）及夫人（前左五），辗转从美国回到祖国首都北京，在机场受到周恩来（前左四）、彭真（前左一）、贺龙（前左二）、郭沫若（第二排右一）等党和国家领导人的热烈欢迎。第二排右三戴墨镜者，为祖父郑洞国。

1965 年 7 月 20 日，周恩来总理在北京人民大会堂举行盛大宴会，欢迎李宗仁夫妇回国。
第二排右起第十五人为郑洞国先生。

元·赵孟頫绘《浴马图》卷。这张绘有十三匹骏马和九名奚官的绢本重彩画，是赵孟頫的中年力作。图中人物、马匹栩栩如生，满卷唐风宋韵，意境幽远隽美，现为国家一级文物。

产，不追求奢华，最大的爱好就是读书，从青少年起直到晚年，始终手不释卷，以诗书相伴。我们家中现有的藏书中，很大一部分都是祖父遗留下来的。

祖父还有一个爱好，就是鉴赏、收藏中国书画。他从何时开始成为此道中人，已不得而知。但其一生最重要的收藏时期，无疑是在东北内战期间。

抗战胜利后，被伪满"皇帝"溥仪携带出宫的大量散佚书画，沦落于长春等地，成为国内外古玩商人争相追逐之物。酷爱中国书画收藏的祖父，痛感国宝流失，就于军书旁午之暇，设法收购了一部分。1948年3月，他奉命去长春前，预感前途难测，曾委托友人将其中一部分送回上海家中，孰料此人不良，竟将其私藏，后乘战乱又拐带出境变卖，至今下落不明。长春和平解放后，剩余的书画除个别由祖父随身携带离开长春外，其余大部分混杂在军事地图和军事资料中，一直无人问津。

20世纪50年代后期，始终牵挂这批文物下落的祖父，以全国政协委员的身份，向国家文物部门正式反映了此事，并表示愿意将其全部捐献给国家。

这件事引起了时任国家文化部文物局局长的郑振铎同志的高度重视，他亲自与沈阳军区联系，终于在沈阳军区副政委周桓的主持下，使这些稀

世珍宝陆续地重见天日。

这批书画包括：《王羲之一门书翰》（又称《万岁通天帖》——作者注）、元代大画家王蒙的《太白山图》，以及五代杨凝式的《夏热帖》、辽代胡瓌的《卓歇图》、明代沈周的《仿王蒙山水》等，现均藏于辽宁省博物馆。

我国著名书画鉴定家、辽宁博物馆名誉馆长杨仁恺先生，就是当年根据祖父提供的线索，具体担任寻找和鉴定上述散佚书画的负责人，后来他在《国宝沉浮录》一书中，对此作了详尽的记载。2004年10月底，本书作者之一郑建邦率团赴台参访归来途经香港，在一次宴会上与因公来港的杨老邂逅。谈起这段往事，当时已年届九旬的杨老，连连称赞祖父当年保护和捐献这些国宝的义举。

1964年前后，祖父又将一直珍藏在身边的两件稀世国宝，即元代大书画家赵孟頫的《浴马图》长卷，以及赵孟頫与其子赵雍的《上中峰札》合卷，全部捐献给北京故宫博物院。

祖父对这些事情看得很开通。他始终认为，这些珍贵的国宝，是我们中华民族数千年灿烂文化的结晶，它们源自于社会和人民，最终也属于社会和人民。他和他的子孙，不便私自拥有。

1968年2月1日（农历正月初三），郑洞国先生（后右）和夫人顾贤娟女士（前右）看望老友、亲家焦实斋先生（后左）和夫人金一清女士（前左）。当时"文革"极左路线搞得人人自危，老朋友间已很少走动，但由于是亲家的缘故，郑洞国先生与焦实斋先生还保持着正常的往来。

在中国这样一个有着几千年封建主义传统的贫穷落后国家，探索社会主义革命和现代化的道路，注定不会是一帆风顺的。继1957年"反右"扩大化后，1966年"文革"浩劫开始肆虐神州大地。

实事求是地讲，对这场铺天盖地而来的政治运动，祖父尽管有不少不能理解和接受之处，但出于对共产党和毛主席的忠诚和信仰，他还是认为这是实现社会主义伟大理想的必要途径，为此认真学习，努力改造思想，极力不使自己在政治上掉队。直至1971年林彪外逃事件发生，祖父才开始意识到，国家前进的方向可能出了问题。"文革"后期，有人叫嚷"批林批孔批周公"，将矛头指向周总理，祖父十分反感。对"四人帮"鼓吹的"宁要社会主义的草，不要资本主义的苗"之类的荒诞逻辑，他也颇不以为然。1976年初，敬爱的周恩来总理病逝，一向喜怒不形于色的祖父数度失声痛哭，他既为自己失去一生最为敬仰的恩师而万分悲痛，也为祖国和人民未来的命运而担忧！

20 世纪 70 年代初，郑洞国先生摄于北京花园村寓所。

"**文革**"期间，祖父由于受到周总理的保护，除了一度被红卫兵小将们抄家外，本人没有受到直接的冲击，但也还是处于朝不保夕的逆境之中。难能可贵的是，尽管身处逆境，祖父却始终保持着自己一贯的做人准则，既不攀附权贵求闻达，更不构陷他人图自保。

贺龙元帅是湖南桑植人，与祖父的家乡石门相邻。土地革命时期，贺老总曾带领红军在湘西北石门、桑植一带坚持武装斗争。石门夹山寺的墙壁上，至今还保留着当年红二方面军书写的革命标语。中华人民共和国成立后，或因彼此同为军人，又是小同乡的缘故，性情爽朗的贺老总在一些公开活动场合经常主动与祖父攀谈，祖父也非常敬仰这位"两把菜刀闹革命"的中国"夏伯阳"式的传奇英雄，两人相处十分投缘，贺老总曾主动留下联络方式，邀请祖父去他家中做客。但祖父考虑贺老总身为国家元勋，事情也忙，始终未曾去打扰他。"文革"中，贺老总落难了。于是有人出来，要祖父揭发贺老总的"罪行"。祖父如何肯做这等事？便以与贺老总没有私下交往，不了解情况为由而拒绝了。

不久，海军中的造反派又找上门来，让祖父证明海军司令部副参谋长张学思是叛徒、内奸。说起来，给张学思定的罪名真似天方夜谭：据讲在东北内战期间，身为东北军调组共方负责人的张学思，准备投降国民党，还让其兄张学良派人前来受降。

祖父听了颇为诧异，当年他是东北国民党政权的重要军事负责人，还两度代理过全面的军事责任，似这类军机大事，自己为何丝毫不知？来人提醒，也许是人老了，日久健忘，况且此事张学思本人也招认了，让祖父无论如何也要多回忆一下。可是这种没影儿的事情，怎么能凭空"回忆"得起来？对方来了多次，祖父被纠缠得万般无奈，只好表示实在无法再回忆了，自己也不能平白无故地冤枉好人。

"什么？你不冤枉好人，难道是我们冤枉好人了？！"那伙人一反往日的客气态度，大声咆哮起来，顿时凶相毕露。

"你们冤枉没有冤枉好人我不知道，反正我不能冤枉好人。对不起，我累了，要去休息一下！"向来自尊自重的祖父冷冷地回答，然后起身离去，将那伙人尴尬地留在客厅里。

祖父很清楚，这样做的结果可能会是什么，但他有自己做人的标准和底线，决不会因个人安危而放弃。

不能冤枉好人这句话，也让祖父的老部下田申感触良深。他的父亲田汉，也就是中华人民共和国国歌的词作者，在"文革"中因遭迫害而惨死。前文说过，田申曾作为中国人民解放军战车团团长，在开国大典上指挥战车群雄壮地驶过天安门广场，接受毛主席等党和国家领导人的检阅。但在"文革"中，由于是田汉的儿子，他也注定在劫难逃，身陷囹圄，受尽折磨。

一次审讯中，在专案组人员出示的外调材料中，他意外地发现了曾十分熟悉的祖父笔迹："陈惟楚（田申曾用名——作者注）曾在我部下参加了反攻缅甸的抗日战争，"两行热泪顿时在这条铮铮硬汉的脸膛上滚滚而下。要知道，在那个特定的年代里，为田汉的儿子实事求是地作出这样的证明，可是需要一定勇气的！

20世纪80年代中期，担任黄埔军校同学会副秘书长的田申同志（左）与时任黄埔军校同学会副会长的郑洞国先生正在商议工作。

后来田老多次深情地回忆说：桂公是一代名将，部下袍泽僚属众多，我仅在他帐下供职数年，又非亲非故，想不到在经历数十年政治风云变幻之后，身处逆境的他，还记得陈惟楚其人，并顶住压力如实地证实了陈惟楚其事。在那个人妖颠倒、是非混淆的时期，这该是多么高尚的品德！

"疾风知劲草"。十年"文革"，是对每一个人灵魂的拷问。以上几个事例，不过是祖父在"文革"期间经历的点滴。但一叶知秋，以祖父这样的风骨与良知，应不愧为仁者矣！

"文革"初期的混乱局面稍定，全国政协于1973年夏组织在京的部分全国政协委员到京外视察。行前，周恩来总理百忙中拨冗来看望大家，并亲切地讲了话。

自"文革"以来，祖父已经几年没有近距离地见到周总理了，欣喜之余，望着周总理因过度操劳而日见消瘦、苍老的脸庞，心头不由泛起一阵酸楚，他多希望这位人民的好总理，能够为国珍重啊。

1973 年夏，郑洞国先生（右前）在福建厦门鼓浪屿观察金门岛。

1973 年夏，郑洞国先生（左）在福建厦门鼓浪屿。

　　1973年夏，郑洞国先生（后排右二）与杜聿明（后排右一）、侯镜如（前排左一）、宋希濂（后排站立者）、程思远（前排右一）等摄于广州白云山。

　　1973年，郑洞国先生（右二）、与杜聿明（右一）、宋希濂（左二）、侯镜如（左一）摄于湖南长沙爱晚亭。

　　1974 年 10 月 18 日，郑洞国先生（左二）等与旅居日本回国观光的原国民党高级将领商震先生（左三）会见。左一侯镜如先生，右二杜聿明先生。（此照片由台湾秦风先生提供）

　　1975 年，根据毛泽东主席的指示，政府有关部门宣布特赦关押的最后一批国民党军政人员。这是 3 月 29 日，杜聿明、郑洞国会见特赦人员时，郑洞国先生与在淮海战役中被俘的文强先生合影。

　　1977年，祖父郑洞国先生（右三）与杜聿明（左一）、宋希濂（右一）、侯镜如（左二）等，在黄埔军校大门前合影。

　　1978年，郑洞国先生前往北京协和医院，看望因病住院治疗的杜聿明先生（右）。

1980 年，民革中央领导人与由美国回国观光的已故民革中央副主席龙云先生之子龙绳德先生一家亲切会见。前排右起：郑洞国、程思远（著名无党派爱国人士）、朱学范、傅学文（邵力子先生夫人）、钱昌照；后排右起：乔奇（龙云先生外甥）、龙绳德、甘祠森、贾亦斌、龙绳德之女、全如珣（龙绳德先生夫人）。

1981 年 5 月 6 日，杜聿明先生病逝北京。

年近八旬的祖父，从杜夫人曹秀清女士电话中得知噩耗，顿时泣不成声。杜与祖父，同为黄埔军校一期同学，自 1933 年长城抗战订交始，彼此交谊近五十载，其间几度合作共事，渐成刎颈之交。杜病重后，祖父已知其将不治，但杜的离去一旦成为严酷现实，仍让他大恸不已。杜夫人曹秀清女士为此深受感动，每逢老友便云："桂庭不容易，桂庭不容易呀！"

先前，杜聿明在淮海战役中兵败被俘，杜夫人曹秀清扶老携幼地带着一家人去了台湾，以后又为生计辗转到了美国。1959 年杜聿明蒙党和政府特赦后，杜夫人立即赶回祖国大陆与其团聚。杜去世后，杜夫人一时失去生活来源。祖父知道后，又马上向有关方面反映，曹秀清女士不久当选为全国政协委员。这种政治安排，体现了党和政府对杜一家的褒扬和关怀，但祖父对老友的一片拳拳之心，亦从中可见矣！

20世纪 50 年代中期，祖父在老前辈张治中、邵力子先生的介绍下，加入了民革。1979 年 10 月，在民革五届一中全会上，祖父当选为民革中央副主席。当时，国家正处于拨乱反正、百废待兴之时，祖父以近八旬之年，积极建言献策、参政议政，忘我地投入到民主党派的工作中。

1981 年 1 月 14 日，在北京的部分黄埔军校校友就叶剑英元帅 1979 年发表的《告台湾同胞书》举行座谈会。祖父在座谈会上发表了热情洋溢的讲话。

1981 年 1 月 14 日，在北京的部分黄埔军校校友就叶剑英元帅 1979 年发表的《告台湾同胞书》举行座谈会。正面沙发左起第三人正在发言者为郑洞国先生。(此照片由台湾秦风先生提供)

1981年6月3日，郑洞国先生（左一）在宋庆龄同志追悼大会上。

1981年5月29日，孙中山先生的夫人、国家名誉主席宋庆龄同志不幸逝世，享年八十八岁。祖父作为宋庆龄同志治丧委员会委员，出席了6月3日在北京人民大会堂举行的宋庆龄同志追悼大会。

1981 年 10 月 14 日，郑洞国先生（左一）在黄埔军校同学座谈会上发言。（此照片由台湾秦风先生提供）

20 世纪 80 年代中期，郑洞国先生在中共中央统战部召开的座谈会上发言。

1987 年 11 月 20 日，郑洞国先生与陈再道将军（左），共同出席第六届全国运动会开幕式时摄于广州。

20世纪 80 年代初，耗费祖父很大精力的一件事情，就是协助党和政府，为那些在极左时期受到不公对待的原国民党起义投诚官兵落实政策。那段时间，来信来函者、登门上访者不计其数，祖父倾其所能，不遗余力地帮助那些昔日的袍泽故旧。当时祖父的工资待遇是行政九级，每月 245 元人民币，在当时可谓高薪阶层了。可有相当一个时期，每月为协助原国民党起义投诚人员落实政策、出具证明等耗费的邮资，竟达他月工资的三分之一。还经常有些身无分文的上访老兵找上门来，祖父吩咐家人留饭留宿，走时再馈赠一些钱物。民革中央知道后，提出有些开支可以由公家负担。祖父却执意不肯，他希望尽量为国家减轻一些负担，也愿意用这种方式为过去的部属们尽尽心力。

祖父与陈再道将军何时稔熟，我们已无从得知。记得 20 世纪 70 年代末，每逢周末，我们孙辈们轮流陪同祖父去全国政协礼堂观看电影，几次见到一位身体健朗、行动敏捷的老者，远远望见祖父，便热情地打着招呼，快步走来，与祖父站在过道边，亲热地交谈着什么，直到开演的铃声响起，才各自匆匆返回座位。

1987 年冬，郑洞国先生与民革中央主席屈武（左）在民革"七大"上。

　　1987 年冬，郑洞国先生（左一）与屈武（右二）、朱学范（左二）、贾亦斌（右一）等民革
领导人在民革"七大"开幕式上。

郑洞国先生（右一）、与朱学范（中）、黄翔（左一）等民革老友在一起

郑洞国先生（右一）与朱学范（左二）、钱昌照（左一）、孙越崎（右二）等民革领导人在一起

20 世纪 80 年代中期，国家副主席乌兰夫同志亲切会见郑洞国先生。

郑洞国先生（右）与侯镜如（左）、孙越崎（中）亲切交谈

20 世纪 80 年代中期，郑洞国先生与全国政协主席邓颖超同志互致问候。

20 世纪 80 年代中期，郑洞国先生（右）看望黄埔军校一期同学李奇中。

　　1986 年，郑洞国先生（前左）与著名剧作家吴祖光（后右）、著名戏曲表演艺术家新凤霞（前右）夫妇及其女儿吴霜亲切交谈。

　　1986 年 3 月，郑洞国先生（右）与全国政协副主席、中国佛教协会会长赵朴初先生摄于深圳。

1986 年 3 月，郑洞国先生与全国政协副主席、著名科学家钱伟长同志（左），摄于广东深圳。

20 世纪 80 年代后期，郑洞国先生（左）在北京木樨地寓所与老友、著名书法家萧劳先生愉快交谈。

20 世纪 80 年代后期，郑洞国先生与香港著名爱国人士徐四民先生（左）在一起。

　　一次电影散场后，我们终于忍不住问起，那位经常与祖父攀谈的老者是谁？祖父略显惊奇地说："哦，你们不认识他么？他就是陈再道将军嘛！"

　　"啊！"我们惊讶地几乎叫了起来。要知道，陈再道其人，当时在神州大地几乎是家喻户晓。我们小时候，在学校的课本里，红军长征强渡大渡河的十七勇士中，就有这个响亮的名字。"文革"中一道社会传闻，更让陈再道声名显赫：当时湖北的造反派受人指使，欲将担任武汉军区司令员的陈再道将军置于死地。据说毛主席闻讯说了一句"中国没有杀陈再道的刀！"他立刻化险为夷。

　　我们至今成谜：祖父是知识分子出身的原国民党将领，陈再道将军则是解放军中由放牛娃成长起来的一员猛将，两人政治背景、社会经历、性格秉性大不相同，为何如此投缘呢？也许就是两位身经百战的军人之间的惺惺相惜罢！

1984 年 6 月，郑洞国先生在纪念黄埔军校成立六十周年大会上发表《继承发扬黄埔精神，实现振兴中华宏图》的讲话。

1984

年 6 月，黄埔军校同学会在京成立，祖父当选为副会长。他非常重视这项工作，不顾自己年迈体弱，积极联络海内外黄埔同学，共同推动祖国的和平统一大业。

1984 年 6 月，祖父郑洞国先生在纪念黄埔军校成立六十周年大会上，发表题为《继承发扬黄埔精神，实现振兴中华宏图》的讲话。他在讲话中真诚地希望台湾和海外校友，重温孙中山先生的教导，正视历史和现实，继承和发扬真正的黄埔精神，为实现祖国统一大业，共建振兴中华的宏图而做出新的贡献，也为自己的一生写下最后的，也是最光辉的篇章。

1986 年，郑洞国先生与黄埔军校同学会副会长程子华同志（右），正在商议工作。

1986 年 11 月，郑洞国先生与黄埔一期同学、原国民党高级将领黄维先生（左）亲切交谈。

1986 年 11 月，时任中共中央领导人的胡耀邦同志，在北京亲切会见黄埔校友。

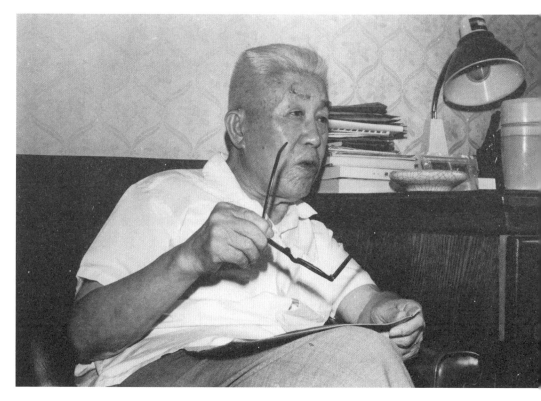

1986 年夏，郑洞国先生在木樨地家中接受媒体采访。

祖父晚年，经常接受媒体的采访，他最大的愿望，就是早日实现祖国的统一。他曾指出，当年的黄埔精神，从根本上讲，就是爱国和革命的精神。他希望两岸校友和骨肉同胞，捐弃前嫌，以诚相见，以国家民族利益为重，共同促进祖国和平统一。

　　1989年冬，郑洞国先生在家中会见由台湾回祖国大陆观光的旧属、台湾退役将领刘立忠先生夫妇（右一、左二）及其家人。

　　1990年春，郑洞国先生与从台湾率团来访的黄埔军校第一期同学邓文仪（左）摄于北京钓鱼台国宾馆。

陪同邓文仪与昔日黄埔军校一期同学徐向前元帅合影。右起：邓文仪、郑洞国、侯镜如、徐向前。

　　祖父晚年接待了许多从台湾和海外回祖国大陆探亲、观光的昔日部属、袍泽们。台湾退役将领刘立忠便是其中的一位。不久前，刘立忠将军的女儿刘贤芬夫妇从台湾来京，我们回忆当年两家人欢聚时的情景宛如昨日。我们也相约，老人们虽然都不在了，但我们两岸黄埔后代的情谊要代代相传。

　　1990年5月，祖父与率团从台湾到大陆参访的黄埔军校一期同学邓文仪，在北京钓鱼台国宾馆见面。黄埔军校同学会成立后，在联络海内外校友、促进祖国和平统一方面，做了大量工作。这次邓文仪率团来访，在海峡两岸之间，引起了很大反响。

　　陪同邓文仪拜会昔日黄埔军校的老师聂荣臻元帅。右起：聂荣臻、侯镜如、郑洞国、张瑞华（聂帅夫人、黄埔军校五期学生）。

　　1990年9月，郑洞国先生在医院会见台湾孙立人将军义子、加拿大侨界人士揭钧先生（左），他是祖父晚年最后会见的几位台湾和海外客人之一。

孙立人将军 1947 年奉调去台湾担任军职，20 世纪 50 年代中期，台湾当局以莫须有的罪名将其解职软禁，从此销声匿迹达三十余年，1988 年才恢复人身自由。

几十年不见，祖父与孙将军始终彼此挂念着。孙立人将军恢复自由后，经常委托昔日旧部潘德辉、揭钧等，往返两岸间传递相互讯息。他临终前，曾对潘德辉等人感叹道："我一生只敬佩两位长官，一位是宋子文先生，一位是郑洞国将军。"

熟悉孙立人经历的朋友都知道，宋子文曾对孙立人有知遇之恩、再生之德，而祖父与其不过是在印缅、东北两度共事而已，但孙立人将军对祖父的尊敬程度，几与宋子文等同，且终生不渝，着实令人感佩。

1990 年春，年迈的孙立人将军曾亲笔给本书作者之一郑建邦复函说："令祖为当代儒将，四十余年不见，积念至深，起居时幸为致意，立人敬爱之忱一如往日也。"

祖父几次邀请孙立人回乡扫墓、探亲，孙也欣然表示，愿在健康和时机允许的情况下尽快成行，不料却于 1990 年 11 月在台溘然长逝。重病中的祖父闻此噩耗，十分悲痛，特命家人代致唁电曰："惊悉仲能（孙立人表字仲能——作者注）将军病逝，至为痛悼。遥想当年鏖战缅北，痛歼日寇，共建殊勋。往事历历，至今难忘。近年来两岸往来日多，正期待相见有期，渠料遽尔永诀，憾何似之！"两个多月后，祖父也在北京病逝。

几十年来，两位曾在抗日战场上一道出生入死的战友，隔着一道窄窄的海峡，相互苦苦思念，却始终未能再见上一面，留下了永久的遗憾！

第七章

家庭生活

祖父自青年时代起，便开始了动荡不宁的军旅生涯，除了抗战胜利后在上海安稳地住了半年多，前半生几乎没有体验过幸福的家庭生活。

我们的祖母覃腊娥，也是湖南石门人。她与祖父的结合，完全是父母之命、媒妁之言。祖父成婚时，只有十五岁，而祖母已经二十三岁了。这在今天的年轻人看来，似乎是不可思议的，但以当时的湘西风俗来说，却是相当普遍的事情。

祖母没有什么文化，不过性情温厚贤淑，持家勤勉节俭，虽然与祖父聚少离多，彼此的感情却相当深厚。1930 年，担任中央军团长的祖父，正参加中原大战。祖母携子女在武汉居住，不料一场伤寒病，过早地夺去了她的生命。大战结束后，在陕西潼关驻军的祖父方从家人口中得知噩耗，当即昏厥于地，苏醒后恸哭不已。

限于当时条件，祖母除了一张画像，没有留下其他任何让祖父和子孙们怀念的物件。父亲七岁丧母，在兵荒马乱、颠沛流离的年代里，他始终将这张母亲的画像珍藏在身边，却不幸毁于"文革"浩劫中。

1933 年，正在南京中央军校高等教育班第一期受训的祖父，经石门同乡、国民党中央候补执行委员肖忠贞先生介绍，与肖夫人的堂妹陈碧莲小姐结婚。

继祖母是江西上犹人，当时年方十七，美丽聪颖，祖父与她婚后虽未育有子女，但感情还是相当融洽的。据继祖母陈碧莲后来回忆说，当时祖父四处征战，只要军队一有短暂驻扎时间，她便赶去与祖父团聚。

这位继祖母与祖父的婚姻维系了二十年。20 世纪 50 年代初，祖父应周恩来总理之邀迁居北京，陈氏以不服北方水土为由，向祖父提出离婚。两人经协商，友好地分了手。

长辈们的离异，是否还有什么别的原因，我们不得而知。不过看得出，这件事对祖父精神上的伤害还是不小的。尽管两人离异后还保持着朋友般的往来，但"文革"后期，陈氏再婚的男人亡故，她听说祖父也已单身，曾几次试图与祖父破镜重圆，儿孙们也极力从旁推动，但都被倔强的

郑洞国将军与夫人陈碧莲新婚不久后的合影,摄于 20 世纪 30 年代。

陈碧莲摄于抗战初期　　　　　　　20 世纪 50 年代初的陈碧莲

祖父拒绝了。

　　2006 年，身为上海市文史馆员的陈碧莲以九十高龄辞世。陈氏晚年居住在上海，孙辈们每逢去沪，都要看望她。大家一见面，谈得最多的话题永远是我们的祖父。陈氏多次痛悔地表示，祖父是她一生的慈兄和师长，与祖父二十年的婚姻生活，是她生命中最值得珍视的纪念，而当年轻率、任性地与祖父离异，则是自己一生中犯下的最大错误。

20世纪50年代初，郑洞国先生在北京寓所书斋中看画报。

郑洞国先生与顾贤娟女士新婚合影

　　1955年，经黄埔军校一期同学、民革中央主席李济深先生的秘书周泽甫介绍，祖父与自幼生长在西子湖畔的女子顾贤娟女士结婚。顾氏当时三十五岁，带着与前夫养育的一女，同祖父组成新的家庭。婚后一年，祖父与继祖母顾氏生有一女，取名安玉，祖父非常高兴，将她视若掌上明珠。

　　不久，我们的父亲郑安飞和母亲焦俊保也结婚了。祖父与外公焦实斋先生是多年的老友，现在又成为亲家，郑、焦两家为此格外高兴。祖父自幼生活贫苦，后来又经历了二十余年漂泊不定的戎马生涯，直到这时，才过上一生从未有过的幸福、安定的家庭生活。

1961年，郑洞国先生与全家人合影。后排右起：长子郑安飞、长女郑凤云、郑洞国先生、夫人顾贤娟、长媳焦俊保。前排右起：长孙郑建邦、小女郑安玉、次孙郑耀邦。这张照片是郑洞国先生的老友、著名摄影家黄翔先生亲自拍摄的。

祖父与我们的祖母覃腊娥育有一女二子。由于祖母早亡，祖父又四处征战，姐弟三人自幼就过着寄人篱下、漂泊不定的生活。

1938年，姑母郑凤云高中还未毕业，便嫁给了其表兄陈某。据说两人尚在襁褓中，双方长辈便说定了这门亲事。及姑母临出阁时，闻悉未来的丈夫是个连大字都不识几个的粗俗农夫，找到祖父闹着退婚。祖父拍案大怒道："难道我做了师长，就不认亲了吗？郑家绝不准出陈世美！"姑母大哭了三日，最后还是屈从祖父，嫁到了陈家。以后她一直生活在石门乡间，由于是地主成分，历次政治运动饱受磨难，一生过着凄苦的生活。这件事成了祖父心中的隐痛，但他后来能做的，也只能是不时在经济上接济一下这个苦命的女儿而已。

我们的父亲郑安飞是祖父长子，1952年在上海同济大学建筑系毕业后，分配到东北工作。"文革"中，我们的父母亲曾饱受迫害，直到20世纪70年代末，才在上级组织的照顾下，全家人迁居北京。

叔父郑安腾是祖父次子，1948年冬去台，以后杳无音讯。

1958 年冬，郑洞国先生与长孙郑建邦。这张照片是著名摄影家黄翔先生拍摄的。

1969 年，郑洞国先生与夫人顾贤娟合影。

继祖母顾氏于 1972 年在北京病故，当时我们的父母远在东北，祖父只能与小女儿安玉相依为命。

没有想到，几年后，一场突如其来的不幸向祖父袭来：1977 年，在北京外文印刷厂工作的小姑姑安玉，被厂内一个因求爱不成的男青工残忍杀害。案件很快便破获了，凶手被依法严惩。祖父晚年痛失爱女，精神上受到的打击让人无法想象，但他坚强地挺住了。只是经此一劫，老人原本健朗的身体大不如前了。后来组织上为照顾祖父生活，将我们的父母调到北京工作，才使他过上了含饴弄孙的幸福晚年生活。

1985 年，祖父被评为全国健康老人。

继 1987 年春重孙女琳琳降生后，1989 年夏重孙佳佳又呱呱坠地了。四代同堂的美满家庭生活，给晚年的祖父带来极大的欢愉。

20 世纪 70 年代，郑洞国先生摄于北京西郊花园村寓所。

1989 年，郑洞国先生与长子郑安飞、儿媳焦俊保、重孙女琳琳在北京木樨地寓所合影。

1986年1月24日，郑洞国先生八十三岁寿诞时，摄于北京木樨地寓所。此前不久，他刚刚被评为全国健康老人。

1986年春节，郑洞国先生与亲家焦实斋先生（右）摄于北京木樨地寓所。

1986 年春，郑洞国先生摄于广州珠岛宾馆。

1986 年 10 月 1 日，郑洞国先生在北京木樨地寓所附近晨练。

1987 年夏，郑洞国先生在江西庐山休养。

1987 年 11 月，郑洞国先生与长孙郑建邦摄于广州黄埔军校旧址前。

1989 年 1 月，郑洞国先生八十六岁诞辰时与全家人合影。前右起：郑洞国、儿媳焦俊保、重孙女琳琳；后排右起：次孙媳穆继云、次孙郑耀邦、长子郑安飞、长孙郑建邦、长孙媳胡耀平。

将军童趣，天伦之乐——郑洞国先生与重孙女琳琳。

1989 年冬，郑洞国先生与重孙佳佳。

郑洞国先生晚年在北京木樨地寓所

1990 年 5 月，郑洞国先生摄于北京钓鱼台国宾馆。

第八章

身后哀荣

在郑洞国先生遗体告别仪式上，中共中央政治局常委宋平（左）代表中共中央向家属表示亲切慰问。

1991 年1月27日，我们的祖父郑洞国将军，这位经历了东征、北伐和抗日战争无数战阵和硝烟的一代名将，走完了八十八年的漫漫人生之路，病逝于北京。

近半年前，祖父因脑血栓与心脏病并发，住进北京协和医院。他预感到自己的生命已走到了尽头，对守候在病榻前的长孙郑建邦说："我曾是军人，对生死已看得很淡。你们要好好生活，不要为我难过。我现在对国事、家事均无所憾，只可惜没有看到祖国统一。一旦国家实现了统一，国民革命就算彻底成功了！"此后不久，祖父失去了语言能力，这番话成了他老人家留给我们的最后遗言！

1991 年 2 月 26 日，祖父郑洞国将军的遗体告别仪式在北京八宝山公墓礼堂隆重举行。灵堂里摆放着国家原主席李先念、全国政协原主席邓颖超、聂荣臻元帅等许多国家领导人和各机关单位及生前友好送的花圈。祖父安卧在鲜花翠柏丛中，接受中共中央政治局常委宋平、国防部长秦基伟、中共中央政治局委员丁关根、全国人大常委会副委员长雷洁琼、全国政协副主席洪学智、杨静仁、赵朴初等党和国家领导人，以及中共中央统战部、民革中央、中国和平统一促进会、黄埔军校同学会、各民主党派中央、全国工商联和祖父的生前友好千余人的最后告别。

严冬的北京，寒风凛冽。但那天八宝山公墓礼堂前，却是人山人海，人们排着长长的队伍，静静地等待着向这位正直、虔诚的著名爱国人士作最后的道别。连现场执勤的民警们都说，很久没有在这里看到这种景象了。

当日，新华社也向海内外发布长篇电讯，对祖父郑洞国将军的一生，给予了高度的评价。

祖父去世的噩耗，也震动了海峡彼岸的台湾和海外。祖父昔日的许多旧部袍泽，纷纷致电哀悼。曾在印缅战场跟随祖父与日寇浴血奋战的台湾政要蒋纬国将军等致电唁说：

郑公洞国将军逝世，噩耗惊传，无任哀悼。将军忠贞为国，功勋永留。国丧大老，痛失元良，天地同悲，谨此申奠！

抗日名将孙立人将军的公子孙安平，也由台湾撰联凭吊：

专儒将名逾五十年，小子何知，闻之于亲征于史；
去先君丧未三阅月，大星又坠，生而为杰殁为神。

远在美国的杜聿明将军长女杜致礼和夫婿、诺贝尔物理学奖获得者杨

1911年3月6日，在台湾出席郑洞国将军追悼大会的部分人员合影。

振宁博士，也致电我们的父母表示慰问。

　　1991年3月6日，祖父在台湾的故旧袍泽在台北市举行追悼大会，隔着海峡遥祭祖父的在天之灵。

　　碍于当时两岸关系的局限，当时的台湾当局对涉及大陆的人和事多有禁忌。但人们在当局的默许下，自发地举办追悼祖父的祭奠仪式，连同不久前一些军界袍泽在台湾，为另一位出身黄埔军校一期、后于1989年在大陆病故的原国民党高级将领黄维将军举办的追悼会，成了岛内破天荒的事情。

　　祖父以自己一生对祖国的忠诚和高尚的风范，赢得了海峡两岸人们的广泛尊敬，这是永远值得我们后辈骄傲的！

在北京人民大会堂举行的纪念郑洞国同志诞辰 100 周年座谈会会场

2003 年，是祖父郑洞国先生一百周岁冥诞。民革中央于 1 月 13 日，在北京人民大会堂隆重举行纪念郑洞国同志诞辰 100 周年座谈会。

纪念座谈会由全国政协副主席、民革中央常务副主席周铁农主持，全国人大常委会副委员长、民革中央主席何鲁丽，全国政协副主席、中共中央统战部部长刘延东，全国政协副主席孙孚凌及中共中央统战部、各民主党派中央、全国工商联等有关部门负责人，以及祖父的亲属、生前友好数百人出席了座谈会。

何鲁丽同志和刘延东同志分别代表民革中央和中共中央统战部发表了重要讲话。她们在讲话中高度评价了祖父作为我国著名的爱国民主人士、

在北京人民大会堂举行的纪念郑洞国同志诞辰 100 周年座谈会会场

功勋卓著的抗日将领、民革卓越的领导人，毕生渴望光明和进步，追求民族振兴、国家富强的光荣业绩，号召人们学习他执著真诚、忠贞不渝的爱国情操和奋发进取、无私奉献的敬业精神，以及顾全大局、坦荡豁达的人品作风。

黄埔军校同学会副会长杨荫东、祖父的旧部田申、我们的母亲焦俊保，也在纪念座谈会上作了感人至深的发言。

2005 年，颁发给郑洞国将军亲属的中国人民抗日战争胜利 60 周年纪念章。

2015 年，颁发给郑洞国将军亲属的中国人民抗日战争胜利 70 周年纪念章。

2015 年 9 月 3 日，是中国人民抗日战争暨世界反法西斯战争胜利七十周年纪念日。中共中央总书记习近平同志在首都各界人民纪念中国人民抗日战争暨世界反法西斯战争胜利七十周年大会上，发表了重要讲话。习总书记在讲话中，深刻指出了中国人民以无畏的奋斗和巨大的牺牲，为取得世界反法西斯战争胜利做出了重要的贡献，并高度评价了中国抗日战争期间，国内正面战场和敌后战场相互配合，共同抗击并最终击败日本侵略者的重大意义和作用。习总书记的讲话，在海内外引起了广泛而巨大的反响。

本书作者之一郑建邦，作为抗日将领遗属，有幸出席了在北京举行的一系列纪念中国人民抗日战争暨世界反法西斯战争胜利七十周年活动，特别是在天安门广场举行的盛大阅兵式，极大地振奋了包括我们这些抗日军人后代在内的全体中国人民的信心和力量！

在此期间，郑建邦还代表已逝的祖父郑洞国将军，领取了中共中央、国务院、中央军委为抗战老战士、爱国人士和抗日将领代表颁发的中国人民抗日战争胜利 70 周年纪念章。

十年前，我们也代表曾在抗日战争中浴血奋战的祖父郑洞国将军，领取了国家颁发的中国人民抗日战争胜利六十周年纪念章。

这两枚珍贵的纪念章，是祖国和人民对我们祖父郑洞国将军最崇高的褒奖，我们会永远珍视！

藉中国人民抗日战争胜利暨世界反法西斯战争胜利七十周年这一重要历史契机，位于北京卢沟桥附近的中国人民抗日战争纪念馆，也进行了大规模的改扩建工程，新增了许多教育国人和子孙后代的展览内容。祖父郑洞国将军作为中国著名抗日将领之一，其主要抗战业绩出现在馆内展览内容之中。中央电视台四套节目隆重推出介绍的十二位中国著名抗日将领，祖父郑洞国将军也名列其中。

所有这一切，使我们这些抗日军人的后代，在感受到无比光荣和欣慰的同时，更体会到肩上的责任。我们必须秉承、发扬先辈的爱国传统和精神，脚踏实地地奋斗，担负起振兴中华的神圣责任！

在湖南石门夹山举行的郑洞国先生骨灰安放仪式结束后，家人在墓前合影。前左起：长媳焦俊保、长孙媳胡耀平、侄孙郑怡庭（又名郑崇邦）；后排左起：长孙郑建邦、次孙郑耀邦。

祖父青年时期就离开湖南石门，在二十余年戎马生涯中，曾有几次回到家乡小住，但都为时很短。从 20 世纪 50 年代初起，他定居北京，由于种种原因也没有机会回到家乡。祖父晚年，家乡领导和父老乡亲多次热诚地邀请他回家乡看看，但限于老人家的健康状况，已经有些力不从心了。不过，祖父从未忘记那片曾养育他的土地，格外关注家乡的点滴建设和发展，并留下遗言，希望身后能落叶归根，长眠在故乡的土地上。

2006 年清明节，在全国政协、民革中央和民革湖南省委、中共常德市委统战部，以及中共石门县委、县人民政府的支持下，我们家人自行出资，将敬爱的祖父迁葬在石门夹山国家森林风景区内。

夹山距石门县城西北约四十华里。漫步山峦之间，放眼四顾，绿水青山，莺歌燕舞，还有一座相传是明末闯王李自成归隐地的巍峨禅寺，隐映在苍松古柏之间，颇有万千气象！

祖父终于回到了生前魂萦梦绕的故乡，回到了曾哺育他成长的家乡父老中间！令人感动的是，每年来祖父墓前祭拜、凭吊的人们络绎不绝，香火鼎盛。这让我们更加体会到家乡的美好，家乡父老的可亲！

目前，祖父郑洞国先生的陵墓，已被列为湖南省重点保护文物。

我们的祖父，在家乡的土地上得到永生！

祖父自幼寒苦，深感家乡农民子弟读书不易，遂于抗战期间，与几位友人共同在湖南石门县城创办了一所中学，取名九澧中学，并一度亲自兼任校长。戎马倥偬之中，他始终惦念着这所学校的建设和发展。抗战胜利后，祖父曾购买了一套线装《四库备要》，委托友人赠送给学校。

中华人民共和国成立后，在党和政府的关怀、支持下，这所已更名为石门县第一中学的学校发展很快，成为闻名湖南全省的重点中学，每年都有大批莘莘学子考入海内外各大学。祖父为此深感欣慰，晚年曾亲笔为该校题写校名。

2007年，在本书作者之一郑建邦的倡议下，民革湖南省委会成立了"郑洞国教育基金"，积极资助石门一中那些家庭生活遇到暂时困难的优秀农家子弟。

这项基金成立伊始，立即得到社会各界的积极响应。2012年12月1日，由民革中央、黄埔军校同学会、民革湖南省委、湖南黄埔军校同学会共同主办的"纪念郑洞国诞辰110周年座谈会暨郑洞国教育基金接受捐赠仪式"在湖南长沙隆重举行，全国人大常委会副委员长、民革中央主席周铁农同志亲自出席并讲话。座谈会上，民革党内外的朋友们对民革湖南省委开展的这项工作给予高度评价，并积极踊跃捐款。

2012 年 12 月 1 日，纪念郑洞国诞辰 110 周年座谈会暨郑洞国教育基金接受捐赠仪式在湖南长沙举行。

2016 年 3 月 27 日，湖南郑洞国教育基金会在长沙市正式成立，图为大会会场场景。

全国人大常委会原副委员长、民革中央原主席周铁农在湖南郑洞国教育基金会成立大会上发表讲话

　　由于民革湖南省委通过"郑洞国教育基金"认真扎实地开展教育捐助活动，成绩显著，受到湖南社会各界高度肯定。2016 年，湖南省民政厅正式批准"湖南郑洞国教育基金会"成立。是年 3 月 27 日，湖南郑洞国教育基金会在湖南长沙举行成立大会，全国人大常委会原副委员长、民革中央原主席周铁农同志再次专程出席并发表了热情洋溢的重要讲话。

　　随着湖南郑洞国教育基金会的不断成长、壮大，愈来愈多的将军乡梓的寒门学子们得到雪中送炭般的帮助。2017 年共有 101 名石门一中学生获得奖学金，每人每年 4000 元人民币。

全国政协常委、民革中央副主席、郑洞国将军长孙郑建邦在湖南郑洞国教育基金会成立大会上致词

考虑到石门一中的教师们长期为家乡教育事业的辛勤奉献，湖南郑洞国教育基金会还连续多年设立"优秀园丁奖"，每年奖励 10 位优秀教师，每人 10000 元人民币。

此外，湖南郑洞国教育基金会还在省、市、县政府和社会各界的大力支持下，对坐落在石门县磨市镇南岳寺村郑洞国将军祖居原址上的"洞国学校"进行大规模的扶助，不仅将该校校舍修葺一新，并在校园里铺设了美观实用的塑胶操场，还捐助了不少电教设备。同时，基金会每年还为 40 位品学兼优的中小学生颁发奖学金，每人 1000 元人民币，另外奖励 5 位

2017 年 12 月 2 日，民革中央副主席郑建邦、湖南省政协副主席刘晓等代表湖南郑洞国教育基金会为石门一中师生颁奖后合影。

坚守乡村教学岗位的优秀教师，每人 4000 元人民币。2017 年，位于夹山镇的夹山小学中品学兼优，但家庭生活困难的 20 名小学生，每人也获得1000 元的奖学金。

郑洞国将军年谱

郑建邦　胡耀平

1903 年 1 月 13 日（清光绪二十九年十二月十五日），将军出生于湖南省常德市石门县南岳乡（今为磨市镇）的普通农民家庭。

1910 年春，将军由父亲启蒙读书，后入乡间私塾，熟读"四书五经"。

1917 年，转入石门县石门中学附属小学读书。是年冬，将军遵父母之命，与邻乡女子覃腊娥结婚。

1919 年，将军升入石门中学读书。不久"五四"运动爆发，将军积极从事爱国宣传，并参加了清查、抵制日货的斗争。通过"五四"运动，将军深感国家残破、外侮日深，遂有从军之志，期以武力振兴国家。

1921 年春，湖南督军赵恒惕开办湖南陆军讲武堂，澧州镇守使唐荣阳在石门设考场招生，将军欣然往试，旋被录取，即赶往长沙报到。不料适逢湘鄂两省军阀混战，湘军战败，全省糜烂，陆军讲武堂被迫停办，将军失望而归，重入石门中学读书。

1922 年，将军从石门中学毕业后，在邻乡磨市小学任教。

1923 年夏，将军为谋生计，考入长沙商业专门学校（今湖南大学前身）。

1924 年春，广东革命政府开办陆军军官学校，将军闻讯与几位同伴辗转上海、香港，秘密赶往广州，考入黄埔军校第一期。将军初到广州时，军校报名期已过，他顶用黄鳌的名字考入军校（黄鳌同时报了两次名），不料二人双双考中，并分配在同一个分队，出操点名时两人常常同时应答，引起校方诧异。将军无奈之下，向校方道明原委，才将名字更正过来。

同年 10 月，将军参加了广东革命政府平定广州商团的战斗。

11 月，广东革命政府成立党军，辖教导第 1 团、教导第 2 团。黄埔军校第一期学生提前毕业，将军被派往教导第 1 团 2 营 4 连任党代表。

1925 年 2 月，广东革命政府发动第一次东征战役，将军参加奋勇队，冒着陈炯明部的枪林弹雨，率先攀上淡水城头，在后续部队支援下力克该城。淡水战斗结束后，将军奉命升任教导第 2 团 3 营党代表，接替在战斗中牺牲了的党代表蔡光举。

3 月，党军与陈炯明悍将林虎部二万余人大战于棉湖，以寡击众，大败林虎部，随后乘虚袭占林虎巢穴五华、兴宁。第 3 营因英勇善战、功勋卓著，获"党军荣誉旗"。

初夏，盘踞在广州的滇桂联军杨希闵、刘震寰部公然发动叛乱，党军与各路友军迅速回师平叛。第 3 营奉命与粤军一部，强攻广州市郊龙眼洞、观音山、瘦狗岭、广九车站，彻底击溃叛军。

10 月，广东革命政府第二次兴师东征。已请假回乡探亲的将军闻讯迅速赶回广州，但因道路阻塞，直到 11 月才抵达前线，但此时第二次东征战役已基本结束，东征军政治部主任周恩来委派将军前往潮汕野战医院任党代表。

1926 年春，党军扩编，经周恩来亲自向东征军总司令蒋介石举荐，将军担任国民革命军第 1 军 3 师 8 团 1 营营长。

7 月，国民革命军正式誓师北伐。

10 月，将军所在的东路军为策应北伐军主力在湘鄂赣战场作战，由广东进入福建向孙传芳部进攻。将军率部担任主攻，首战击败孙传芳部将周荫人，力克永定城。随后追歼窜至广东松口一带的周荫人部主力。

11 月，将军因功升任国民革命军第 1 军 3 师 8 团团长。

1927 年 1 月，北伐东路军继连克漳州、福州后，再经古田、建瓯、浦城、仙霞岭进入浙江，沿途敌军望风披靡，东路军不战而进占杭州。

3 月下旬，北伐东路军经泗安、广德、溧阳、句容进抵南京，与北伐中路军第 6 军程潜部会师。

3 月 24 日，英国兵舰以保护侨民为借口，猛烈炮击南京下关和栖霞山地区，造成大量中国军民的生命和财产损失，是为震惊中外的"下关惨案"。事变发生时，将军率部据守栖霞山阵地，当即下令官兵全力还击。

4 月 12 日，蒋介石下令"清共"，大肆捕杀共产党人，国共合作破裂。将军在痛苦和迷惘中选择了继续追随蒋介石。

5 月，将军因病改任北伐军总指挥部参议，参加龙潭战役。战役结束后，病情转剧，进入苏州更生医院治疗。

12 月下旬，将军病愈出院，在返回南京之前，前往上海参加了蒋介石与宋美龄的婚礼。

1928 年 2 月上旬，为联合制桂，此前被桂系排挤下野的蒋介石在汪精卫势力支持下复职。此时将军已经蚌埠辗转赶往徐海前线，被任命为徐州警备司令部参谋长，后改任第 9 军教导团团长。

8 月，"二期北伐"结束后，南京国民政府召开全国军事编遣会议，第 9 军教导团被编散。

冬，将军重任国民革命军第 1 军 2 师 5 旅 10 团（即改编前的第 1 军 3 师 8 团）团长。

1929 年 2 月，桂系军队进攻长沙。3 月 25 日，南京国民政府正式下令讨桂，"蒋桂战争爆发"。将军所部在刘峙指挥下，由蚌埠沿长江北岸向西，经太湖、宿松、蕲春，直捣桂系盘踞的武汉三镇。

6 月，桂系军队大败，李宗仁通电下野，将军所部先后驻守平汉路之广水、花园等地。

10 月，西北军首领冯玉祥在阎锡山支持下通电反蒋，大军出潼关，攻入河南。南京国民政府下令应战，"蒋冯战争"爆发。将军所部随中央军大军开抵郑州西南之登封地区，并在临汝与冯部激战。

11 月，西北军战败，狼狈退回潼关以西，"蒋冯战争"结束。

12 月，唐生智在郑州举兵反蒋，将军所部奉命乘火车经平汉路开入河南作战。不久，中央军在驻马店、漯河一线将唐军击溃，将军率部重返广水、花园一带驻扎，随后移驻武汉。不久，西北军将领石友三在安徽发动反蒋战争，进逼浦口，南京震动。将军所部奉命急调南京，击溃石部后，循津浦路追击至蚌埠。同时，张发奎联合桂军余部进攻广东，何应钦指挥中央军配合粤军大败张桂联军，是为"粤桂战争"。

1930 年 3 月中旬，阎锡山联合冯玉祥、李宗仁势力通电反蒋。

5 月 11 日，南京国民政府下达总攻击令。将军所在第 2 师随中央军主力紧急由蚌埠开往徐州，沿陇海路及以北地区快速推进，与晋军主力在砀山以西遭遇，双方爆发激战，"中原大战"由此爆发。此后，双方一百余万军队循陇海、津浦两线及附近地区恶战数月，中原多省遭受空前浩劫，无数百姓流离失所。

9 月下旬，晋军大败，一部狼狈逃回山西境内，其余皆被中央军、东北军追歼、收编。西北军随即也土崩瓦解，纷纷缴械投降。桂系军队遭到重创后，重新龟缩回广西。这次战争最终虽以中央军大胜，晋军、西北军及桂系军队惨败告终，但中央军也元气大伤，将军所在部队伤亡过半，更有一些部队已残破到不成建制。

中原大战结束后，将军随部队开至潼关休整，其间惊闻妻子覃氏因患伤寒症，已于 8 月在武汉去世，将军大恸不已。孰料稍后护送覃氏灵柩回石门安葬途中，将军之父郑公定琼先生又在湖南津市为土匪所害。数月间，接连两位亲人弃世，令将军几难从悲痛中自拔。

1931 年 7 月 19 日，石友三发动叛乱，所部 6 万余众由豫南、冀北沿平汉路向东北军驻防的平津地区大举进攻，双方在望都、保定一线爆发激战。将军所在第 2 师等中央军各部，奉命沿平汉路北上，与东北军合力将石部击溃。

8 月初，石友三部在滹沱河以南、深泽所属地区遭中央军、东北军全歼，石友三仅率残众数千人逃往山东。

8 月中旬，讨伐石友三的战争刚刚结束，忽闻广东实力派陈济棠举兵反蒋，策动粤桂军队分三路进攻湖南。将军所在第 2 师等部中央军未及休整，星夜乘火车开抵湖南醴陵，积极备战。

就在一场大战一触即发之际，日本帝国主义悍然发动"九一八"事变，以武力侵占了我东北三省。迫于全国人民要求"停止内战，一致抗日"的强大舆论压力，宁粤被迫罢兵息争，蒋介石二度通电下野。但以林森为主席、孙科为行政院长的国民政府因财政和外交危机，维持不足一月便倒台，蒋介石与汪精卫再度合作上台。

"广东事变"和平解决后，将军调任南京国民政府警卫第1师2旅4团团长。两月后，又调回正在鄂豫皖苏区与红四方面军作战的第2师，任该师独立旅旅长。

1932年6月，蒋介石亲自指挥包括第2师在内的四十余万国民党军队"围剿"鄂豫皖苏区。

10月中旬，红四方面军因反"围剿"失利而被迫向川陕地区转移，第2师因长期作战，屡遭红军打击，奉命调赴潼关、洛阳一带休整。时将军已改任第2师4旅旅长，率部驻扎洛阳。

1933年元月，日本法西斯军队悍然深入热河，进攻长城各口，"长城抗战"爆发。

3月初，将军所在中央军第17军（辖第2师、第25师、第83师）奉命开抵长城古北口前线，凭借简陋的阵地和低劣的装备，与兵力和火力均占优势的日军浴血鏖战两月余，予敌沉重打击，我军也蒙受重大伤亡。古北口战役是长城抗战中战事最激烈、持续时间最长、敌我伤亡最惨烈的一役，将军也由此成为最早参加抗战的中国军队将领之一。

5月下旬，古北口战役失利后，第17军各师奉命退驻北平休整。

是年秋，将军入南京中央军校高等教育班受训。

1934年春，将军奉命提前结业返回军中，率第4旅和第25师75旅一道，开赴江西参加对中央苏区的第五次"围剿"，担任二线掩护任务。

10月，中央红军失利后向湘贵方向战略转移，第4旅和第75旅尾追至湖南芷江，又奉调回到北平驻防。

初冬，经湖南石门同乡、国民党中央候补委员肖忠贞先生介绍，将军与年方 17 岁的江西籍少女陈碧莲结婚。

1935 年 6 月，南京国民政府继《塘沽协定》之后，又与日本签订了丧权辱国的《何梅协定》。据此，将军所在的第 17 军等中央军部队被迫撤出北平，第 2 师开赴徐州、蚌埠一带驻防。

秋，第 2 师师长黄杰调任税警总团团长，将军接任师长职务，率部在徐蚌地区修筑国防工事。

1936 年 12 月 12 日，张学良、杨虎城两将军为谋求"停止内战、团结抗日"，在西安发动兵谏，扣留了蒋介石，史称"西安事变"。事变发生后，何应钦将军下令讨伐，将军奉命率部进抵潼关。未几，事变和平解决，第 2 师撤回徐州。

1937 年初夏，将军前往庐山训练团受训。

7 月 7 日，"卢沟桥事变"发生，日本法西斯军队发动全面侵华战争。将军奉命提前从庐山返回部队，率第 2 师开赴河北保定布防。

9 月，先后占领平津地区的日军沿平绥路、津浦路、平汉路继续大举进攻。22 日，在平汉路方面作战的日本华北方面军第 1 军主力，在空军和地面强大炮火的掩护下猛攻保定城垣。将军率部在友军相继撤退、后方机关被敌抄袭的险恶情况下，以孤军与日军恶战两昼夜，城破后仍殊死巷战，直至 24 日中午，才在匆匆前来增援的友军第 47 师裴昌会部接应下冒死突围。因与后方音讯隔绝，当时国内众多报章发表了"第 2 师在保定覆没，郑洞国殉国"的消息，令家人着实虚惊了一场。

保定失守后，将军奉命率第 2 师转移至豫北林县山区游击，曾派突击队乔装日军夜袭日军安阳机场，给敌造成很大恐慌。以后又作为第一战区预备队参加漳河战役，战役失利后奉命退驻洛阳休整。

1938 年初，日军为迅速打通津浦线，攻略我战略重镇徐州，集结重兵沿津浦路南北两端大举进攻。在南线进攻受阻后，日军精锐的第 5、第 10 师团近六万兵力，分由津浦路北段和台潍公路南下，会攻徐州。

3 月 18 日晚，将军率第 52 军（即原第 17 军）2 师主力赶至徐州，准备前往运河以北与所属中央军第 20 军团主力会合，在临城东西之线聚歼津浦路正面冒险轻进之日军第10师团濑谷旅团。但此时滕县已失，川军第122师师长王铭章将军以下两千余守军阵亡。将军虑及我军已来不及实施在运河以北歼敌的作战计划，且一旦日军越过运河，徐州势将难保，乃决断火速赶往运河南岸占领阵地，掩护友军集中，以确保徐州。

3月19日下午2时，第2师刚抵达运河南岸利国驿，即与突至运河北岸的日军第10师团爆发激战。危急间，将军命配属该师的重榴弹炮营和师属山炮营隔河猛轰日军阵地，杀伤大批敌人，日军不支，被迫以主力东移，沿台枣支线转攻台儿庄。利国驿一战，使第五战区赢得时间，得以调动兵力保卫徐州。

3月26日，已循运河南岸经台儿庄、兰陵镇集结于向城的第52军2师奉命进攻枣庄，因友军配合不力，将军虽苦战两日突入市区，唯因日军重兵增援而迟迟难下。这时据守台儿庄的第2集团军孙连仲部连日苦战，情况已经万分危急。第20军团（辖第52军、第85军、第13军110师）奉命放弃峰枣作战计划，以主力南下，对台枣支线之日军侧背展开攻击。敌我激战两日，伤亡惨重的日军被迫撤至台枣支线附近，该军团全线进逼，一度将台儿庄、峰城间的交通切断。

3月30日，将军率部猛攻峰城。激战中，将军左胸为日军弹片击中，却仅将偶然放置左胸口袋中的一枚银圆击弯，人却毫发无损，实为奇迹。

3月31日，为解救日军第10师团的困境，日军第5师团坂本旅团四千余人绕过临沂，突向向城、爱曲之我第20军团侧背发动攻击。根据敌情变化，该军团集中第85军全部、第52军25师三个师，掉头痛击日军坂本旅团。峰城日军趁机反扑，即遭依托北大窑一带山地顽强据守第2师沉重打击，狼狈退回城内。随后，该部奉命转移至甘露寺以西，会同军团主力大败盘踞在杨楼、底阁一线的日军坂本旅团。

4月6日，第20军团乘胜再次进迫台枣支线，与据守台儿庄的第2集团军前后夹击，将日军第10师团濑谷旅团彻底击败，取得"台儿庄大捷"。是役，我军歼灭日军精锐一万余人，取得抗战以来的空前胜利。

台儿庄战役后，中国军队乘胜追击日军，将军以"精兵夜袭"的方式，一举夺取峄城外围险要制高点九山，随后会同友军猛攻峄城。

4月中旬，日军陆续增调三十余万兵力，从南北两个方向夹攻徐州，津浦路北段的中国军队陆续撤至邳县以北沿运河一线，被迫转入防御作战。将军率第2师担任燕子河、大刘庄一线防务，与日军鏖战二十余日，稳固地坚守了阵地。

5月上旬，第52军（辖第2师、第25师）奉命撤出徐州战场，开往归德整补。

在邳县以北地区作战期间，为便利后方交通，将军曾命令师属工兵连在碾庄圩以东的运河上铺设了一道浮桥。徐州失陷前，中国军队在运河东北地区作战的野战军主力十余个师，赖此桥脱离了战场。

5月下旬，将军率部作为我鲁西兵团预备队，参加了兰封战役。战役失利后，第2师撤至漯河整补。

6月初，日军迫近郑州和平汉线。蒋介石下令掘开花园口黄河大堤，以水代兵，暂时阻滞了日军的进攻。

6月10日前后，第52军经河南南阳、湖北随县和安陆，向鄂东转移，准备参加武汉会战。

8月，将军辞去第52军2师师长一职，任第31集团军汤恩伯部参议，参加武汉会战。

武汉于10月中旬失守后，将军随第31集团军退驻湖南益阳休整。

11月12日，将军抵达长沙，经历了"长沙大火"事件，幸免于伤亡。

11月25日至28日，将军出席了蒋介石亲自主持召开的第一次南岳军事会议。会后，将军被任命为第98军（一说为第95军）军长。

12月下旬，将军应徐庭瑶、杜聿明两将军之邀，辞去第98军军长一职，就任当时中国第一支机械化部队——第5军所属荣誉第1师师长。未几，军长徐庭瑶调升第38集团军总司令，副军长杜聿明升任军长，将军亦升任该军副军长兼荣誉第一师师长。荣誉第一师系由抗战中伤愈官兵拨编而成的一支队伍，部队抗日意志坚决，作战经验丰富，但因老兵居多，纪律松弛，颇难统驭。将军到任后，在参谋长舒适存等协助下，严明军纪，锐意整训，不足一年便将该师训练成为作风优良、勇敢善战的抗日劲旅。

1939 年 11 月 15 日，日军为切断我西南国际交通线，出动两个半师团兵力在北部湾强行登陆，很快袭占西南重镇南宁。号称"钢军"的日军第 5 师团，派遣第 12 旅团占领了南宁以北八十华里处的昆仑关天险。

11 月下旬，为阻敌北犯，反攻南宁，第 5 军奉命星夜由湖南衡阳开赴广西，对日军展开迅猛反击。

12 月 18 日，第 5 军对盘踞在昆仑关天险的日军发动总攻。将军指挥荣誉师和戴安澜将军指挥的第 200 师共同担任战役主攻，经十余日血战，全歼日军第 12 旅团及台湾守备队一部，击毙敌旅团长中村正雄少将以下 5000 人，力克昆仑关天险，取得震惊中外的"昆仑关大捷"。战役中，将军亲临前线指挥作战，荣誉师先后完成了攻克昆仑关周围罗塘高地、界首高地、四四一高地等艰巨任务，该师第 3 团郑庭笈部，还一举击毙了敌旅团长中村正雄，可谓居功厥伟。

1940 年元月，第 5 军开赴广西柳州整补。

3 月，将军调升新编第 11 军军长（不久部队番号改为第 8 军），奉命开赴湖南衡阳整训。

5 月 31 日，日军以重兵强渡汉水南下，大举进攻我鄂西战略重镇宜昌。

6 月初，将军率第 8 军赶赴鄂西，编入郭忏将军指挥的江防军，担任长江一线防务。所部荣誉第 1 师则奉命渡江增援，但前线各军因作战失利，纷纷败退，荣誉师以孤军在鸦雀岭、土门垭等地苦战多日，为日军包围，不得不力战突围。

6 月 14 日，日军攻陷宜昌。我第六战区所属部队退守宜昌以西、以北地区及长江南岸一带，继续与敌相持。将军率第 8 军负责防守宜昌以西、宜都以北沿长江南岸一线。其间，因第六战区作战失利，江防军司令郭忏以下二十余将领被追究责任，将军亦因荣誉师弃守土门垭而被记过一次。

秋，日军分多路大举渡江进犯，第 8 军防地是敌人重点进攻目标之一，战斗极为激烈。由于我军阵地强固，官兵作战勇猛，日军虽付出重大伤亡，却难有所获。为扩大战果，将军命令各师派出突击队，几乎夜夜渡江袭扰敌人，破坏日军通讯设施和补给线，令敌人穷于应付。 双方剧战十余日后，日军因伤亡过大，后援不继，狼狈退回江北。经此一战，日军再不敢轻举妄动，两军在这一线形成长期对峙状态。

1941 年 9 月中旬，日军集中四个师团重兵，再次进攻长沙，是为第二次长沙会战。为配合第九战区守卫长沙，第六战区主力主动向荆门、宜昌出击，并相机收复宜昌。将军则奉命率第 8 军以偏师渡江击敌，策应战区主力作战。

9 月底，第 8 军荣誉师乘夜色掩护由荆州偷渡长江，奇袭沙市，迫敌龟缩城内固守。将军则率军主力第 103 师、第 5 师渡江出击，一举攻占后港，随后佯攻沙洋，乘虚将汉宜公路彻底破坏，并截断了襄河水上交通，此举不仅消灭了大批日军，还使日军后方交通线彻底断绝了多日，有力地支援了战区主力围攻宜昌的战斗。

10 月中旬，由于第九战区作战失利，日军主力迅速撤出长沙，回援宜昌，迫使第六战区攻城行动功败垂成。此时第 8 军在江北停留已无意义，遂将日军沿江工事悉数破坏，才主动返回南岸。战后总结，战区对第 8 军的作战行动极表嘉奖，并撤销了原对将军的军纪处分。

1942 年夏，第 8 军奉命撤至后方休整，不料部队刚刚行至湘西北石门、临澧一带，即闻日军趁我军换防，大举渡江进袭，守军立足未稳，阵地被突破，导致整个宜都防线发生动摇。战区命令该军火速回援。将军立刻率全军掉头疾进，星夜驰援，到达宜都附近长江南岸后，马上投入战斗。经几日激战，始将日军全部驱逐至江北，恢复了原有阵地，随后便继续驻守此地。1943 年春该军奉调云南、加入中国远征军作战序列后，这一线江防再次被日军突破，铁蹄深入江南数百华里，敌我相持于湖南常德一带。

1943 年 2 月，将军奉召由鄂西前线返渝，接受蒋介石面谕，旋被任命为中国驻印军新 1 军军长。

3 月下旬，将军率军部人员飞赴印度就职。中国驻印军的前身是中国远征军余部。1942 年春中国远征军赴缅作战失利后，其第 5 军新 22 师、第 66 军新 38 师余部先后退入印度。经兵员补充后，在此基础上组建了中国驻印军，美军将领、中国战区参谋长史迪威任总指挥，下辖新 1 军（辖新 38 师、新 22 师），军长郑洞国。总指挥部另辖炮兵、战车、工兵、汽车、辎重、通讯兵等直属部队。反攻缅北战役开始后，国内又陆续增调新 30 师、第 14 师、第 50 师等部队到缅北战场，中国驻印军计有五个师，加上直属部队，总兵力达十万人左右。

鉴于盟国间错综复杂的关系，将军在驻印军的主要使命是，协调中方与盟方的关系，团结部属，鼓舞部队士气，确保缅北反攻战役的胜利。缅北反攻战役开始后，将军也经常根据总指挥史迪威将军、继任总指挥索尔登将军的指示，前往火线上视察、督战，并指挥作战。在整个战役最为艰苦、激烈的密支那围攻战期间，将军便是在几任美军前线指挥官遭撤换、战事久拖不决时奉命赶到前线指挥作战的。

10 月下旬，中国驻印军正式发起缅北反攻战役，在极其艰难困苦的情况下，历经近十个月的浴血奋战，相继取得了胡康谷地战役、孟拱谷地战役和密支那围攻战的重大胜利，不仅消灭了号称"亚热带丛林之王"的日军精锐第 18 师团，还使盟军援华军事物资不必再飞跃驼峰，而经密支那上空往返，对国内抗战贡献殊大。

1944 年 8 月，中国驻印军整编为新 1 军（辖新 38 师、新 30 师，军长孙立人）、新 6 军（辖新 22 师、第 14 师、第 50 师，军长廖耀湘）。史迪威将军仍任总指挥（不久由另一美军将领索尔登继任），另成立副总指挥部，将军升任副总指挥。

11 月 15 日，中国驻印军攻克缅北战略重镇八莫，全歼日军原好三大佐以下两千余人。日军原拟在此固守至少三个月以上，却被我军仅以二十八天完全攻克。攻城期间，将军多次乘坐美军小型侦察机，前往八莫上空视察、督战。

12 月 1 日，由于国内战局吃紧，新 6 军主力新 22 师、第 14 师紧急空运回国，第 50 师转归新 1 军建制。

1945 年 1 月，中国驻印军继续攻击前进，连克南坎、芒友，与滇西中国远征军胜利会师，中印公路由此全线打通。

2 月，中国驻印军挥兵南下，再克贵街、新维。

3 月，中国驻印军攻克位于滇缅公路中心的军事重镇腊戍，继而西进，再克细包。30 日，与英军会师于曼德勒东北之乔梅。至此，中国驻印军反攻缅北战役胜利结束。

中国驻印军在整个缅北反攻战役期间，与美英盟军协力作战，战胜了极其恶劣的气候条件和异常险峻的地理环境，修筑了一条全长五百六十余公里的公路，并铺设了一条当时在世界上最长的输油管道，使抗战援华物资再度源源输入中国内地。同时，中国驻印军和滇西中国远征军，在盟军的支援下，歼灭了日军精锐的第 18 师团和第 56 师团，重创了日军第 2 师团、第 33 师团，并歼灭了日军第 49 师团、第 53 师团各一部，前后毙伤日军十余万人，为收复缅甸和配合盟军在太平洋战场作战，做出了重要贡献。而且，在中国抗日战争中，中国军队在国境线以外，与美英盟军直接进行战役上的协同作战，还是唯一的一次，并取得了最后的胜利。因此，中国驻印军反攻缅北战役，不仅是中国抗日战争的重要组成部分，也对取得世界反法西斯战争的胜利，起到了积极的作用。

4 月中旬，将军由八莫乘车，沿中印公路回国，准备出席中国国民党第六次代表大会。

5 月 5 日至 21 日，中国国民党第六次代表大会在重庆召开，将军当选国民党中央候补执行委员。会后，将军返昆明待命。

6 月，新 1 军和驻印军各直属部队奉命陆续班师回国。新 1 军空运回国后，先集中南宁，拟出击广州湾，相继收复广州。先期回国的新 6 军则部署于湖南芷江，准备参加湘鄂等省的反攻作战。中国驻印军撤军工作结束后，中国驻印军总指挥部、副总指挥部随之撤销，将军继续留驻昆明待命。

8 月 15 日，日本宣布战败投降，神州大地一片欢腾。将军奉召前往重庆，得知蒋介石欲委任他为侍从室侍卫长，乃以不善内卫事务为由婉辞，旋改任第三方面军副司令长官，前往柳州第三方面军司令部视事。

8月下旬，第三方面军奉命接收南京、上海。将军兼任京沪警备副司令，与第三方面军另一位副司令长官张雪中将军率新6军等部开入上海，上海市民万人空巷，欢迎活动盛况空前。

9月9日上午9时，中国战区日本军队投降仪式在南京举行。将军有幸出席并亲眼目睹了中国近代史上这庄严的一幕。

1946年3月，将军调任东北保安司令长官部副司令长官，并两度代理司令长官职务，由此卷入东北内战。

1947年8月，陈诚将军接替熊式辉将军就任东北行辕主任。他一到任，即撤销了东北保安司令长官部，独掌东北党政军大权，将军改任东北行辕副主任，实际上处于挂名境地。

1948年元月17日，卫立煌将军就任东北行辕副主任，兼任刚成立的东北"剿总"总司令。将军就任副总司令。

2月初，在东北战场上连吃败仗的陈诚将军于风声鹤唳声中离开东北，卫立煌将军兼任东北行辕主任。

3月底，将军受命兼任国民党第1兵团司令官、吉林省主席，率该兵团所属新7军、第60军，困守已陷于东北解放军重围中的东北名城长春。

10月，东北解放军发动辽沈战役，一举攻克锦州。饥疲不堪的十万长春国民党守军外援不继，又突围无望，陷于绝境。在解放军的强大政治攻势下，守军一部起义，一部投诚，将军也被迫率兵团司令部人员放下武器。

10月下旬，将军经永吉前往哈尔滨解放区，开始了为期三个多月的学习生活。尽管精神十分苦闷，但将军结合中国人民解放战争的伟大进程，学习了一些马列主义和毛泽东主席的著作，思想开始有了明显的变化。

1949年元月底，将军移居辽宁抚顺，继续学习生活。通过这一时期的学习和思考，将军开始对自己半生走过的人生道路，进行了深刻的审思，意识到国民党政权在祖国大陆的失败，是历史的必然，在中国共产党的领导下，孙中山先生当年振兴中华的遗愿才能最终实现。

1950年8月，将军从抚顺回上海家中治病。途经北京时，将军在黄埔军校时的老师、时任政务院总理的周恩来同志特地在家中设宴款待，鼓励将军彻底转变政治立场，为新中国的建设服务。

8月下旬，将军住进上海公济医院，接受了为期一个多月的公费胃病治疗。病愈后，在上海家中静养。在上海养病期间，将军亲眼目睹了新中国建设蒸蒸日上的热烈景象，心情格外振奋，进一步确立了跟着共产党走社会主义道路的信念。

1951年冬，周恩来邀请将军去京，并再次在政务院会见、宴请了他。周总理对将军的思想进步，给予了热情的鼓励。

1952年5月下旬，将军由上海迁居北京，旋被任命为水利部参事。继夫人陈碧莲不愿北上生活，与将军离异。

1954年9月，在第一次全国人民代表大会上，经毛泽东主席亲自提议，将军被任命为国防委员会委员。不久，毛主席又亲自在中南海家中会见、宴请了将军，积极鼓励他彻底转变政治立场、努力改造世界观，积极为新中国的建设事业服务。

1954年春，将军与顾贤娟女士结婚。

12月，将军当选为全国政协委员，出席了二届全国政协一次会议。

1954年冬，长子郑安飞与将军老友焦实斋先生之女焦俊保结婚。将军与原配覃氏育有一女二子。长女风云长期生活在湖南石门乡间务农。长子安飞于1952年上海同济大学毕业后，分配在东北工作。次子安腾1948年去台，以后杳无音讯。

1956年7月，幼女安玉生。

1957年1月，长孙建邦生。

1959年2月，次孙耀邦生。

4月，将军继续作为全国政协委员，出席了三届全国政协一次会议。

10月19日，周恩来总理在颐和园亲切会见张治中、邵力子和将军、杜聿明、宋希濂、王耀武、侯镜如等黄埔军校师生校友。

1964年底，将军继续作为全国政协委员，出席了四届全国政协一次会议。

1965 年 7 月 20 日，将军出席了欢迎原"中华民国"代总统李宗仁先生由美国回国定居的仪式和宴会。

1972 年 2 月 21 日，将军出席了周恩来总理在首都人民大会堂举行的欢迎美国总统尼克松先生访华的盛大宴会。

夏，继夫人顾贤娟女士病逝。

9 月 25 日，将军出席了周恩来总理在首都人民大会堂举行的欢迎日本首相田中角荣访华的盛大宴会。

1973 年夏，将军参加了全国政协组织的部分在京全国政协委员前往福建、广东等地参观视察的活动。

1977 年夏，将军再次参加了全国政协组织的部分在京全国政协委员赴广东、湖南等地的参观视察活动。目睹粉碎"四人帮"后，举国欢腾，国家建设重新步入正轨，将军的心情十分喜悦。

9 月，与将军晚年相依为命的幼女安玉不幸遇害。晚年丧失爱女，使将军身心遭受巨大创伤。经组织上悉心的关心和安排，将长子安飞夫妇从东北调到北京工作，以就近照顾将军晚年生活。

1978 年春，在五届全国政协一次会议上，将军当选为全国政协常务委员。

1979 年 10 月，在中国国民党革命委员会（简称民革）五届一中全会上，将军当选为民革中央副主席。20 世纪 50 年代中期，经张治中、邵力子两位师长和前辈的动员、介绍，将军加入了民革组织。

1983 年 6 月，在六届全国政协一次会议上，将军再次当选为全国政协常务委员。

1983 年 12 月，在民革第六次全国代表大会上，将军再次当选为民革中央副主席。

1984 年 6 月，黄埔军校同学会在京成立，将军当选为副会长。在纪念黄埔军校成立六十周年大会上，将军发表题为《继承发扬黄埔精神，实现振兴中华宏图》的讲话，真诚希望台湾和海外校友，重温孙中山先生遗教，正视历史和现实，继承和发扬真正的黄埔精神，为推动统一祖国、振兴中华的千秋伟业而奋斗。

1987 年 11 月，代表民革中央出席第六届全国运动会开幕式。

12 月，在民革第七次全国代表大会上，将军继续当选为民革中央副主席。

1988 年春，在七届全国政协一次会议上，将军继续当选为全国政协常委。

1990 年 5 月，将军作为黄埔军校同学会负责人之一，在京接待了从台湾到大陆参访的黄埔军校第一期同学邓文仪等，在两岸之间引起很大反响。将军晚年，不顾年迈体弱，积极为社会主义现代化建设和改革开放建言献策，并接待了大批台湾和海外的故旧袍泽，热诚宣传、阐释中国共产党的对台方针政策，勉力为祖国和平统一大业做出积极贡献。

1991 年 1 月 27 日凌晨，将军因病在北京逝世，享年 88 岁。

原版后记

郑建邦

出版这个图集的想法由来已久了。今年7月，中国青年出版社出版了本书作者之一郑建邦的新著《见证沧桑——外公外婆的老照片》一书，许多朋友或许出于对作者的鼓励，给予这本书不少积极的评价，这无疑给我们增添了很大的勇气。从7月中旬开始，在紧张的本职工作之余，我们利用几乎全部的业余时间开始写作，并着手系统整理祖父的照片和相关的历史背景图片。经过近四个月的紧张劳动，终于在11月上旬完成了全书十余万字的写作任务和两百余帧照片的整理工作。尽管限于自身水平，这部图集肯定会有诸多缺点和不足，但我们仍然希望通过它的面世，能够生动、真实地向世人展现祖父这位出身黄埔的抗日名将的多彩人生，以及他所生活的那个波澜壮阔的时代。

现在回想起来，出版这部图集的最大困难，在于搜集反映祖父军旅生涯的历史图片。据家母讲，家里原本存有一些祖父1949年以前的照片，但在"文革"中几乎销毁殆尽了。20世纪80年代，海峡两岸开始往来，祖父在台湾的老部属如孙立人、舒适存将军等，辗转提供了几帧拍摄有他们与祖父在抗日战争期间活动的珍贵历史照片，当时这些照片在祖国大陆还从未出现过。以后，中国台湾陈兴国将军、郑锦玉先生，美国龙绳德先生夫妇，以及中国大陆广西昆仑关战役纪念馆等，也相继提供了一些珍贵照片。台湾著名图片收藏家秦风先生，亦向我们有偿转让了三十余幅珍贵的历史照片。最值得一提的是，原抗日名将潘裕昆将军的外孙晏欢先生，多年来致力于搜集、整理中国远征军、中国驻印军当年在印缅地区对日作战的历史资料和图片。不久前，晏欢先生和他的朋友们专程前往美国，从美国国家档案馆复制了大批当年由美军通信兵拍摄的反映中国远征军和中国驻印军在印缅地区作战的异常珍贵的历史照片，其中就有祖父的英姿，这不能不令我们喜出望外。承晏欢先生同意，我们在本书中收录了二十余帧与祖父有关的珍贵历史照片。借此机会，我们要向为本书提供图片帮助的所有的长辈和朋友们，特别是晏欢先生和他的朋友们，表示最诚挚的谢意！

　　这部图集的出版，得到了我们的朋友、游天下总裁马子砚女士的大力支持。作为老一辈民主人士的后代，她格外关注这类图书和有关影视文学作品。为此，她和她的先生苏蒞同志不仅出资支持此书的出版，还对书中图片的选择、全书的设计理念等问题，提出了许多很有价值的意见和建议。此书的美编潘先生是位年富力强、才华横溢的图书设计人才，他为此书的设计倾注了大量心血，以独特的艺术视角和设计理念，完美地将这部作品展现在世人面前。此外，出版社编辑项小姐也在搜集照片、图书设计等方面，提供了许多好的意见。我们谨此一并向他们表示由衷的感谢！

2010 年 11 月

重版后记

郑建邦　胡耀平

　　《铁血忠魂——中国抗日名将郑洞国图传》一书自 2010 年由广西师范大学出版社出版后，受到不少读者朋友的关注和喜爱，图书一经面世，很短时间内便售罄了，我们也在网络上看到一些读者朋友们的热情鼓励和相关评论。

　　记得这本书出版不久，本书的作者之一郑建邦曾受邀前往深圳出席了一次市民读书活动，与一百多位自发前来的市民朋友围绕着本书主人公丰富的人生经历，以及他所生活的那段波澜壮阔的历史进程，展开了一次热烈、深入的讨论，大家的真知灼见令我们受益匪浅，也激励我们继续前行。

　　这些年来，在海内外朋友们的鼎力帮助下，我们又陆续收集到一些珍贵的历史照片和资料，其中有些绝对是第一次面世，而且具有着比较重要的历史研究价值。这期间，曾有出版社向我们表达过重版此书的意向，但团结出版社梁光玉社长坚持由该社重版发行，并由他本人亲任此书的责任编辑。我们有感于梁社长的一番诚意，同时亦觉得团结出版社在编辑、出版中国近代历史书籍方面颇有成果，亦有独到的眼光和经验，所以也就欣然从命了。为此，从去年初起，我们利用有限的业余时间，断断续续地工作了年余时间，在原书的基础上又充实、完善了一百余帧珍贵的历史和相关文献影印照片，也增加了一些历史花絮等文字内容，终于在今年上半年完稿付梓，这就是不久将奉献给读者朋友们的《铁血儒将郑洞国》一书。

　　借此机会，我们要衷心感谢著名抗日将领曾泽生将军之孙女曾学锋女士、潘裕昆将军之外孙晏欢先生、宋哲元将军外孙唐德良先生，以及台湾黄埔军校研究会会长丘智贤先生等为本书提供了不少珍贵的历史照片和相关资料，也要诚挚感谢团结出版社和责任编辑梁光玉社长、俞方远同志等为本书付出的辛勤劳动。

2017 年 6 月 8 日